中国参政党对执政党的民主监督研究

张宏伟 著

图书在版编目(CIP)数据

中国参政党对执政党的民主监督研究 / 张宏伟著．
—北京：中央编译出版社，2014.4
ISBN 978-7-5117-2126-6

Ⅰ.①中⋯　Ⅱ.①张⋯　Ⅲ.①民主党派－民主监督－研究－中国　Ⅳ.① D665

中国版本图书馆 CIP 数据核字 (2014) 第 067210 号

中国参政党对执政党的民主监督研究

出 版 人：	刘明清
出版统筹：	薛晓源
责任编辑：	盛菊艳
责任印制：	尹　珺
出版发行：	中央编译出版社
地　　址：	北京西城区车公庄大街乙 5 号鸿儒大厦 B 座 (100044)
电　　话：	(010) 52612345（总编室）　(010) 52612335（编辑室）
	(010) 52612316（发行部）　(010) 52612315（网络销售）
	(010) 52612346（馆配部）　(010) 66509618（读者服务部）
传　　真：	(010) 66515838
经　　销：	全国新华书店
印　　刷：	北京瑞哲印刷厂
开　　本：	787 毫米 ×1092 毫米　1/16
字　　数：	246 千字
印　　张：	19.75
版　　次：	2014 年 4 月第 1 版第 1 次印刷
定　　价：	59.00 元
网　　址：	www.cctphome.com　　邮　　箱：cctp@cctphome.com
新浪微博：	@中央编译出版社　　　　　微　　信：中央编译出版社（ID：cctphome）

本社常年法律顾问：北京市吴栾赵阎律师事务所律师　闫军　梁勤
凡有印装质量问题，本社负责调换。电话：010-66509618

序

中国共产党领导的多党合作和政治协商制度是我国的一项基本政治制度，是具有中国特色的社会主义政党制度。这种政党制度的显著特征就是"共产党领导、多党派合作，共产党执政、多党派参政"。在多党合作的政党架构中，各民主党派广泛参与国家政权，但这与西方国家的多党体制还不同，民主党派既不是执政党联盟中的一分子，也不是在野党或反对党，而是参政党。

参政党的基本职能包括政治协商、民主监督、参政议政，其中民主监督职能是各民主党派在中国特色社会主义政治架构中得以存在和发展的重要体现。1956年，毛泽东在探索中国社会主义道路和社会主义政党关系时，提出了中国共产党与各民主党派"长期共存、互相监督"的思想。2004年9月，胡锦涛在庆祝中国人民政治协商会议成立55周年大会上的讲话中强调："中国共产党和各民主党派互相监督，有利于改善中国共产党的领导，有利于加强参政党建设。"2005年2月，中国共产党颁发的《中共中央关于进一步加强中国共产党领导的多党合作和政治协商制度建设的意见》明确规定："中国共产党与民主党派实行互相监督。这种监督是在坚持四项基本原则的基础上通过提出意见、批评、建议的方式进行的政治监督，是我国社会主义监督体系的重要组成部分。由于中国共产党处于领导和执政地位，更加需要自觉接受民主党派的监督。"

可见，互相监督更多的是强调民主党派对共产党的监督。现代社会民主政治中的政党监督普遍存在于当代世界各国，中国参政党对执政党的民主监督，主要指民主党派在参政议政、社会管理过程中对共产党及其国家机关的工作开展的政治监督，它主要表现为参政议政过程中的民主监督、社会沟通与服务中的民主监督、通过制度性会议开展的民主监督。参政党对执政党的民主监督不仅是中国特色政党制度的重要内容之一，也是中国特色社会主义监督体系的重要组成部分，更是中国特色社会主义民主的重要体现。

胡锦涛在中国共产党第十八次全国代表大会上作的报告《坚定不移沿着中国特色社会主义道路前进　为全面建成小康社会而奋斗》中指出："坚持用制度管权管事管人，保障人民知情权、参与权、表达权、监督权，是权力正确运行的重要保证。要确保决策权、执行权、监督权既相互制约又相互协调，确保国家机关按照法定权限和程序行使权力。要加强党内监督、民主监督、法律监督、舆论监督，让人民监督权力，让权力在阳光下运行。"在此背景下，参政党对执政党的民主监督作用的发挥显得尤为重要。实际上，随着中国社会主义政治文明建设的不断深化，参政党民主监督的作用已在国家的政治、经济和社会建设的各个领域中逐渐显现出来。参政党民主监督不仅是发展社会主义民主政治、完善社会主义民主制度、推进中国特色政治发展道路的必然要求，而且也是全面建设小康社会和构建和谐社会的重要条件。同时，参政党民主监督的性质与特点也决定了它在改进和完善共产党的领导、巩固执政合法性基础以及提升参政党参政能力等方面具有重要作用。

张宏伟博士的《中国参政党对执政党的民主监督研究》，在梳理了现代政党监督理论来龙去脉的基础上，归纳出中国参政党民主监督的性质、特点、内容和方式。把参政党的民主监督历程分成初步探索、提出实践、破坏停滞、恢复发展四个阶段，用历史研究的方法详细阐述中国参政党民主监督的形成、发展过程。明确了中国参政党民主监督对于发展社会主义民主政治的独特优势与重要价值，指出民主监督职能的有效发挥有利于建设社会主义政治文明、构建社会主义和谐社会、提高执政党的执政能力和参政党的参政能力。同时，作者总结了当前参政党民主监督存在的问题，并分别从中国传统政治文化、参政党自身建设、参政党监督机制等方面，深入分析制约当代中国参政党民主监督职能有效发挥的因素。在此基础上，建议通过优化参政党民主监督的外部环境、加强参政党的建设、完善参政党监督机制以及联合其他类型监督形成监督合力等方面，有针对性地分析了加强和完善中国参政党民主监督的路径。

参政党对执政党的民主监督研究一直是学术界研究的热点问题，目前，研究中国政党制度、统一战线问题、权力监督机制以及参政党建设方面的专著浩如烟海，但这些著作中对参政党民主监督的论述都是三言两语一笔带过，专门研究参政党对执政党的民主监督的著作可谓非常稀少。张宏伟博士的《中国参政党对执政党的民主监督研究》一书，资料翔实，理论观点明确，归纳总结全面，逻辑分析严谨，具有一定的前瞻性和示范性。

作为张宏伟博士的指导老师，我为他的进步和取得的成绩感到由衷的高兴。这本专著是他在攻读博士研究生期间对参政党民主监督问题孜孜不倦、坚持不懈研究的成果，也体现了作者较强的社会责任感和政治敏锐性。真诚地希望他在今后的理论研究和学术探索的道路上越走越踏实、越走越远。在中国民主党派发展史、中国特色政党制度研究领域百尺竿头、更进一步。

宋连胜

2013 年 12 月

前　言

　　政党制度是现代民主政治的重要组成部分。一个国家实行什么样的政党制度，是由该国国情、国家性质和社会发展现状所决定的。中国实行的政党制度是中国共产党领导的多党合作和政治协商制度，它既不同于西方国家的两党或多党竞争制，也有别于有的国家实行的一党制，它是在中国革命、建设和改革进程中形成和发展起来的，是适合中国国情的一项基本政治制度，是具有中国特色的社会主义政党制度，也是中国社会主义民主政治的重要组成部分。

　　中国多党合作制度中包括中国共产党和八个民主党派。中国共产党是执政党。八个民主党派分别是中国国民党革命委员会、中国民主同盟、中国民主建国会、中国民主促进会、中国农工民主党、中国致公党、九三学社、台湾民主自治同盟。八个民主党派是参政党，参政的基本内容包括：参加国家政权，参与国家大政方针和国家领导人选的协商，参与国家事务的管理，参与国家方针政策、法律法规的制定和执行。

　　中国共产党与各民主党派在长期的共同奋斗中，形成了亲密的友党关系。在中国多党合作制度中，中国共产党与各民主党派长期共存、互相监督、肝胆相照、荣辱与共，共同致力于建设中国特色社会主义和实现中华民族的现代化。各民主党派成员在国家权力机关中占有适当数量，依法履行职权。各民主党派成员担任国家及地方人民政府和司法机关的领导职务，各级人民政府通过各种形式与民主党派联系，发挥它们的参政议政作用。中国多党合作制度创立了一种新型的政党制度形式，在世界政党制度中独具特色。中国共产党同各民主党派既亲密合作又相互监督，而不是互相反对。

中国共产党与各民主党派互相监督。这种监督是通过提出意见、批评、建议的方式进行的政治监督。由于中国共产党处于领导和执政地位，更需要来自民主党派的监督。参政党民主监督的内容是：国家宪法和法律法规的实施情况；中国共产党和政府重要方针政策的制定和贯彻执行情况；中国共产党各级党委的工作和中共党员领导干部履行职责、为政清廉等方面的情况。中国共产党与各民主党派互相监督，有利于强化体制内的监督功能，避免由于缺乏监督而导致的种种弊端。各民主党派反映和代表着各自所联系群众的具体利益和要求，能够反映适合社会上多方面的意见和建议，能够提供一种中国共产党自身监督之外更多方面的监督，有利于执政党决策的科学化、民主化、更加自觉地抵制和克服官僚主义和各种消极腐败现象，加速和改进执政党的工作。

由此可见，参政党对执政党的民主监督不仅是参政党的重要职能，是中国多党合作制度价值与功能的重要体现，也是中国特色社会主义监督体系的重要组成部分，是中国特色社会主义政治文明发展的重要成果。2013 年 2 月，习近平在中南海邀请各民主党派中央代表座谈时指出："要继续加强民主监督。对中国共产党而言，要容得下尖锐批评，做到有则改之、无则加勉；对党外人士而言，要敢于讲真话，敢于讲逆耳之言，真实反映群众心声，做到知无不言、言无不尽。希望同志们积极建诤言、作批评，帮助我们查找问题、分析问题、解决问题，帮助我们克服工作中的不足。中共各级党委要主动接受、真心欢迎民主党派和无党派人士监督，切实改进工作作风，不断提高工作水平。"在新的历史阶段，如何适应我国社会主义民主政治建设和多党合作事业发展的新要求,增强参政党民主监督的实际效果,既是需要深入研究的重大理论问题,也是亟待解决的迫切现实问题。

本著作从民主监督理论入手,在回顾参政党民主监督发生发展历程的基础上,明确中国参政党民主监督的独特优势与重要价值,指出参政党监督目前存在的问题,同时深刻分析制约参政党民主监督职能发挥的主要原因,并提出加强和完善中国参政党民主监督的具体对策。全书主要内容包括七个部分。

第一部分详细阐述参政党民主监督的理论。先从监督理论的一般分析入手,然后详细阐述了马克思列宁主义民主监督思想与西方国家政党监督理论,从中进行比较分析,总结出中国的参政党民主监督理论既有对马克思列宁主义监督理论的继承,也有对西方国家政党监督理论的借鉴,同时它还结合了中国的国情,是具有中国特色的政党监督理论。

第二部分全面考察中国参政党民主监督的历史发展进程。把参政党的民主监督历程分成初步探索、提出实践、破坏停滞、恢复发展四个阶段,用历史的方法总结了中国参政党民主监督的形成、发展过程,并用大量事实表明中国参政党民主监督取得的成绩和拥有的实践经验,同时指出参政党民主监督在发展过程中曾经遇到的挫折。

第三部分系统归纳参政党民主监督的重要作用。分别从社会主义政治文明、社会主义和谐社会、执政党执政能力、参政党参政能力的角度强调民主监督所发挥的作用。通过这四个方面的论述,主要想表明,中国参政党民主监督不是人们所谓的"政治摆设",民主监督的作用是否能够有效发挥,直接关系到中国特色政党制度的合法性与长久性,直接关系到中国政党关系的和谐发展,直接关系到执政党的科学执政与民主执政,直接关系到参政党政治协商与参政议政的质量,因此,中国参政党民主监督有其存在并继续发展的必要性,我们必须对其予以重视。

第四部分详细介绍参政党民主监督取得的成就。近年来,参政党在有关国计民生的重大问题上,已经越来越多地参与和影响着国家的决策,民主监督职能发挥的成效明显。主要体现在三个方面:第一,参政党民主监督的范围有所扩大。参政党民主监督的内容重点有所转移,特别是针对很多重要的民生问题以及生态文明建设的问题提出意见和建议。第二,参政党民主监督的环境有所改善。更多的民主党派、无党派人士走上行政领导岗位,各民主党派的知情权和参与权得以保证,表达政治诉求的渠道越来越畅通。第三,参政党民主监督的途径有所拓展。民主监督形式呈现多样化并日趋规范,民主监督组织化的成效比较明显,逐步推进监督由被动向主动、分散向集中、个体向组织的转变。

第五部分深入分析制约参政党民主监督有效发挥的原因。大体上是从主客观因素两个层面来分析,具体分成三个部分:第一,从中国传统政治文化角度分析,中国的民主党派是产生于中国土壤的政党,因此,民主监督职能的发挥必然受到传统政治文化的影响,尤其是在监督执行过程中传统政治文化的消极因素使得执行的有效性大打折扣,成为民主监督制度建设的沉重负担。第二,从参政党监督机制层面分析,民主监督作用难以有效发挥的主要原因在于监督保障机制不健全,监督运行机制不完善。以上两个方面都属于客观因素。第三,从参政党自身建设方面分析:参政党基层组织建设薄弱、政党意识不强以及参政水平不高等。

第六部分有针对性地提出完善参政党民主监督的具体对策,主要应从四个方面努力:首先要加强社会主义政治文明建设,扩大人民民主,坚持依法治国,从而为参政党的民主监督提供一个良好的外部环境。其次要加快推进参政党建设,培养参政党的政党意识,完善参政党的基层组织，提高参政党的参政能力，参政党自身素质的提高对民主监督的质量起着决定性作用。再次要完善参政党监督机制，尽快推进参政党民主监督的制度化、程序化、规范化，不断扩大监督渠道、创新监督方式，确保监督结果取得实效。最后要注重把参政党民主监督与其他类型监督相结合，使民主监督能够借助其他类型监督的优势和力量，与其他监督形成监督合力，有效地发挥作用。

　　第七部分有代表性地列举参政党民主监督的创新案例。创新是工作推进、事业发展的动力之源。参政党民主监督也要注重创新性、努力拓展民主监督的新途径新渠道。这部分主要列举了各地方政协民主监督的成功探索和实践，这些创新在很大程度上改善了参政党民主监督工作中现存的某些薄弱环节，促进参政党既"会"监督，也"敢"监督，从而增强参政党民主监督的实效。

张宏伟

2013年11月

目 录

导 论 ·· **001**
  一、研究背景 ································ 001
  二、选题意义 ································ 008
  三、研究现状 ································ 012
  四、研究思路 ································ 015
  五、研究方法 ································ 020

第一章 参政党民主监督的理论 ·············· **023**
  第一节 监督理论的一般分析 ·················· 023
  第二节 马克思列宁主义政党监督理论 ·········· 029
  第三节 西方国家政党监督的理论借鉴 ·········· 040
  第四节 中国化马克思主义政党监督理论 ········ 058

第二章 参政党民主监督的历程 ·············· **071**
  第一节 参政党民主监督的探索 ················ 071
  第二节 参政党民主监督制度的确立 ············ 083
  第三节 参政党民主监督遭受挫折 ·············· 099
  第四节 参政党民主监督的发展 ················ 107

第三章 参政党民主监督的作用 ·············· **119**
  第一节 民主监督有利于社会主义政治文明的建设 ····· 119
  第二节 民主监督有利于社会主义和谐社会的构建 ····· 128

第三节　民主监督有利于推进执政党执政能力建设……139
　　第四节　民主监督有利于加强参政党参政能力建设……149

第四章　参政党民主监督取得的成就……157
　　第一节　参政党的民主监督内容日益广泛……158
　　第二节　参政党的民主监督环境逐步改善……164
　　第三节　参政党的民主监督渠道不断拓宽……169

第五章　制约参政党民主监督的因素……177
　　第一节　中国传统政治文化的影响……177
　　第二节　参政党自身建设相对滞后……186
　　第三节　参政党监督机制存在缺陷……194

第六章　完善参政党民主监督的途径……199
　　第一节　建设社会主义政治文明……200
　　第二节　加快推进参政党建设……206
　　第三节　完善参政党监督机制……211
　　第四节　注重与其他监督形式相结合……220

第七章　参政党民主监督创新的案例……227
　　第一节　参政党民主监督制度创新的案例……227
　　第二节　参政党民主监督形式创新的案例……234

结　论……239

附录一……241

附录二……257

附录三……291

主要参考文献……295

后　记……303

导 论

一、研究背景

现代民主政治是与政党政治相联系的，政府的组成和国家权利的行使，大多是通过政党来实现的。政党作为现代化发展过程中的产物，从产生时受人们的排斥到最终在国家中扮演决定性的角色，经历了漫长的过程。如今，政党已经成为现代政治生活中的核心力量，"国家赖有党的动力，运作不已，发展不息；人民依附党的活力奋发有为，以尽国民的职责。"[①]政党在现代政治生活中发挥许多政治功能，如利益表达与综合、政治录用与政治社会化等功能，其中非常重要的就是政治监督功能。政党的政治活动一般都要涉及竞选、制定内外政策、组织政府等重大问题，其实质是掌握和参与国家政权，而这些政治活动过程中都离不开监督功能的发挥。政党监督主要是指政党对政党之间的相互监督、政党对国家权力机关和政府行政人员的监视和督察、政党对自己的成员以及政党运用媒体和群众力量等方式形成的对社会各层面的监督。从这一角度讲，政党政治过程其实就是政党监督政府决策的制定与落实，公共权力的正确有效行使，最终实现政党所代表阶层的经济与政治利益的过程。可以说，政党监督是政党实现政治任务、从事政治活动的重要功能。

---

① 周淑真：《政党和政党制度比较》，人民出版社2001年版，第2页。

西方国家的政党监督,一是表现为执政党通过议会党团和执掌行政权来对公共权力的运作予以控制;二是表现为在野党(反对党)以"影子内阁"等形式对执政党的监视和抨击。① 由于历史文化传统、国体和政党制度的差异,中国的政党监督完全不同于西方,它主要表现为参政党对执政党及其公共权力机关的民主监督,其目的、原则、方式等都具有自己的特色,是中国共产党领导的多党合作和政治协商制度的有机组成部分,因此,要研究中国的政党监督,必须首要对中国特色的政党制度有一个全面的认识。

政党政治在中国出现已经一百多年,中国共产党领导的多党合作制度也已经走过60多个春秋。中国在辛亥革命后曾一度照搬西方多党制,之后国民党又实行一党专制,结果都失败了。中国共产党总结历史教训,把马克思主义政党学说与中国具体实际相结合,同和衷共济、安危与共的各民主党派一起,创立和发展了中国共产党领导的多党合作和政治协商制度。这一基本政治制度,是具有中国特色的社会主义政党制度。江泽民指出:"我国政党制度的显著特征在于:共产党领导、多党派合作、共产党执政、多党派参政,各民主党派不是在野党和反对党,而是同共产党亲密合作的友党和参政党。共产党和各民主党派在国家重大问题上进行民主协商、科学决策,集中力量办大事;共产党与各民主党派互相监督,促进共产党领导的改善和参政党建设的加强。"② 各民主党派作为参政党是中国特有的政治现象,也是中国政党制度的一个重要表征。1989年《中共中央关于坚持和完善中国共产党领导的多党合作和政治协商制度的意见》中第一次明确认定民主党派的参政党地位。可以说,民主党派最终发展成为中国的参

---

① 尤光付:《中外监督制度比较》,商务印书馆2003年版,第285页。
② 《江泽民文选》第3卷,人民出版社2006年版,第144页。

政党，是同中国特殊的经济、政治、社会历史条件分不开的。

第一，民主党派成为参政党是由中国国情和党派关系现状决定的。中国由半殖民地半封建的社会大跨越地进入到社会主义阶段，中间没有建立起真正意义的资本主义经济基础，因而不可能完全实现西方式的民主政治与政党制度。辛亥革命胜利后，不同的政治集团纷纷组织政党，极力要求实行议会政治，不过，这种为世界少有的政党林立现象不久就被袁世凯的反动独裁统治所吞噬。1915年袁世凯恢复封建君主专制，废除多党议会制，中国实行多党议会政治的第一次试验被彻底否定。继北洋军阀军人独裁统治而起的是国民党的一党专制，蒋介石所奉行的"一个党、一个主义、一个领袖"，不允许其他政党的合法存在，不仅时刻打压共产党，而且对民主党派的政治活动也加以限制，拒不承认包括共产党在内的中国各党派的政治地位。随着民主潮流的日益高涨，民主党派力倡在中国实行西方式的多党制度，建立欧美式的民主政治。于是，蒋介石下令颁布《限制异党活动办法》，剥夺各民主党派的一切民主权利，并对积极从事民主活动的民主人士进行打击和迫害，最终在1947年宣布当时影响最大的民主党派——中国民主同盟为"非法组织"，[①]强令解散。在争取民族独立和反对国民党专制统治的斗争中，各民主党派和中国共产党走到了一起。1949年中国人民政治协商会议制定的《共同纲领》，确立中国共产党领导的多党合作和政治协商制度，各民主党派从此开始全面参与社会主义国家政权的建设。

第二，民主党派成为参政党是由其自身性质的变化决定的。"从中国土壤中生长出来的"民主党派，其性质从旧民主主义到新民主主义，再到社会主义不断转变，他们与共产党的关系最终演变为政治上

[①] 崔珏：《中国民主党派地位的历史演变》，花城出版社1998年版，第98页。

的参政与执政的关系。民主党派最初的社会基础主要是民族资产阶级、城市小资产阶级以及与这些阶层相联系的爱国知识分子。他们所联系和代表的不是单一的阶级,他们是这些阶级、阶层的人们在反帝爱国和争取民主的共同要求基础上的联合,在他们的领导骨干和成员中,甚至还有少数共产党人。所以说,中国的民主党派从来不是单纯的资产阶级政党,而是具有统一战线性和阶级联盟性质的政党。民主革命时期,由于各民主党派制定的民主爱国纲领同共产党的最低纲领大体一致,所以一些民主党派从成立时起就与共产党建立了不同程度的合作关系。随着革命力量不断地壮大,共产党在政治、军事、发动群众运动方面显示出特有的优势,而"只能在靠近共产党或靠近国民党中选择道路"[①]的民主党派最终选择了共产党,并以实际行动帮助共产党推翻了国民党的独裁统治,完成了向新民主主义的转变。进入社会主义阶段,中国大陆的剥削阶级已经不复存在,民主党派的社会基础也发生根本性变化,他们中的广大知识分子已经成为工人阶级的一部分,原有工商业者也已成为社会主义的劳动者,民主党派转变成为各自所联系的一部分社会主义劳动者和一部分拥护社会主义的爱国者的政治联盟,成为为社会主义服务的政党。中国共产党第十四次代表大会以后,随着所有制新结构的确立和产业结构的调整,中国社会阶层结构及其相互关系发生了深刻变化,客观上带来了民主党派社会基础的多样化趋势。2005年2月颁布的《中共中央关于进一步加强中国共产党领导的多党合作和政治协商制度建设的意见》将民主党派定性为:"是各自所联系的一部分社会主义劳动者,社会主义事业建设者和拥护社会主义爱国者的政治联盟,是接受中国共产党领导、同中国共产党通力合作的亲密友党,是进步性和广泛性相统一,致力于中国

---

① 《周恩来选集》上卷,人民出版社1980年版,第284页。

特色社会主义事业的参政党"。①

第三，民主党派成为参政党是由其在中国革命和建设中的作用决定的。邓小平说："各民主党派和工商联同我们党有过长期合作、共同战斗的历史，是我们党的亲密朋友。在争取新民主主义革命胜利和建立中华人民共和国的斗争中，各民主党派都发挥了重要作用。"②抗日战争时期，民主党派同共产党一道为坚持抗战、团结，反对国民党顽固派的投降、分裂而努力；人民解放战争后期，民主党派利用各种社会关系，积极为人民解放军和中共地下党组织运送物资、募捐筹款，并在第一时间保护国家财产，协助接管城市。正如胡绳所说："革命能胜利，是因为我们党把中间势力拉过来了，中间势力的作用很重要。"③ 因此，新中国成立以后，各民主党派自然而然地参与到国家大事的协商和决策当中，很多民主党派的领导人及其成员直接担任国家政权机关和人民政协的领导职务，成为中国政治主体的一部分。进入社会主义建设新时期，民主党派更是发挥了"智力库"的优势和"联系广"的作用，由于民主党派中的绝大多数成员都是掌握先进科学技术和丰富管理经验的人才，所以他们必然能够和共产党一道对国家经济建设、民主法治建设、社会文化建设中的重大问题进行充分讨论，提出建议和批评。

第四，民主党派成为参政党是由中国共产党的统一战线政策决定的。马克思恩格斯曾明确指出，共产党人可以与资产阶级一起去进行反对封建专制的斗争。列宁进一步指出，无产阶级政党在殖民地和落后国家的民族民主解放运动中，应当同资产阶级民主派结成临时联盟。

---

① 李金河、郑宪：《民主党派和无党派人士关注的20个理论问题》，中央编译出版社2006年版，第100页。

② 《邓小平文选》第2卷，人民出版社1994年版，第203—204页。

③ 《胡绳论"从五四运动到人民共和国成立"》，社会科学文献出版社2001年版，第3页。

以毛泽东为代表的中国共产党人，继承并发展了这一理论，在中国的革命与建设中，充分认识到民主党派的重要性，非常重视对民主党派的团结。团结、争取民主党派就应当尊重他们的利益。毛泽东指出："任何政党的政策如果不顾到这些阶级的利益，如果这些阶级的人们不得其所，如果这些阶级的人们没有说话的权利，要想把国事弄好是不可能的。"[1] 中国共产党在不同的历史时期，制定不同的政策以维护同盟者的政治和经济利益。抗日战争时期，政治上，共产党在各个根据地普遍建立了"三三制"的统一战线性质的抗日民主政权，积极吸收民主势力参加到政府中；经济上，执行"保护民族工商业"和"减租减息"的政策。解放战争时期，政治上，共产党联合各民主党派、各地华侨和其他爱国分子，组成民主统一战线，成立民主联合政府；经济上，实行"发展生产、繁荣经济、公私兼顾、劳资两利"[2]的有利于民族资本发展的政策。社会主义建设时期，政治上，共产党领导的多党合作和政治协商制度不断发展与完善，各民主党派政治协商、民主监督、参政议政职能的发挥有了法律和制度的保障；经济上，共产党实行以公有制经济为主体的多种经济成分并存的经济体制，经济结构的多样性充分保障了各民主党派所代表的社会成员具体利益的实现。新中国成立六十年多来，共产党充分认识到民主党派在中国革命和建设中不可替代的地位与作用，始终坚持与民主党派的盟友关系，即使在"文革"期间也不同意取消民主党派，这正是民主党派能够发展到今天，成为参政党的主要的原因。

由此可见，中国的民主党派成为参政党，是民主党派与共产党共存共荣的一个结果，是有别于西方国家的在野党和反对党的，所以民主党派的民主监督既应有政党监督的一般特征，又应有中国自己的特

---

[1] 《毛泽东选集》第3卷，人民出版社1991年版，第808页。
[2] 《毛泽东选集》第4卷，人民出版社1991年版，第1437页。

色。发展和完善中国特色的政党制度，必须充分发挥参政党对执政党及其公共权力的监督作用。"政党同社会团体相区别的一个重要标志，就是政党的主要活动都是围绕着国家政治权力进行的"，[①] 现代化开始以来，如何有效地对权力进行监督是各国一直试图解决的问题，中国作为社会主义国家，能否建立起有效的权力监督体系关乎社会主义民主政治建设的成败。中共的十七大报告强调要"建立健全决策权、执行权、监督权既相互制约又相互协调的权力结构和运行机制"，要"确保权力正确行事，必须让权力在阳光下运行"，要"加强民主监督"。[②] 中国的参政党，其主要职能就是政治协商和民主监督，在中国共产党领导的多党合作制度框架下，民主党派对共产党以及国家权力的民主监督，更是多党合作的重要内容，因此，中国的参政党如何在促进执政党领导的改善中有效发挥民主监督的职能，成为新时期民主党派亟待解决的重大实践课题，而研究了解民主党派作为政党在结合中国国情中发挥政党的功能和作用的规律，构建适应新形势的理论体系，全面提升民主党派民主监督的能力，也是政党研究理论的重大任务。

通过深入研究参政党对执政党的民主监督这一重大课题，既可以说明参政党在中国社会和政治生活中的重要性、发现为什么中国参政党的监督作用不同于西方国家，从而总结出中国政党监督的独有特色；又可以通过回顾参政党监督的发展轨迹，考察其运行机制，从而更好把握中国特色政党制度的发展方向。

[①] 周淑真：《政党和政党制度比较研究》，人民出版社2001年版，第343页。
[②] 《中国共产党第十七次全国代表大会文件汇编》，人民出版社2007年版，第32页。

二、选题意义

（一）选题的理论意义

第一，有利于中国政党监督理论的完善。中国政党监督就内容来说，应当包括三个方面，首先是执政党和参政党对国家权力运行的监督，其次是执政党和参政党的相互监督，第三就是执政党和参政党各自的内部监督。针对目前中国社会主义监督体系的研究，政党监督的理论成果主要集中在执政党监督体系的研究上，即执政党对国家权力、参政党以及自身的监督，而参政党监督理论研究却很薄弱，造成参政党监督实践缺乏理论支撑。中国政党监督就地区来说，不仅包括大陆地区的政党监督，也应该包括台湾、香港、澳门地区的政党监督。基于目前的形式，中国的政党监督理论还不能完全适用于所有地区，因此，在坚持马克思列宁主义统一战线理论的基础上，我们要不断挖掘和拓展参政党监督理论的深度和广度，以弥补中国政党监督理论的不完整性。

第二，有利于参政党建设理论的发展。与中国的政党制度相适应，中国的政党建设包含执政党的建设和参政党的建设两方面内容，在政党建设的理论形态上，中国共产党建设理论已经形成一门比较完整成熟的学科，而作为参政党的民主党派建设的理论还处于起步阶段。参政党建设理论研究的重要内容之一，就包括参政党的政治协商、民主监督和参政议政三项基本职能。目前，不论是在理论还是实践方面，参政党的政治协商和参政议政职能都得到更多的重视和不断的加强，相比较而言，民主监督却一直是参政党建设的软肋，这不仅是全面发挥参政党职能的一个缺憾，更是影响到了民主党派的自身形象与政治地位。《北京青年报》的一位记者曾对北京市五个民主党派市委会的主委们提出了一个敏感问题:"请你们说句心里话,民主党派是不是花瓶?你们的监督得到重视了吗?"①可见,参政党监督职能的弱化已经危及到它的政党地位,其主要原因就在于参政党建设存在的不足。因此,研究参政党对执政党的民主监督这一个方面,对于中国要"建设一个什么样的参政党以及如何建设参政党"这一重大历史性问题,具有相当重要的理论意义。

第三,有利于加强对中国多党合作理论的认识。中国共产党领导的多党合作和政治协商制度是具有中国特色的社会主义政党制度。由于当前中国正处于改革的深水区,社会中贪污腐化与分配不公的现象时有发生,政党监督的有效性发挥不够充分,再加上西方国家利用"民主"、"自由"的口号不断地攻击中国的政治制度,这就导致很多人对中国的政党制度,甚至对共产党的领导产生质疑,于是他们认为只有西方国家的"三权分立"、"多党轮流执政"才是解决对执政党权力监督与制约的最有效的途径。在梳理当代中国政党制度、政党关系研究的理论成果中发现,关于共产党和民主党派互相监督,尤其是民主党派对共产党的监督方面的理论成果非常缺乏。为了厘清人们长久以来对西方政党监督的模糊认识,加强他们对中国参政党监督,特别是中国多党合作政党制度的认同感,我们必须要从理论上进一步说明,中国的参政党不是一般多党制国家中与执政党分庭抗礼的在野党,更不是执政党政治上的反对势力,因此,它的监督与西方国家政党间为了争夺政权的监督是根本不同的。通过比较中西方政党监督的不同,采取批判继承的态度,借鉴西方政治监督制度中理论精髓,以完善中国参政党监督理论,对于丰富马克思主义政党学说,深化中国多党合作理论有着十分重要的学术价值。

---

① 吴庆才:《北京五大民主党派主委反斥:谁说我们是花瓶?》,中国新闻网,2005年1月24日,http://www.chinanews.com/news/2005/2005-01-25/26/532787.shtml。

（二）选题的实践意义

加强对参政党民主监督的研究，对于中国继续深化政治体制改革，有效挖掘监督资源，以保证权力为人民谋利益；建设社会主义和谐政党关系，以维护安定团结的政治局面具有重要的实践意义。

第一，加强参政党民主监督的研究，能够有效开发政党监督资源，健全中国社会主义监督体系。1945年，著名民主人士黄炎培在访问延安时，曾对毛泽东说："我生六十多年，耳闻的不说，所亲眼看到的，真所谓'其兴也勃焉'，'其亡也忽焉'，一人，一家，一团体，一地方，一国，不少单位都没有跳出这周期率的支配力……一部历史，'政怠宦成'的也有，'人亡政息'的也有，'求荣取辱'的也有。总之没有能跳出这周期率。"① 为了能够跳出这一历史周期率，中国共产党从民主革命时期开始一直到社会主义革命和建设时期，积极探索建立健全多方面的权力监督制约机制，逐步建立起包括中国共产党党内监督、人大监督、行政监督、司法监督、人民政协监督、民主党派监督、群众监督和舆论监督等具有中国特色的社会主义监督体系。这一监督体系，不仅包括以执政党监督为主的各种权力性监督，还包括人民群众对公共权力的非权力性监督，它是社会主义民主的重要标志之一。参政党的民主监督是这一体系中不可或缺的重要组成部分，与其他监督形式相互补充、相互结合，共同发挥作用。中国共产党第十七次代表大会明确指出，要完善制约和监督机制，就要"落实党内监督条例，加强民主监督，发挥好舆论监督作用，增强监督合力和实效"②。因此，通过对参政党监督以及参政党监督与其他监督形式相互作用的研究，

---

① 黄炎培：《八十年来》，中国文史出版社1982年版，第156—157页。
② 《中国共产党第十七次全国代表大会文件汇编》，人民出版社2007年版，第32页。

有利于进一步完善社会主义监督体系,充分有效地利用好监督资源。

第二,加强参政党民主监督的研究,能够促进社会主义政党关系和谐发展,维护国家政治稳定和社会安定团结。1956年毛泽东在《论十大关系》的讲话中,就中国共产党和民主党派的关系,提出了"长期共存、互相监督"的方针。他指出:"我们的方针是要把民主党派、资产阶级都调动起来,要有两个万岁,一个是共产党万岁,另一个是民主党派万岁。在我们国内是民主党派林立,我们有意识的留下民主党派,这对党、对人民、对社会主义很有利。"① 直到1982年,中共党的十二大将"长期共存、互相监督"的"八字"方针扩展为"长期共存、互相监督、肝胆相照、荣辱与共"的"十六字"方针,"互相监督"始终都是中国政党关系的核心内容。民主党派也正是因为具有和中国共产党"互相监督"的作用,才长期存在并不断发展壮大。因此,"互相监督"不仅能使民主党派与共产党"长期共存",更能使其"和谐共存"。民主党派对共产党的监督与西方多党制中在野党、反对党对执政党的监督不同,在中国合作型政党制度的框架下,民主党派是共产党的诤友,是共同致力于中国特色社会主义事业的参政党,民主党派的监督最终是要在根本利益一致的前提下与共产党形成合力,这样既能够避免一党包揽一切,缺少制约的弊端,同时又能够避免竞争型多党制、两党制相互倾轧的弊端,有利于维护中国改革发展的稳定局面。

第三,加强参政党民主监督的研究,能够预防遏制权力腐败,保证公共权力为人民谋利益。19世纪英国大史学家阿克顿曾讲过一句经久不衰的名言:"权力导致腐败,绝对的权力绝对地导致腐败(Power tends to corrupt and absolute power corrupts absolutely)"② 这句

---

① 李维汉:《回忆与研究》(下),中共党史出版社1986年版,第813—814页。
② Lord Acton, *Essays on Freedom and Power*. The Beacon Press, 1948, P.364.

话充分说明了一切权力都必须受到监督,没有监督的权力必然导致腐败。制约监督权力,是遏制腐败的系统工程中最重要的措施。江泽民指出:"从严治党,建立健全一套拒腐防变的制度,采取切实有效措施,加强党内监督和人民群众的监督,同一切消极腐败现象进行毫不留情的斗争。"[①] 2009 年 9 月的中共十七届四中全会提出:"在坚决惩治腐败的同时加大教育、监督、改革、制度创新力度,更有效地预防腐败,不断取得反腐败斗争新成效",要"健全权力运行制约和监督机制,推进反腐倡廉制度创新"。[②] 因此,我们通过对参政党民主监督的研究,认准中国反腐倡廉任务的艰巨性,跳出执政党和行政部门自身监督的局限性,发挥参政党民主监督的特点与优势,扩大各界人士有序政治参与,拓宽社会利益表达渠道,进一步提高遏制腐败频繁发生的能力,促进廉政勤政建设,保证公共权力始终都在为社会大众谋利益,真正体现一切权力属于人民的社会主义政治原则。

三、研究现状

对于中国共产党领导的多党合作和政治协商制度,学术界目前已经进行了广泛而深入的研究,其成果相当丰厚。但长期以来,学者们对中国政党制度的重要内容之一参政党监督的研究却涉及不多。从目前所掌握的资料来看,对参政党监督的研究大多是一些专题性的研究论文,或者零散地分布在有关中国多党合作理论、多党合作发展史、执政党监督理论、参政党建设方面的专著中,很少有人把参政党作为独立的政治主体力量去监督他种政治力量进行专门的系统的研究。

---

① 江泽民:《论党的建设》,中央文献出版社 2001 年版,第 35 页。
② 中国共产党第十七届中央委员第四次全体会议公报,中国网,http://www.chinanews.com.cn/policy/txt/2009-09/21/content_18562468_3.htm

第一,中国共产党领导的多党合作和政治协商制度研究中涉及的民主党派民主监督。首先,把民主党派民主监督当做中国政党制度运行机制的一部分进行一般性概括,比较有代表性的专著有:廖继红著的《中国政党制度研究》(中国社会出版社2005年版);杨爱珍著的《当代中国政党制度研究》(学林出版社2004年版);萧超然、晓韦主编的《当代中国政党制度论纲》(黑龙江人民出版社2000年版)等。还有一些相关的论文,以政党制度运行机制为切入点提到了民主党派民主监督,如《中央社会主义学院学报》2005年第4期中张献生的《健全和完善我国多党合作的运行机制》一文强调要从知情、沟通、反馈三个环节来健全民主监督机制,这些论文大多注重对中央文件的理论阐释。其次,在中国多党合作历史发展中对民主党派民主监督有所提及,论述比较详尽的著作有:李燕奇著的《走向合作的历程——中共与民主党派关系的形成及演变》(华文出版社1996年版);张忆军主编的《风雨同舟七十年——中国共产党与民主党派关系史》(学林出版社2001年版);宋春、刘志超主编的《民主党派与中共合作史》,(辽宁大学出版社1991年版)等,这些著作主要从民主党派在中国革命和建设中的贡献方面强调民主监督的作用。再次,在中国政党关系的研究中涉及党际监督问题。如王邦佐等著的《执政党与社会整合》(上海人民出版社2007年版),吉林大学刘洁教授的《当代中国社会主义政党关系研究》(吉林大学出版社2008年版),都提出在党际关系的处理上,应该更好地发挥民主监督的职能,特别是刘洁教授以民主党派监督是共产党的"异体"监督为研究视角,论证了民主监督对于处理政党关系的重要性。

第二,执政党监督制度研究中涉及的民主党派民主监督。目前国内有关权力制约监督方面的著作有很多,但对民主党派民主监督进行专门论述是少之又少。邬思源著的《中国执政党监督体系的传承与创新》(学林出版社2008年版)、喻中著的《权力制约的中国语境》(山东人民出版社2007年版),王诚安著的《中国政党监督理论和实践研究》(陕西人民出版社2003年版),均把民主党派民主监督放在中国共产党监督体系下来进行论述。把"民主党派民主监督"归为政党监督的一部分,与中国共产党监督相提并论,并有专门章节进行介绍的只有尤光付著的《中外监督制度比较》(商务印书馆2003年版)。

第三,参政党建设研究中涉及的民主党派民主监督。参政党建设大体包括参政党自身建设与参政党参政能力建设,尤其是从中国共产党十六届四中全会系统提出要加强执政党执政能力建设之后,对于参政党参政能力建设的问题也越来越受到重视。不断加强参政党参政能力建设,关键是要加强参政议政、民主监督的机制建设。目前对于民主党派民主监督的机制建设问题的研究很少,郑宪等著的《中国参政党运行机制》(学苑出版社2000年版)只是把民主监督机制作为参政党参政议政机制的一个组成部分有所提及;孙瑞华编著的《中国参政党建设的理论与实践》(中央编译出版社2007年版)虽然把建立健全参政议政机制建设与民主监督机制建设分开论述,但笔墨不多。近几年,关于民主党派民主监督的专题论文中有一些开始涉及民主监督机制问题的论述,比如杨爱珍的《试论民主党派民主监督的路径选择》(《当代世界与社会主义》2003年第2期)一文就把民主监督纳入政党监督机制去考察;还有浙江大学朱修萍的论文《完善民主党派民主监督运行机制的路径选择》明确以机制建设为切入点,研究民主党派民主监督的问题,具有一定的新意。

总之,在坚持中国共产党领导的多党合作制度框架下研究参政党对执政党的监督,这本身就是一个难度较大的选题。目前有关对执政党监督的研究主要集中于共产党党内自身监督以及人民代表大会的监督。在学术界,从政党监督的角度研究参政党对执政党的监督还很不成熟，对相关的理论尚未形成统一的认识。比如说，对中国是否需要尽快制定一部"政党法"，是否需要把参政党监督法律化等问题存在激烈的争论。复旦大学浦兴祖、严鸠生的《充分开发我国政党制度中党际"互相监督"的政治资源》（《云南行政学院学报》2003年第5期）一文，坚持要"制定政协法、政党法，将党际互相监督作为一项重要内容写入，使其成为'法内制度'"；李小宁主编的《统一战线新论》（中央编译出版社2007年版）中指出民主监督不适宜法律化，并且有理有据。可以说，研究参政党民主监督可利用的比较成熟的理论成果不多，需要做许多开拓性的工作，资料的收集与积累需要从各相关学科中一点一滴地归纳总结，工作量很大。因此，本文的选题是一个既富于挑战性又有重大意义的课题，值得花大力气进行深入研究。

四、研究思路

（一）相关概念的说明

对于本文中的"民主党派"、"民主监督"这两个基本概念，在此需要作一下说明：

1. 民主党派

中国的民主党派是有特定含义的有专指性的政治概念，并不是泛指在政党名称或宣言中有"民主"字样的所有党派。19世纪20年代末，民主党派开始出现于中国的历史舞台，中国最早成立的民主党派是邓演达创建的"第三党"，即中国农工民主党的前身。民主党派充分发展并发挥重要作用是在抗日战争后期和解放战争时期，这个时期对民主党派的称谓大体包括"抗日党派"、"中间党派"、"反蒋党派"、"在野党派"等等，其中"中间党派"的称谓使用最为频繁。毛泽东在1938年的中共六届六中全会上，第一次明确使用了"民主党派"

这一称谓来称呼介于共产党和国民党之间的政党派别。① 从1945年中国共产党第七次代表大会开始,以后的中共中央文件以及公开的宣言中,都正式地使用"民主党派"这一称谓。1949年2月,中共中央在《关于怎样对待各民主党派、团体的地方组织的指示》中,提出:"1948年5月1日以前,即中共中央发出五一口号以前已成立,并在反对帝国主义、封建主义、官僚资本主义和国民党反动统治的共同斗争中多少尽了一点力的"② 各党派可称为"民主党派"。可见,被称为"民主党派"的标准,首先在形成时间上应是新民主主义革命时期成立并发展起来的党派,其次在阶级组成上应是以民族资产阶级为主并具有阶级联盟性质的政党组织,再次在历史作用方面应是抗日反蒋的党派,最后在与中共的关系方面应是与中国共产党同舟共济并承认其领导的党派。因此,中国大陆的政党中,除了共产党之外还包括八个民主党派,他们分别是:中国国民党革命委员会(简称民革),中国民主同盟(简称民盟),中国民主建国会(简称民建),中国民主促进会(简称民进),中国农工民主党(简称农工党),九三学社(简称九三),中国台湾民主自治同盟(简称台盟),中国致公党(简称致公党)。可以说,"民主党派"是对这八个政党的统称。

民主党派是中国政治语境下的特定概念,其界定建立在对中国某些政党的政治追求和活动方式定位的基础上,它不是一种法律性定位。③ 1989年《中共中央关于坚持和完善中国共产党领导的多党合作和政治协商制度的意见》中第一次明确界定民主党派是"同中共通力合作、共同致力于社会主义事业的亲密友党,是参政党",1993年中国共产党

---

① 宋连胜:《中国民主革命与中国民主党派》,吉林人民出版社2003年版,第2页。

② 中央统战部中央档案馆:《中共中央解放战争时期统一战线文件选编》,档案出版社1988年版,第257页。

③ 金安平:《中国政治语境下的政党概念》,载《政治学研究》,2004年第4期。

领导的多党合作和政治协商制度作为我国一项基本政治制度被载入宪法,至此,中国的民主党派作为参政党得到宪法认可,具有法律意义。就"民主党派"与"参政党"这两个称谓的使用,一些学者建议,在研究和叙述中国多党合作的历史时使用"民主党派"称谓,在研究和叙述当前多党合作的发展时使用"参政党"称谓,他们这样划分的主要依据就是上述《意见》中对民主党派参政党地位的确定。本文在具体表述中,将共同使用"民主党派"与"参政党"的概念,并不严格地区分两者,因为不管称"民主党派"还是"参政党",主要是把它当做中国当代的政党来研究,当然在论述的过程中,会按照习惯把"参政党"称谓与"执政党"称谓相对应,把"民主党派"称谓与"中国共产党"称谓相对应。

2. 民主监督

民主监督有广义与狭义之分。广义的民主监督,是指国家为了保障人民的政治权利,实现社会主义民主,防止国家机构和公职人员滥用权力而建立的各种监督制度。总体来说,"只要是运用民主思想所实施的监督行为,都可以理解为民主监督"[1],我国作为人民民主专政的社会主义国家,他的各种监督形式,包括人大监督、司法监督、行政监督、政党监督、群众监督和舆论监督等都属于民主监督的范畴。狭义的民主监督,是"专指人民政协和各民主党派、无党派人士对共产党以批评、建议为主要形式实施的监督"[2]。1982年通过的《中国人民政治协商会议章程》中明确规定民主监督"是对国家宪法、法律和法规的事实,重大方针政策的贯彻执行、国家机关及其工作人员的工作,通过建议和批评进行监督"。可见,狭义民主监督又包括民主

---

[1] 郑宪:《再谈民主监督》,载《中央社会主义学院学报》,2004年第2期。
[2] 刘延东:《新世纪新阶段发展我国多党合作事业的纲领性文件》,载《中央社会主义学院学报》,2005年第3期。

党派民主监督和人民政协民主监督,两者既有交叉重合之处,又有细微不同。对于二者的区别,在第一章中将详细分析。这里要说明的是,本文讨论的民主监督就是专指民主党派民主监督,即参政党对执政党的监督。

(二) 论文的结构框架

本文在回顾参政党民主监督发生发展历程的基础上,明确中国参政党民主监督的独特优势与重要价值,指出参政党监督目前存在的问题,同时深刻分析制约参政党民主监督职能发挥的主要原因,进一步探讨加强和完善中国参政党民主监督的对策途径。论文由绪论、正文、和结论三部分组成,共分六章内容,具体安排如下:

绪论部分为第一章,主要是对论文选题进行总体性的概括,包括参政党监督这一问题的研究背景,研究的理论意义与实践意义,以及关于论文写作的基本思路,需要说明的一些基本概念和主要研究方法。

正文部分是从第二章到第六章的内容。第二章讲参政党民主监督的理论,先从监督理论的一般分析入手,然后详细阐述了马克思列宁主义民主监督思想与西方国家政党监督理论,从中进行比较分析,总结出中国的参政党民主监督理论既有对马克思列宁主义监督理论的继承,也有对西方国家政党监督理论的借鉴,同时它还结合了中国的国情,是具有中国特色的政党监督理论。第三章主要是对中国参政党民主监督的历史发展进行了全面的考察,把参政党的民主监督历程分成初步探索、提出实践、破坏停滞、恢复发展四个阶段,用历史的方法详细阐述了中国参政党民主监督的形成发展过程,并用大量事实表明中国参政党民主监督取得的成绩和拥有的实践经验,同时指出参政党民主监督在发展过程中曾经遇到的挫折。第四章全面系统地阐述了参政党民主监督的重要作用,分别从建设社会主义政治文明、构建社会主义和谐社会、提升执政党执政能力和参政党参政能力四个方面强调民主监督的推动作用。通过这四个方面的论述，主要想表明，中国参政党民主监督不是人们所谓的"政治摆设"，民主监督作用的有效发挥，直接关系到中国特色政党制度的合法性与长久性，直接关系到中国政党关系的和谐发展，直接关系到执政党的依法执政与民主执政，直接关系到参政党政治协商与参政议政的质量，因此，中国参政党民主监督有其存在并继续发展的必要性，我们必须对其予以重视。第五章深入分析了制约参政党民主监督有效发挥的原因，大体上是从主客观因素两个层面来分析，具体的分成三个部分：第一，从中国传统政治文化角度分析，民主党派是产生于中国土壤的政党，因此民主监督职能的发挥必然受到中国传统政治文化的影响，尤其是在监督执行过程中由于中国传统政治文化的消极因素不得不使执行的有效性大打折扣，成为民主监督制度建设的沉重负担。第二，从参政党监督机制层面分析，主要原因在于监督保障机制不健全，监督运行机制不完善。以上两个方面都属于客观因素。第三，从参政党自身建设方面分析，参政党基层组织建设薄弱，政党意识不强以及参政水平不高等因素。第六章尝试性地提出了完善参政党民主监督的具体对策，主要应从四个方面努力：一是要加强社会主义政治文明建设，扩大人民民主，坚持依法治国，从而为参政党的民主监督提供一个良好的外部环境。二是要加快推进参政党建设，培养参政党的政党意识、完善参政党的基层组织，提高参政党的参政能力，参政党自身素质的提高对民主监督的质量起着决定性作用。三是要完善参政党监督机制，尽快推进参政党民主监督的制度化、程序化、规范化，不断扩大监督渠道、创新监督方式，确保监督结果取得实效。四是要注重把参政党民主监督与其他类型监督相结合，使民主监督能够借助其他类型监督的优势和力量，与其他监督形成监督合力，有效地发挥作用。

结论部分主要是对论文作简短的总结和补充，并对中国参政党民主监督的发展前景给予展望。

五、研究方法

研究方法是从事学术研究的基础，研究方法是否得当决定了课题研究质量的好坏。因此，只有采用科学合理的研究方法，才能对所做课题有一个客观全面的分析。本文所采用的研究方法有：

第一，理论联系实际的方法。理论来源于实践，又对实践具有指导意义。关于参政党的民主监督问题必须要在坚持马克思主义基本原理的前提下，综合运用政治学、社会学、历史学等学科的相关理论进行多领域、多视角的研究和分析，坚持实事求是、与时俱进的原则，根据中国参政党监督的自身特点，在创新性实践的基础上，提炼出操作性强的参政党民主监督的运行模式。

第二，历史与逻辑相统一的方法。历史分析方法是马克思主义研究问题、分析问题的基本方法，就是把研究的问题放在一定的历史环境中去考察，而逻辑的东西反映的是历史规律，是对历史更为深刻的提炼，因此，通过对参政党民主监督的形成发展历程进行回顾与梳理，总结历史经验，发挥主观能动性，对参政党民主监督的发展趋势作出分析，并提出相应的对策建议。

第三，比较研究的方法。参政党的民主监督属于政党监督的范畴，所以应当把它放在世界政治文明发展的大背景之下来进行研究，这样才能更好地把握参政党监督所具有的一般规律性。运用比较研究的方法，首先要遵循可比原则，注意把纵向比较和横向比较、静态比较和动态比较、定性比较和定量比较结合起来；其次要清楚比较的真正目的是借鉴和学习，正确处理一般与特殊的关系。因此，本文通过对中西方政党监督制度的比较、中国国内各监督形式之间的比较，进一步明确中国参政党监督的特点和优势，同时指出参政党监督目前存在的缺陷，有选择地"扬弃"和"拿来"，建构起一个完全适合中国国情的政党监督机制。

第四，系统分析的方法。系统分析方法是按照事物的系统性把对象放在系统中加以考察的方法。它要求从事物的系统性出发，始终着眼于在总体与局部、部分与部分之间的相互联系、相互制约的关系中把握对象。参政党的民主监督不是孤立存在的，它不仅同它赖以存在、发展的整个社会主义监督体系存在着密不可分的联系，而且同时在监督体系内部与其他各种监督形式也紧密联系。通过系统分析方法，我们可以对参政党监督进行整体的动态的全方位研究。

第一章 参政党民主监督的理论

监督是自人类社会产生以后就存在的一种社会活动和社会现象，随着社会生产力的发展，国家以及政党相继产生，人类社会走向文明，并不断向前发展，此时的监督被赋予了更多的政治含义，由于政治、经济、历史文化的差异，各国监督制度因地制宜、不尽相同，但其中也有共性的一面。因此，我们研究中国参政党民主监督，首先需要理清民主监督理论的来龙去脉，这是正确认识和不断完善中国参政党民主监督理论的重要基础。

第一节 监督理论的一般分析

一、监督的内涵

监督一词，就其字面意思讲，有监察、督促之意。在中国古代就已经使用监督一词了，它最早见于《后汉书》"古之遣将，上设监督之重，下建副二之任"[①]，本意是指对派出去打仗的军官进行监察和督促。监督翻译成英文是"supervision"，由"super"和"vision"两部分组成，"super"的意思是位居上方，"vision"就指观察或者视察，两部分合起来就是"在上面进行视察"的意思。可见，无论是中国古代使用的"监督"还是英文的"supervision"，原本都是

---

① 毛宏升：《当代中国监督学》，中国人民公安大学出版社2003年版，第2页。

指自上而下的察看。

在封建专制社会，监督主要是统治阶级维护统治秩序的一种手段。随着社会生产力的发展，人类社会进入了民主政治时代，监督成为民主政治包括政党政治的重要组成部分，现代意义上的监督，已从原来的督军和自上而下的检查督促，更多地转向了社会公共事务管理中的控制和国家权力运作中的监控与制约，转向了对权利的维护，与封建专制下的监督有了根本区别，它被赋予了民主意义。在现代社会，对权力的监督和制约已经成为民主政治永恒的主题，而政党政治范畴下的监督作为一种权力制衡机制，主要是指对国家权力和执政党权力的监督。

目前，关于监督的内涵有不同的定义，一种定义为，监督用于国家政治权力领域，是指"为保证国家权力在担负职权的正当范围内和轨道上运行，而对其进行监视、检查、调节、控制、纠偏的各种活动"[①]，认为监督主要是对政府权力的运行加以控制和约束。另一种定义为，监督主要指"人们为了达到政治、经济、军事、司法方面的某种目的或目标，仰仗一定的权力，通过对社会公共治理中若干事务的内部分工约束或外部民主性参与控制等途径，针对公共权力的资源、主体权责、运作效能等而相对独立地开展的检查、审核、评议、督促活动"[②]，认为监督主要是指人与人之间的关系，包括政治关系、利益关系、法律关系以及社会关系等等。

本书主要从政治学的角度来定义监督，监督是指权力拥有者把权力委托给他人行使以后，充分应用弹劾罢免、否决处分和批评建议等方式，迫使被授予权力的实体按照各自的规范契约正确行使权力的过

---

① 蔡定剑：《国家监督制度》，中国法制出版社1991年版，第1页。
② 尤光付：《中外监督制度比较》，商务印书馆2003年版，第1页。

程。监督的实质就是委托之权对受托之权的一种控制与约束。

二、监督的类型

监督可以从不同的角度来进行分类，比如：按照监督的程序来分，可分为事前监督、事中监督、事后监督；按照监督的途径来分，可分为内部监督、外部监督；按照监督的性质来分，可分为专制监督和民主监督；按照监督的模式来分，可分为权力监督、权利监督、道德监督、制度监督等等。我们可以从不同的监督要素出发，对监督进行不同的分类。

按照现代国家监督体系的分类方法，根据监督主体的不同，一般将我国的监督体系主要分为五大块：一是国家权力机关监督，即人大监督，相当于代议机关（议会）监督，主要是监督宪法、法律的制定与实施以及国家权力的行使；二是行政监督，主要指国家各行政机关的监察审计工作；三是司法监督，主要指检察院和法院的监察审判工作；四是政党监督，主要指政党对政治权力及其运行过程所作的督促和纠偏，它包括政党对公共权力运行的监督、执政党和参政党之间的互相监督、执政党和参政党各自的内部监督、各参政党之间的监督四个方面。五是社会监督，包括公民与社会团体的监督、人民政协监督以及舆论监督等。

当然，以上的分类并非是统一标准，学术界对于政党监督和社会监督的划分存在不同观点，有的把人民政协监督同民主党派民主监督都归为政党监督的一部分；有的把民主党派民主监督作为人民政协监督的一部分，归为社会监督；还有的把人民政协监督与民主党派民主监督合二为一，并称协商监督。之所以出现这样的分歧，我认为还是没有很好地分清人民政协监督与民主党派民主监督之间的差别。

人民政协的民主监督与民主党派的民主监督之间既有联系也有区

别。人民政协的主要组成部分是各民主党派和无党派民主人士，民主党派民主监督的主要依靠平台又是各级政协组织，因此说两者是紧密联系的。同时，根据《政协全国委员会关于政治协商、民主监督、参政议政的规定》和《中共中央关于进一步加强中国共产党领导的多党合作和政治协商制度建设的意见》，我们可以比较出两者在监督内容和监督形式上又有所不同，特别是在监督形式上，民主党派民主监督不仅可以通过人民政治协商会议发挥作用，更重要的是民主党派成员还可以通过人民代表大会、各级政府机关发挥监督作用。

在仔细地区分人民政协民主监督与民主党派民主监督之后，我们把民主党派民主监督归为了政党监督一类，因为只有这样归属，我们才能足够重视民主党派民主监督作为政党监督的独特价值与特殊规律，只有明确民主党派民主监督是参政党对执政党的一种党际监督，民主党派才能在实践中更充分地发挥政党权威与监督职能。

三、监督的原则

权力监督的原则，主要指"反映监督活动客观规律的，用于指导人们监督制约活动必须遵循的以保障制约目标实现的准则"[①]。只有明确监督的原则，才能在实践过程中充分发挥监督作用，实施有效监督。

1. 人民民主原则

列宁曾指出："民主是一种国家形式，一种国家形态，因此，它同任何国家一样，也是有组织有系统地对人们使用暴力，这是一方面。但另一方面，民主意味着在形式上承认公民一律平等，承认大家都有决定国家制度和管理国家的平等权利。"[②] 这表明，在民主政治之下，

---

① 孟祥馨、楚建义、孟庆云等：《权力授予和权力制约》，中央文献出版社2004年版，第217页。

② 《列宁选集》第3卷，人民出版社1995年版，第201页。

民众才是权力的所有者,他们拥有真正的言论自由和监督权利,这是权力监督的必要前提。监督的实质是委托之权对受托之权的控制,而权利却是权力拥有者和权力行使者的枢纽,因为民众通过选举的方式把权力委托出去,然后以自身拥有的政治权利,对受权者进行控制,从而使权力正常有效运行,并体现人民意志。所以说,监督只有建立在人民民主的基础之上,才可能是强有力的、更具权威的监督。

2. 公开透明原则

权力运行的公开和透明,这是监督的必要条件。因为监督的根本目的不仅仅是要维护统治秩序,更重要的是维护社会秩序,所以不论是政党的政治活动还是权力机关决策的制定与实施必须按照一定程序进行公开。只有让广大民众了解真实情况,民众才能积极地参与到政治事务和社会事务的管理和监督当中;只有公开监督行为,监督才能引起社会的广泛关注,监督才会变得更加普遍。正如列宁所说:"对于党员在政治舞台上的一举一动进行普遍的监督,就可以造成一种能起生物学上所谓'适者生存'的作用的自动机制。完全公开、选举制和普遍监督的'自然选择'作用,能保证每个活动家最后都'各得其所',担负最适合他的能力的工作,亲身尝到自己的错误的一切后果,并在大家面前证明自己能够认识错误和避免错误。"[①] 这里,列宁把公开透明原则与监督相提并论,旨在表明权力的运行必须公开透明,以便接受公众的监督。否则,失去前提的监督就会形同虚设,搞"暗箱操作"必然是出于保护腐败和滥用权力的目的,更多地被监督者只是被掩护而不是被监督。

3. 独立平等原则

监督者与被监督者之间的独立平等,是权力监督有效实现的重要

---

① 《列宁选集》第 1 卷,人民出版社 1995 年版,第 417—418 页。

条件。监督的平等独立原则，要求监督者与被监督者在组织上是各自独立的，法律上是相互平等的，他们之间不能是依赖服从的关系。对于监督主体来说，它应该具有与监督客体同等的权力，对于监督机构来说，要依据法律和程序独立行使职权，而不受其他任何组织或个人的非法干涉。中国古代的政治制度中，就已经将监察权同行政权区分开来，用一种独立的权力对另一种权力进行监督。近代西方国家采用三权分立的政治运行机制，依据的就是以权力制约权力的理论，来实现对权力的监督。孙中山在吸收西方现代民主政治制度的基础上，提出了"五权宪法"，特别强调监督监察权的独立原则。因为如果互相制约的权力没有同等的地位，监督者依附于被监督者，那么权力监督的目的就无法达到。此外，对于监督形式来说，各种监督形式也应具有相对独立性，比如在整个监督体系中占据重要地位的法律监督、权力机关监督、政党监督绝不能因此就超越或者取代其他监督形式，更不能支配和控制其他监督形式，每一种监督形式都是无可替代的。

4. 协调互补原则

监督体系是一个庞大的系统，在整个监督系统中，各个组成部分在不同的范围内都有各自的监督对象、监督内容与监督形式，他们之间是相互依赖，相互补充的关系。比如，政党监督必须以群众监督为基础，以法律监督为保障。而仅仅有权力系统内部监督也是不够的，必须加强对于权力的外部监督，即公民与社会团体监督、舆论监督等等。就其监督系统整体而言，每一种监督形式都是与其承担的职权相对应的，任何一种监督形式都不可能单独承担整个监督系统的全部监督任务，因此，"应当从整个制约系统的合理配置和运行机制的根本改善上着手，建立一个完整的而不是残缺不全的、有效的而不是流于形式的、机动灵活的而不是被动运转的权力制约机制，从而对各种权力形成规范、稳定、有效的制约"①。

5. 反馈评估原则

凡有监督必要有结果，凡有结果必须以达到监督者满意为准，一个政权能否延续最终将由人民满不满意来决定，这样代表民意的机构才能真正向人民负责。监督如果没有结果，或者说监督无实际效果，那么监督只能成为民主政治的一种摆设，只能是光有形式的空壳而已。监督必须要以法律作保障，以公民民主权利为基础，通过一定的渠道与形式最终达到令民众满意的效果。因此，要让监督落到实处，就必须有一定的监督机制，包括监督保障机制、监督运行机制以及监督实效评估机制等等。

第二节 马克思列宁主义政党监督理论

马克思列宁主义的监督理论是无产阶级革命和建设思想的重要组成部分。马克思恩格斯在创立科学社会主义理论和领导工人运动的实践中，主要针对巴黎公社政权建设形成了一系列监督思想。列宁的监督理论，结合了俄国革命和建设实践，在继承马克思恩格斯监督理论的基础上更加制度化和具体化。

一、马克思恩格斯的民主监督理论

马克思恩格斯在总结巴黎公社政权建设的历史经验时曾涉及民主监督的问题，主要集中于马克思1871年撰写的《法兰西内战》初稿和二稿中，以及恩格斯在1891年为《法兰西内战》单行本写的导言中。

---

① 孟祥馨、楚建义、孟庆云：《权力授予和权力制约》，中央文献出版社2004年版，第222页。

1. 结合巴黎公社政权建设的实践，提出民主监督的必要性

马克思恩格斯指出，随着社会生产力的发展，起初只应充当社会工具的国家政权逐渐脱离社会而独立，国家的产生，使得源于社会的公共权力具有了阶级统治的政治性质，即社会把公共权力委托给特定的人与机构，受托执行公共权力的人就成为统治阶级，因此国家便成为阶级统治的工具，而此时的"政治家"比在其他任何地方都更加厉害地构成国民中一个特殊的和富有权势的部分。马克思恩格斯认为，无产阶级夺取政权的初期，无论是在政治、经济，还是在道德和精神等方面必然带有他脱胎出来的那个旧社会的痕迹，国家正是无产阶级在争取阶级统治的斗争胜利以后所继承下来的一个政体，因此如何使权力始终保持在人民手中，防止国家机关由社会公仆变为社会主人，必须要对掌权者加以监督，让人民大众对无产阶级政党及其国家公职人员进行民主监督是必要的。可见，对国家政权及其代理人实行民主监督的必要性是由阶级社会中国家的特殊地位决定的，当然，随着"阶级的消失，国家也不可避免地要消失。在生产者自由平等的联合体的基础上按新方式来组织生产的社会，将把全部国家机器放到它应该去的地方，即放到古物陈列馆去，同纺车和青铜斧陈列在一起"[①]。马克思恩格斯从社会与国家关系的层面，强调了民主监督的重要性，对于凌驾于社会之上的国家政权只有在社会的监督下才能消除其阶级压迫的性质，最终走向消亡，而社会对国家的监督，其实就是人民群众对公共权力和受权人的监督。

2. 结合巴黎公社政权建设的实践，提出实现民主监督的途径

民主监督的前提是要拥有多数人的民主，只有人民当家做主，才能真正实现有效监督，而巴黎公社正是实现人民当家做主的一个创举，

[①] 《马克思恩格斯选集》第4卷，人民出版社1995年版，第194页。

公社政权"实质上是工人阶级的政府……是终于发现的、可以使劳动者在经济上或得解放的政治形式"①。

首先,公社是民众实施民主决议和民主管理的机构。马克思恩格斯认为,公社不应当是议会式的,而应当是同时兼管立法和行政的工作机关。公社主要由普通的工人组成,担负着原先由政府、警察局和省政府分担的全部职务,公社一举把所有的职务——军事、行政、政治的职务变成真正工人的职务,使它们不再归一个受过训练的特殊阶层所私有,让民众直接参与和管理政权组织。一切有关社会生活事务的创议权都留归公社,有关公共需要上的税收与开支,由公社自己监督;一切社会公职,甚至原应属于中央政府的为数不多的几项职能,都要由公社的官吏执行,从而也就处在公社的监督之下。公社制度下,行使权力的人"已经不能够像在旧的政府机器里面那样使自己凌驾于现实社会之上了,因为这些职能应由公社的勤务员执行,因而总是处于切实的监督之下"②。

其次,公社让民众真正享有普选权和罢免权。公社是由各区全民投票选出的城市代表组成的,这些城市代表对选民负责,受选民监督。公社把国家各级政府机关的一切职位交给由普选选出的人担任,而且规定选举者可以随时撤换被选举者,人民拥有选举权和罢免权是防止国家和国家机关由社会公仆变为社会主人的有效手段。只有在公社,普选权才被应用于它的真正目的:由各公社选举他们的行政的和创制法律的公职人员,"彻底消除了国家等级制,以随时可以罢免的勤务员来代替骑在人民头上作威作福的老爷们,以真正的负责制来代替虚伪的负责制,因为这些勤务员经常是在公众监督之下进行工作的"③。

---

① 《马克思恩格斯选集》第3卷,人民出版社1995年版,第59页。
② 同上书,第121页。
③ 同上书,第96页。

再次，公社对公职人员实行低薪和取消特权。公社要求所有公职人员，不论职位高低，都只付给跟其他工人同样的工资，公社取消了两项最大的开支，即常备军和官吏，基本实现了所有资产阶级革命都提出的廉价政府的口号。通过取消国家官吏的一切特权和高额薪金，可以有效地防止和避免人们去追求升官发财了。

以上是马克思、恩格斯在总结巴黎公社经验的基础上，提出的无产阶级专政国家为实现社会对国家政权的监督所负有的责任及应当采取的措施。总结马克思恩格斯的观点，即在无产阶级专政条件下，实现社会监督的决定性因素仍然在于无产阶级专政的国家政权。也就是说，即使在社会主义国家，社会监督、人民群众的监督并不是随着无产阶级掌握了国家政权而自动实现的。从其所肩负的历史使命出发，任何一个无产阶级专政的国家都必须最大限度地实现社会监督和人民群众监督。

二、列宁的社会主义民主监督理论

作为第一位亲身经历并领导了社会主义革命和建设实践的无产阶级革命导师列宁，他对社会主义国家如何更有力地制约和监督权力，确保公共权力不被异化，克服以权谋私和官员腐化堕落现象等这些问题进行了深刻的思考和卓有成效的探索。

1. 列宁认识到民主监督的重要作用

首先，列宁认为民主监督是体现社会主义民主的重要方式。列宁积极主张人民大众对国家政权进行参与式管理监督。无产阶级国家政权的权力主体应是工农群众，不仅要让工农代表在政权机关中充分表达民意，而且还要让民众发挥主动性实际地参与政治，"群众应当有权为自己选举负责的领导者。群众应当有权撤换他们。群众应当有权了解和检查他们活动的每一个细小的步骤。群众应当有权推荐任何工人群众承担执行的职能"。① 只有这样，工人阶级才能根据自己的利益规范国家权力操作者的行为，对权力实施、运行的过程进行管理监督，以保障国家权力正确高效运行。只有这样，苏维埃国家政权才是属于大多数人的国家政权，苏维埃民主才能扩展到绝大多数民众身上。

其次，列宁认为加强民主监督可以克服以权谋私和官僚主义。十月革命胜利后，由于国内外的双重压力以及历史因素，俄国形成了高度中央集权的政治体制，权力过分集中必然造成党政不分、领导专权、官僚主义在新生的政权机构以及执政党的领导机关中蔓延开来。列宁在晚年的时候反复强调要清除官僚主义，他曾在全俄的工人代表大会上明确提出："我们内部最可爱的敌人就是官僚主义者，这些人都是身居苏维埃要职，由于勤勤恳恳而受到大家尊敬的共产党党员。我们必须清除这种敌人，我们要借助所有觉悟的工人农民收拾这种敌人。"② 为了防止俄共（布）的领袖拥有无限权力造成权力的滥用，列宁认为必须要加强对党的最高机关以及最高领袖人物进行民主监督，因此，他非常重视工农群众监督的作用，亲自创建了接待群众来信来访制度和检举报告制度，指出工人应该进入一切国家机关以监督整个国家机构，采取马恩提出的措施——"使所有的人都来执行监督和监察的职能，使所有的人暂时都变成'官僚'，因而使任何人都不能成为'官僚'"③。

2. 列宁提出了全方位民主监督体系

列宁在不同时期，不断探索社会主义民主监督的各种形式。从取得十月革命的胜利到采取战时共产主义政策，再到实施新经济政策的过程当中，列宁提出了包括工农群众监督、执政党党内监督、行政监督、舆论监督等一系列监督思想，从而形成了自上而下和自下而上的

---

① 《列宁全集》第34卷，人民出版社1985年版，第143—144页。
② 《列宁全集》第43卷，人民出版社1987年版，第14页。
③ 《列宁选集》第3卷，人民出版社1995年版，第210页。

全面监督理论体系。

　　首先,列宁把俄共党内监督与行政监督相结合。列宁认为,俄国共产党作为执政党,必须要加强自我监督,只有这样,才能保证人民群众对执政党与苏维埃机关的监督。1921年3月,列宁建议俄共(布)十大作出《关于监察委员会》的决议,决议明确规定了党的监督委员会享有相对独立地位和较高的权能,监督委员会委员可以直接参加党政权力机关的立法与执法活动,可直接监督党政机关的决策活动。1923年列宁在《怎样改组工农检查院》和《宁肯少些,但要好些》两篇著作中提出改组工农检查院的设想,建议将工农检查院与党的监察委员会合并起来,从工人农民中选出75到100名新的中央监察委员,享有与党的中央委员一样的权利,同时大量缩减工农检查院的职员,并对其进行专门培训,然后派一些中央监察委员到工农检查院工作。列宁的目的主要是为了提高工农检查院的监督地位与权能,通过与党的监察委员会的联合,加强对党政最高领导的监督力度,更好地维护集体领导和民主集中制,而且也有利于俄共(布)与群众的联系,更好地改进党的形象。

　　其次,列宁重视非党工农群众监督与舆论监督。列宁在继承马克思恩格斯监督理论的基础上,依据俄国的社会主义革命与苏维埃政权建设的实践经验,创造性地提出要广泛吸引非党工农群众监督俄共(布)与苏维埃政权的思想。列宁要求,必须吸收那些经过考验而证明其忠实的非党工人和农民参加工农检查院,或者不担任任何职务,通过列席旁听党政机关重要会议以及定期查阅工农检查院的文件提出相应意见和建议。此外,列宁还主张通过定期召开非党工农群众代表会议以及创建群众信访制度加强自下而上的监督,便于俄共(布)和国家机关"考察群众的情绪,接近群众,答复群众的要求,从群众当中提拔优秀的人才来担任公职等等"①。关于舆论监督，列宁一直提倡人民群众在报刊上开展讨论与批评，鼓励人民群众利用舆论工具监督党和政府决策的民主化与可行性，揭露国家机关和掌权者的腐败行为。在列宁看来，舆论监督"能够吸引广大人民群众主动地参加解决这些与他们最有切身关系的问题"②，在揭露"混进党的"、"摆委员架子的"、"官僚化的"人的时候，非工农群众的意见是非常重要的，从这个意义上讲，舆论监督也是一种非党工农群众监督。

再次，列宁强调对最高领导人的监督。列宁曾对斯大林个人权力过大表示过担忧，他在口授的《遗嘱》中指出："斯大林同志当了总书记，掌握了无限的权力，他能不能永远十分谨慎地使用这一权力，我没有把握。"③他认为总书记的权力过大，极易出现官僚主义，从而使政治局的整体工作受到个人因素的影响，就会出现少数人的个人意志统治全党的情况，因此，列宁在很多篇文章中都强调要从政治制度建设的高度提高监督机关的地位和规格，强化其权威，以实现对高级党政机关及其最高领导干部权力的制约监督。他强调中央委员会"应该形成一个紧密的集体，这个集体应该'不顾情面'，应该注意不让任何人的威信，不管是总书记，还是某个其他中央委员的威信，来妨碍他们提出质询，检查文件，以至于做到绝对了解情况并使各项事务严格按照规定办事"④。由此可见，列宁非常重视把党的最高机关、最高领袖人物置于人民监督之下，乃是人民监督的重心所在，列宁重视监督最高领导人的思想，对后来社会主义国家权力制约监督机制建设发挥了方向性的指导作用。

---

① 《列宁选集》第4卷，人民出版社1995年版，第158页。
② 《列宁全集》第34卷，人民出版社1985年版，第138页。
③ 《列宁选集》第4卷，人民出版社1995年版，第745页。
④ 《列宁全集》第3卷，人民出版社1987年版，第377页。

综上所述，列宁继承并发展了马克思恩格斯的无产阶级国家权力监督的思想，他既论述了社会主义国家对权力进行监督和制约的重要性和紧迫性，又对实现权力监督的途径方法进行深刻的思考和卓有成效的探讨，还尝试通过应用公民的基本权利制约公权力从而建立起苏联式的权力监督体系。如他所提出的要改组党的监察委员会和工农检查院，其核心就是放手发动人民群众去监督执政党及其政府。可以说，列宁的权力监督思想是社会主义国家权力监督实践的理论升华。

三、马克思列宁主义监督理论的评析

马克思恩格斯从社会发展的阶段性和国家的阶级性角度，论证了无产阶级专政下监督的必要性，同时由于受到历史条件的局限，他们并没有提出可操作的监督理论。但经过列宁的继承与发展，社会主义民主监督理论变得更加丰富系统，在很大程度上影响了之后的无产阶级政党监督的理论与实践。

首先，马克思恩格斯和列宁的监督理论旨在依靠民主来监督权力。他们特别重视人民群众的监督，他们不仅从理论上论证了人民群众对公共权力监督的必要性，更重要的是在实践中创造了一系列的工农群众监督制度。尤其是列宁，他始终认为，实行民主监督是社会主义民主的本质，它可以让工农群众直接参加到国家政权当中，真正实现人民当家做主。因为权力的所有者是人民，所以对权力进行监督的主要力量也必然是人民。只有让人民起来监督政府，政府才不敢松懈。正如列宁所说："监督是把共产主义社会第一阶段调整好，使它能正确地进行工作所需的主要条件"，[①] 这里的监督主要是指依靠工农群众直接或间接参与国家管理的形式，对政权机关和相关人员进行的民主监

---

① 《列宁选集》第3卷，人民出版社1995年版，第202页。

督。可见，依靠人民民主是社会主义国家权力监督制约的关键。

其次，以"人民权利"来监督制约国家公共权力。列宁一直坚持要广泛吸引非党工农群众参与国家管理监督，他提出的全方位民主监督的核心就是非党工农群众监督。在《关于赋予国家计划委员会以立法职能》中，列宁提出要让知识分子专家参与到国家的上层决策中来；在1922年12月29日的口授记录中，列宁提出要让知识丰富的学者专家全面参加苏维埃各级管理部门包括工农检查院的工作；在《宁肯少些，但要好些》中，列宁提出要通过严格的考试将不亚于西欧的优秀人才吸收到工农检查院里来，这里的专家、知识分子以及优秀人才都是非党工农群众的一部分，列宁之所以重视非党工农群众监督的作用，是因为那些没有担任过任何公职的工农群众受官僚主义之害最深，且同上层机关没有任何瓜葛，只有他们才能真正从人民利益出发，坚决地同官僚主义作斗争。

总之，马克思列宁主义所创造的以"民主"监督权力、以"权利"监督权力的思想，鲜明地站在了无产阶级的立场上，它们不同于西方国家所倡导的权力制衡论即以"权力"制约监督权力，而是开辟出了一种新思路，通过扩大人民民主权利的方法，来实现对国家公共权力的制约，从而为中国参政党民主监督奠定了理论基础。

四、对中国参政党民主监督的启示

从政治学的层面看，监督的实质就是对权力即国家权力的控制和约束。但由于各国复杂的政治环境和历史因素决定了监督制度、监督形式也是不同和多样的，即监督形式不仅有以权力制衡权力，还应包括以民主权利制约公共权力的形式。民主监督是我国参政党的基本职能之一，参政党在多党合作制度中开展的民主监督，就是其中层次较高，受到执政党和政府高度重视的一种以权利制约权力的监督形式，这种监督形式的设计正是对马克思列宁主义民主监督理论的继承和发展，它既是人民民主权利的重要体现，也是中国共产党领导的多党合作和政治协商制度赋予民主党派的权利和职责。

在任何社会，一项权利的运行离不开法律、制度的规范和控制。我国宪法明确规定人民在国家政治生活、经济生活、文化生活和社会生活的各个方面，依法享有选举权和被选举权、知情权、参与权、表达权和监督权等。人民是国家的主人，执政党和国家权力机关都有接受人民监督的义务。参政党的民主监督权利是宪法和法律赋予的合法权利。同时，参政党的民主监督权利还是我国基本政治制度所赋予的政治权利和职责。从1989年出台的《中共中央关于坚持和完善中国共产党领导的多党合作和政治协商制度的意见》，到2005年制定的《中共中央关于进一步加强中国共产党领导的多党合作和政治协商制度建设的意见》，再到2006年颁布的《中共中央关于加强人民政协工作的意见》都明确规定，参政党的民主监督是作为我国基本政治制度框架内的民主权利，以提意见、作批评的方式进行的。

正是因为中国共产党领导的多党合作和政治协商制度赋予了参政党民主监督的权利，所以，也可以说，我国的参政党民主监督属于政治制度框架内政党之间的监督形式。虽然目前在世界范围，非执政党对执政党的监督是一种普遍现象，但我国参政党对执政党的民主监督与西方国家的政党间监督实际还存在差异。西方国家的政党政治的最大特点就在于竞争性，在野党或反对党虽不执掌国家政权，但在议会中占有一定席位，他们通过质询、辩论、抨击的形式，以议会为舞台，以舆论为工具，对公共权力的行使进行监督和制约。而中国特色的政党结构中，不存在反对党和在野党，它的最大特点就是合作性，民主党派是与中国共产党长期合作的参政党，参政党和执政党不是唱对台戏，而是"大合唱"，它赋予参政党民主监督的基本职能，参政党以友党的身份对执政党行使公共权力提出意见、批评和建议,以促进公共决策更加科学、民主。由此可见,尽管参政党民主监督属于权利监督的范畴,其监督没有充分的权限,但由于参政党具有较高的政治地位,其民主监督是以国家基本政治制度为依托,以国家政府系统为活动平台的有组织的体制内活动,它的影响力也不能仅仅局限于社会监督的层面,而是政党间的高层次政治监督。

值得一提的是,马克思列宁主义的以"权利"监督"权力"的思想对我国政党制度的形成有其深远影响,使我国的政党监督表现出鲜明特色,从而在各种文件的相关论述以及研究者的相关成果中提及参政党民主监督时,一直以来都特别强调参政党对执政党的民主监督"与竞争型政党制度中反对党和在野党通过权利制衡、相互掣肘甚至相互攻击、街头抗争等方式对执政党进行的钳制有着本质的区别"[1],着重强调中国的政党监督与西方国家的政党监督有着根本区别,"西方的政党制度制衡理论不适用于我国的社会主义民主政治建设"[2]。诚然,我国合作型的政党关系与西方国家竞争型政党关系明显不同,我国参政党与执政党有着共同的政治目标,参政党监督应遵循特定的政治原则,不能像西方国家的在野党或反对党通过权力制衡的方式监督执政党,但同样都是作为对公共权力的一种制衡,中国和西方国家政党监督应该存在一般的共性,即在某种层面上应该是相同的。西方国家在野党、反对党的活动主观上是为了夺取执政权,客观上则起到了抑制公共权力滥用,帮助执政党进行科学民主决策,避免决策失误,让公权力在阳光下运行。同时,"另有一些国家如荷兰,执政党和反对党开始寻求将国家利益置于第一位的'共识民主',用合作协商代替激

---

[1] 杭元祥:《关于民主党派民主监督的几个基本问题》,载《中央社会主义学院学报》,2010年第2期。

[2] 游洛屏:《我国多党合作制度理论体系》,中共中央党校出版社2010年版,第161页。

烈冲突,其政党监督的形式尤其值得我们关注"。① 因此,我们不光要继承发展马克思列宁主义的民主监督思想,也要深入分析西方国家政党监督的理论,借鉴一些工具性的具有普世价值的内在一致性以及运行机制,从而更好有效推动我国参政党民主监督的发展。

第三节 西方国家政党监督的理论借鉴

现代民主政治,无论是选举、制定公共政策,还是利益集团的博弈,这些活动都是通过政党来实现的。由于政党代表特定阶层和团体的利益,在公共权力稀缺性的前提下,为防止政党为本集团争夺权力而排斥其他政党的权益,从而对执政党行使公共权力的监督自然而生,所以政党监督与政党政治如影随形,政党监督是伴随着政党的出现而发生的,政党监督不仅是政治监督的一种有效形式,更是政党政治实现的有力保障。

自从 18 世纪英国议会最先出现政党以来,人类社会就迈入了政党政治时代,作为政党政治重要内容的政党监督,由于受不同的经济发展水平、政党体制结构、历史文化传统的影响,在各国的表现形式也不尽相同。西方国家的政党监督,一方面表现为执政党通过议会党团和执掌行政权来对公共权力的运作予以监控;另一方面表现为在野党(反对党)以"影子内阁"等形式对执政党的监视和抨击。因为西方国家的政党产生较早,经过长期的摸索,在政党监督理论与实践方面已经形成了一套比较成熟的理论制度和运作机制,其积累的教训与经验,特别值得中国的参政党民主监督所吸取与借鉴。

---

① 崔珏:《略论参政党的民主监督》,载《中央社会主义学院学报》,2011 年第 3 期。

一、西方国家政党监督的理论来源

在西方的政治理论中,政党监督被认为"既是现代社会权利监督的主要构成部分,也是人类对权力监督理性化认识和实践的重要标志,是人类政治文明发展的重要成果"[①],其实质就是在探讨对权力如何进行监督。在欧洲启蒙思想家看来,人类社会生活包括国家和社会层面的公共部分和公民个人层面的私人部分,前者所掌握的权力是后者赋予的,因此,为了保证国家和政府的行为符合公民的意愿,必须通过法律和制度对权力进行监督。在此基础上,欧洲的启蒙思想家们对权力的制约与监督进行了大量的、理性的思索,提出了一系列学说,这些理论也成为西方国家监督制度的核心思想。

1.人民主权论

法国启蒙思想家、人民主权论的主要代表卢梭认为人民主权是至高无上且不允许侵犯的。他指出:"行政权力的受任者绝不是人民的主人,而只是人民的官吏,只要人民愿意就可以委托他们,也可撤换他们,对于这些官吏来说,绝不是什么订约的问题,而只是服从的问题。"[②] 在卢梭看来,人民对国家权力进行监督是主权在民的本质,是自然赋予的权利。但是卢梭的理论本身又存在一定的矛盾,使得它不能完全付诸实践,他即主张"人民主权不可分割、不可转让",又主张"个人权利全部转让给集体"。马克思在肯定其革命性的一面的同时指出它是一种不切实际的幻觉和模糊的空想。

西方国家的政党监督深受洛克的人民主权思想的影响。作为权力的所有者人民,在现实政治中,不可能每一个人都直接参加国家政权,洛克根据当时英国的实际情况,主张人民主权要由议会来实现。他认

---

① 肖建国:《反腐倡廉监督教程》,中国方正出版社2007年版,第116页。
② [法]卢梭:《社会契约论》,何兆武译,商务印书馆1962年版,第123—124页。

为当政府与人民发生冲突时，人民应该是仲裁者，政府若违背人民的意志，人民可以收回自己的权力，民主制的国家是大多数人掌握立法权力的国家，因而也是人民可以监督政府行为的国家，于是人民主权理论发展成为代议制理论。代议制理论主张由人民选举自己的代表组成议会作为民意机关，代表人民利益行使管理国家的权力，代议制理论的集大成者约翰·密尔主张，议会应注重监督控制，指出"代议制议会的适当职能……是监督和控制政府：把政府的行为公开出来，迫使其对人们认为有问题的一切行为作出充分的说明和辩解；谴责那些该受其责备的行为，并且，如果组成政府的人员滥用职权，或者履行责任的方式同国民的明显舆论相冲突，就将他们撤职，并明白地或事实上任命其后继任"①。美国前总统威尔逊指出："严密监督政府的每项工作，并对所见到的一切进行议论，乃是代议机构的天职。它应该是选民的耳目和代言人，应能体现选民的智慧和意志。"②

在政党政治时代，政党是社会权力与国家权力的联系纽带，那么，产生于议会的政党作为国家政治活动的核心力量自然充当着民众利益代表的角色，成为代议机关的主导力量，尤其是其中的在野党（反对党）实际担负着代表人民在议会内外监督执政党及其政府的重任，代议机关为在野党及人民对政府实施监督控制提供了途径。可以说，现代西方国家正是因为有了人民主权的实现形式——代议民主制，现代权力监督才成为可能，人民才有可能根据宪法和法律的要求通过各种方式和途径对国家政权及其工作人员进行监督。人民主权思想为西方国家权力监督制度的建立提供了最基本的理论支撑，也为其他分支理论的产生提供了基础。

---

① [英]约翰·密尔：《代议制政府》，汪瑄译，商务印书馆1982年版，第80页。
② [美]威尔逊：《国会政体》，熊希龄、吕德本译，商务印书馆1990年版，第167页。

2. 分权制衡论

权力分立与制衡理论是西方国家政体创建的基本原理之一，它由洛克根据英国政制经验明确提出，经过孟德斯鸠的补充发展，最终充分运用于美国的政体建设实践中。

洛克把国家权力分为立法权、执行权和对外权。他指出：作为民意机关的议会拥有国家最高权力——立法权，议会有权制定和通过法律，这一权力是人民赋予的；而国王拥有执行法律的权力，并负责任命大臣、法官以及其他公职人员；对外权就是负责决定战争与和平、联合与联盟以及同国外进行一切事务的外交权力，也由国王行使。洛克的分权理论中，对外权实质上属于行政权，立法权要高于行政权，行政权要服从于立法权，这与洛克的人民主权思想有关，他不仅提出国家权力要相互制约，还更多地强调人民对国家权力的监督。

孟德斯鸠在洛克分权理论的基础上，第一次完整地创立了三权分立理论。孟德斯鸠的三权分立理论以性恶论为基础，他提出："一切有权力的人都容易滥用权力，这是万古不易的一条经验。有权力的人们使用权力一直到遇有界限的地方才休止。……从事物的性质来说，要防止滥用权力，就必须以权力约束权力。"① 因此，他认为应该把国家权力分为三部分，并且这三种权力由不同的国家部门、不同的人来把持，以达到三权相互制约，维持平衡。立法权，即制定、修改和废止法律的权力，孟德斯鸠提出可以通过实行两院制把立法权一分为二，分别由贵族和小资产者拥有，在立法过程中各以否决权相互制约；行政权，孟德斯鸠建议最好由一位君主来掌握，负责国家日常事物，维护公共安全，防御侵略；司法权，主要是用于惩罚犯罪或裁决私人诉讼的权力，孟德斯鸠主张依照法定程序组建一个法庭来行使此权力。

---

① ［法］孟德斯鸠：《论法的精神》，严复译，上海三联书店2009年版，第154页。

与洛克不同的是，孟德斯鸠强调行政权对立法权的制约，更重视国家权力内部的分工与制约。

美国民主传统的奠基人托马斯·杰弗逊将启蒙思想家的理论付诸实践，成功地创造了美国民主共和国的先例，并在实践中不断丰富洛克和孟德斯鸠的分权制衡理论。杰弗逊指出："人们对于他们政府机关的控制，是衡量一个政府是否共和制的标准。"① 基于此，他主张人民应该通过选举、监察和罢免社区代表等手段来参政议政，以达到控制政府的目的。

分权制衡理论从探讨国家权力的自我约束开始，进而涉及了国家权力的外部约束，即社会大众、政党组织在公共权力运作中的制约功能，它不仅为西方国家政治制度的设计奠定了理论基础，同时还为各种监督方式的拓展提供了理论依据。政党作为一种可以把国家权力的各个分支沟通起来的核心力量，在政党政治时代，足以成为国家权力机关的活动主角。因此，西方国家两党制、多党制条件下的反对党监督机制是与三权分立制衡的政体结构相适应的，反对党监督必然成为权力制衡的必要组成部分。所以说，分权制衡理论是西方资本主义国家政党监督制度的直接理论基础。

3. 权力腐败论

权力作为一种强制性的力量，具有易于腐败的特点。阿克顿勋爵就曾断言："权力，不管它是宗教还是世俗的，都是一种堕落的、无耻的和腐败的力量"，"权力导致腐败，绝对的权力导致绝对的腐败"。② 可以说，西方人对权力的理解主要在于它的负面特性，所以西方的权

---

① ［美］汉密尔顿等：《联邦党等人文集》，张晓庆译，中国社会科学出版社2009年版，第264页。

② ［英］阿克顿：《自由与权力——阿克顿勋爵论说文集》，侯健等译，商务印书馆2001年版，第342页。

力观就是要限制和监督权力,这也正是西方国家强调政党监督的必要性的原因。

西方国家的执政党和反对党之间,无论是在竞选中相互否定,还是在议会上相互批评,其最终目的都是为了公共权力的争夺与行使。公共权力以国家机器为后盾,不论它是否合理,都要求人们必须服从,这是公共权力的特征,而在现实的政治运作中,公共权力并不总是能够得到合理的配置,它随时都面临着私有化和被滥用的异化风险。所以,人们一方面需要公共权力的存在,另一方面又要防止公共权力的异化,这样,加强对权力的监督和制约就成为一种必然。在西方的政治理论中,权力的负面特性主要表现在易腐蚀性等方面,正如阿克顿所说:"在所有使人类堕落和道德败坏的因素中,权力是出现频率最多和最活跃的因素"。[①] 的确,人类文明史一直都在反复证明这个事实,任何权力都是专横的,而不论掌权者在行使权力之初是什么样的动机,只要有权力行为的地方,就不可避免地出现权力的腐败和异化。德国著名历史学家弗里德里希指出:"腐败是附着在权力上的咒语,哪里有权力,哪有就有腐败存在。"可见,在西方政治理论的视野里,公共权力的异化和腐败是与生俱来的,而执政党作为公共权力的行使者,他必须要被严格加以防范和监督。

在西方社会,公共权力易于腐败和异化的观念之所以成为人们的共识,主要跟西方人对人性的理解有着密切关系。与中国文化不同,在西方文化中,人性恶是占主导的,他们认为人生来就是自私贪婪的,这就决定了任何掌握权力的人都有滥用职权的可能。在政党政治时代,公共权力的掌握者和行使者主要是政党和政党领袖,那么公共权力的运行过程不可避免地要体现出权力行使者的意志,这就使公共权力在

---

① [英]阿克顿:《自由与权力——阿克顿勋爵论说文集》,侯健等译,商务印书馆2001年版,第324页。

某种程度上具有了个人性和私人性,从而面临着人性恶的考验和挑战,使得公共权力的异化和腐败成为可能。因此,性恶论"对于西方政治制度的建构产生了广泛而深远的影响,使得加强对权力的制约与监督成为共识,力求对公共权力的强制性与公共性做出合理的配置,从而使公共权力能够真正有效地服务于公共目标而获得正当性"。① 实际上,在现实的政治生活中,唯有执政党是掌握和行使公共权力的政治实体,所以,要预防公共权力的异化和腐败,就要对执政党加强制约和监督,无论是权力制约权力,还是权利制约权力,归根结底,都是对执政党所掌握的公共权力的制约,这正是西方国家竞争型政党制度设计的初衷和重要的理论基础。

4. 合法反对论

合法反对理论是西方国家两党或多党制度有效运作的思想基础。1969年美国学者理查德·霍夫斯塔特在《政党制度的思想基础——合法反对在美国的兴起(1780—1840)》一书中指出,"合法反对原则"是在美国民主政治三大要素之外存在的一只隐形杠杆。所谓合法反对,是指在坚持国家根本政治制度的前提下,反对党有权合法存在,并有权通过宪法和法律规定的方式与途径来反对执政党及其政府行为。

作为西方政党制度设计的核心——"合法反对原则"包括"对反对的认同、有组织的反对、以和平方式实现政权更替的充分自由"②三个方面的内容。具体来说:第一,对反对的认同,执政党与反对党均"认为一个政党离开对方也就无所谓自身,政党之间的斗争不是追求吃掉对方、压垮对手,而是要与之相互依存,互为存在的前提和条件,以此来延续本党的政治生命"③。因此,反对党与执政党是相互

---

① 张惠康:《参政党民主监督功能研究》,中共中央党校出版社2011年版,第342页。
② 王建华:《试析西方政党合法反对原则》,载《南京社会科学》2004年第5期。
③ 朱光磊:《现代政府理论》,高等教育出版社2006年版,第412页。

独立自主的，反对党有充分地表达不同利益诉求的自由。反对党的存在被认为是民主与自由的表征，反对党不仅可以促使执政党与政府正确行使权力，而且执政党与政府也有赖于反对党的监督与制衡。第二，有组织的反对，政党作为组织的高级形态有能力实施自己的纲领、执行自己的政策，反对党是"负责任的"和"有效的"反对。因此，反对党必须在不影响国家长远利益的前提下，以执掌政权为目标，通过议会的质询、辩论或者利用社会舆论监督，对执政党以及政府的现行政策提出批评，时刻揭露政府公职人员滥用权力的腐败行为，同时反对党要为能够取代执政党做好任何准备，要提出更好的替代性政策，贮备有能力实施这些政策的替代性组织机构以及工作人员（如影子内阁）等等，"否则，无论反对手段多么合法、纲领多么现实，都只能算是一种具有教育功能的反对，而非具备政治功能的有效反对"①。第三，以和平方式实现政权更替的充分自由，也就是说，"反对必须是'合法'的，竞争要成为永久的'互利'原则。就反对党和在野党而言，它们都不是反对整个政治制度，不挑战现存宪法和政治制度的'合法性'；对于执政党一方来说，要尊重反对党和在野党一方的意见的充分表达，对它们的限制必须在法律的框架内进行"。② 因此，无论是反对党（或者在野党）还是执政党都必须在宪法框架内进行合法活动，反对党不得采用叛国政变、武力暴乱或者阴谋暗杀等非法手段来反对执政党政府，而执政党政府必须容忍和接受反对党在议会内外的批评和反对意见，双方的竞争必须是公开合理的。

理查德·霍夫斯塔特提出的合法反对理论作为现代西方国家政党

---

① Richard Hofstadter, *The Idea of a Party System: The Rise of Legitimate Opposition in the United States, 1780-1840*. Berkeley: University of California Press, 1969, PP.4-5.

② 朱光磊：《现代政府理论》，高等教育出版社2006年版，第412页。

制度一直坚持的基本原则,它提倡政党在宪法范围内有效的负责的反对,长时期地规范着执政党和反对党之间的政治竞争,保证西方国家民主共和的政治体制在两党或多党竞争对峙、监督制衡中得以实现,成为西方国家政党监督制度的有力理论依据。

二、西方国家政党监督内容与方式

在大多数西方国家,对国家权力的约束和限制主要是通过政党之间相互制约监督表现出来的,因此,有关权力的产生、运作和制约方面的政治理论就直接成为西方国家政党监督的理论来源。同样,在实际的政治运作过程中,西方政党监督的有效实施是与它的政权组织形式,政治制度的系统建构密不可分的。政党制度对政党监督有直接影响,具体的监督程序和监督机制的完善对政党监督的成效意义重大。在西方政治系统的制度框架下,政党监督主要围绕政党选举和议会监督政府进行。

1. 政党在参加选举的过程中相互监督

大多数西方国家的政党制度都是竞争型的政党制度,在多党选举竞争的政党制度下,通过竞选是政党合法取得国家政权的唯一途径。因此,政党监督首先表现为政党在选举中的竞争和监督,政党参加选举的目的就是为了选举获胜掌握国家政权。无论是通过议会选举争取在议会中的多数席位,还是通过总统竞选争取组建政权,都离不开政党间的竞争与对抗。在议会制国家,议会是国家权力的核心,选举获胜的政党进入议会,组织政府,行使行政权,成为执政党。在总统制国家,总统组织政府,行使行政权。各党派在选举中都把总统职位作为主要竞争目标。执政党为了继续执掌政权,一般凭借着执政地位来操纵选举,利用自己的优势努力让自己的领袖或代理人组织政府,并控制政府各重要部门;反对党或者在野党为了能够上台执掌政权,在选举过程中,不仅大力宣传自己的施政纲领和利国利民政策,而且对执政党政府的现行政策进行竭力攻击,主要表现在:批评执政党政府内政外交方面的问题,比如经济问题、司法公正问题、民生问题、环境问题等等;揭露执政党领袖及其公职人员的能力、道德、生活隐私等方面的问题。反对党或在野党正是以这些所谓的"揭丑"行为,对执政党政府造成一定的社会舆论压力,为自己在选举中增添获胜的筹码。或者,未获胜的一方还能以选举舞弊、计票错误等为理由,通过舆论和司法手段对当选者提出抗议或裁决。

总之,竞争型政党制度的最大特点就是,在大选中各个政党都发挥各自的优势,对竞争对手从各个角度各个层面全方位地深刻"挖掘",大到对手的施政纲领,小到具体的规划方案和理念主张,甚至包括政党某些领导人的政治能力、政治品质以及个人生活、作风问题等,尽一切可能找出对手的缺陷和纰漏,凭借新闻媒体、竞选演说等渠道进行大肆宣传,从而击败竞争对手,力争选举的胜利。通过政党选举的轮替,达到防止任何一个政党或者政治集团长期垄断国家权力,形成独裁的目的,对国家政权的行使进行有效的监督,有利于国家民主政治的发展。

2. 政党以议会为场所进行相互监督

在西方的政治系统的构架中,竞选之后的政党监督和其他的政治活动主要围绕议会展开。政党作为社会各阶级、阶层的利益代表者,通常是西方国家议会中最为活跃的力量,"政党通过本党在议会中争夺议长职位,通过本党在议会中的政党领袖和议会党团的作用,影响议会全体会议和各委员会的表决活动"。[①] 因此,议会不仅是制定国家法律法规的机关,也是政党影响政府决策的重要机关。采取议会制的

---

① 尤光付:《中外监督制度比较》,商务印书馆2003年版,第291页。

西方国家,由于在政党竞选中获得议会多数席位的政党获得了组阁的权力,竞选之后的政党监督就表现为议会中反对党和其他小党对执政党控制的议会和政府的监督。反对党通过议会的辩论和质询、通过议会调查制度,对执政党政府的活动进行评论和追究,充分发挥政党监督的职能。一般来说,议会中的多数党决定立法过程和立法结果,少数党或者反对党则主要对执政党要通过的法案,提出自己的意见,包括赞成和反对的声音,甚至是替代性的政策。在西方国家的立法机构中,无论是执政党还是反对党都非常重视议会党团的作用,因为议会党团"可以参与议长提名,可以酝酿内阁班子,可以规定某些议事规程来组织议会委员会及其他事务的协商,可以在议会中建立本党的领导机构,从而沟通本党议员的意见,监控并监督本党议员的态度和统一行动,进而借助议会权力决定立法、预算等政策"[①]。可以说,政党、议会、政府三者之间正是通过议会党团得以协调运转。

总的来说,议会监督实质上是政党之间的或反对党进行的监督,这一点在实行内阁制的国家(如英国、德国等)表现尤为突出,议会与政府之间的监督与被监督关系其实也是政党之间相互监督的反映。因为反对党通常在在野的情况下只能通过发挥监督职能,证明自身的存在,同时由于反对党在议会中所占议席的数量有限,政府基本是在多数的执政党的操纵下运行,尽管反对党通过各种制度、运用传讯证人和提出报告的权利对执政党发起猛烈攻势,但它想执掌政府权力的可能性是非常小的,因此,反对党对执政党以及执政党成员个人的监督便成为它利用议会监督的重点。

3. 政党为掌控或参与国家政权相互监督

因为政党是以夺取国家权力为最终目标的,所以执政党与反对党

---

① 尤光付:《中外监督制度比较》,商务印书馆2003年版,第291—292页。

之间必然形成，赢得选举的一方上台执政，败选的一方在野监督的政治局面。执政党与反对党或者在野党的称谓，主要是针对行政权而言的，直接把持政府、掌握行政权的政党称为执政党，反之则为在野党（反对党）。在野党对政府的监督，其实质就是在牵制和对抗执政党。一般来说，在野党通过获取议会中的一定席位，利用自己的议会党团或者联合一些小党，进行质询、表决、不信任投票、弹劾动议等方法对政府施加影响。目前，很多议会制国家都采用"影子内阁"这种形式来监督执政党政府。起源于英国的"影子内阁"，是指议会中主要反对党的议会执行委员会，它作为反对党监督政府的工具，在议会中公开存在，"影子内阁"不但不附和当任内阁，反而专司监督当任内阁之职。当议会开始辩论时，影子内阁的负责人就会对政府政策的制定与执行提出质询，甚至是专挑当任内阁的毛病和缺点进行攻击，并要求政府予以答复，而当在野党赢得选举胜利之后，影子内阁就会取代现任政府执掌国家权力。可见，影子内阁在对执政党政府的监督中起着重要作用。

总之，影子内阁的设立，初衷就是为了使反对党更有力监督政府以及执政党，影子内阁的成员分工明确，各司其职，对口监督在任内阁成员的履职情况，监督对象明确，监督领域确定，监督的方式、手段和经验也更为丰富，能够更好地履行监督职能。

三、对中国参政党民主监督的借鉴

1. 允许反对党的合法存在与合法活动

政党政治条件下，以获得政权为目标的政党之间必然存在着竞争和制约，反对党（或者在野党）对执政党的监督是它自身的要求，揭露执政党的失误是反对党必须承担的义务责任。正是因为有反对党的存在，客观上就会迫使执政党谨慎施政，不滥用权力。以英国为例，英国作为典型的两党制的议会内阁制国家，它的执政党不仅掌控政府，实质上也控制着议会，议会"不过是内阁的橡皮图章而已"，因为"在政治实践中，由于政党政治的存在，执政党的领袖往往可以通过党纪来控制本党议员，这就使得议会很难与政府抗衡"。[1]那么议会又是怎么监督执政党政府的呢？主要是由于反对党的合法存在，反对党在议会中组成影子内阁，以议会为场所，对执政党政府实施监督，并时刻准备接替现政府。可见，反对党的合法存在，成为了一种对执政党进行制约的强大外部力量，这种高度组织化的外部监督要比政党内部监督，即政党自身监督所起的作用更加明显和有效。

同时，我们还应注意到，反对党（或者在野党）必须在法律允许的范围内活动。所谓的合法活动，主要是指反对党反对的只是执政党政府的内外政策与措施，绝对不可以挑战国家根本的政治制度，也就是说，在涉及国家与民族的重大问题上，反对党与执政党要互相妥协，为的是共同推进国家繁荣与进步。西方一些国家的宪法中把它明确写入有关政党活动的条款，一些国家在相关的政治制度中对此进行严格规定，还有一些国家为此专门制定了《政党法》。

中国不照搬西方的竞争型政党制度，但对于反对党对执政党的有效监督功能，我们必须要认真研究，加以合理借鉴。毛泽东在《论十大关系》中指出："中国现在既然还有阶级和阶级斗争，就不会没有各种形式的反对派。所有民主党派和无党派民主人士虽然都表示接受中国共产党的领导，但是他们中的许多人，实际上就是程度不同的反对派。"[2]把中国的民主党派当做共产党的"反对派"，并让他们长期存在下去的思想，是中国共产党的几代领导人一直坚持的。当然，我

---

[1] 赵虎吉：《比较政治学》，中山大学出版社2002年版，第308页。
[2] 中共中央党校教务部：《毛泽东著作选编》，中共中央党校出版社2002年版，第402页。

们这里所讲的"反对派",不是与共产党争夺执政权力的反对党,我们的政党体制中可以没有反对党或者在野党,但我们必须要让"反对派"充分发挥"反对党"的监督职能。

2. 反对党监督执政党的方式灵活多样

西方国家政党监督的内容与方式,由于其广泛的政治参与、发达的新闻媒体和独立的司法体系,具有很强的灵活多样性。

首先,反对党以议会为场所,通过质询辩论、否决弹劾等方式对执政党进行监督。在野党因为在议会中占有一定席位,它们专门针对执政党政府内外政策的制定与实施,提出自己的意见甚至是替代性方案。其次,反对党作为一部分社会公众利益的代表者,在一定程度上,也担任了管理政府的职能,有时候反对党的成员甚至还会进入到执政党组建的政权机关当中,而且为了对一些重大问题达成一致,执政党也会经常在议会内外征求反对党的意见。同时反对党还要在人事、财政等方面进行监督,对政府制定的相关法案进行批驳,从而照顾到多方面的利益,使得社会公众的利益要求能够更多地反映到政府决策当中。再次,反对党通过利用新闻媒体、联合社会团体、间接影响司法机关等方式来监督执政党。西方国家的反对党时刻都在盯着执政党政府,为了能够打败竞争者,他们竭尽全力地无情揭露执政党及其公职人员的腐败行为,制造舆论压力,直至推进到司法机关的介入。例如,美国尼克松总统因"水门事件"被迫下台;克林顿总统因"性丑闻"事件被弹劾,严重影响到民众支持率与执政党形象;还有在2000年的美国总统大选中,小布什的当选正是联邦法院在若干争议中裁决的结果。

因此,我们可以发现,西方国家任何一个反对党(或者在野党),要想扩大自己的势力和影响,都必然会把议会内的活动和议会之外的社会活动很好地统一起来,通过与议会监督、司法监督、公民与社会团体监督以及舆论监督相结合，最终形成监督合力，使得反对党对执政党的监督更加全面和有力，而这一点也正是中国参政党民主监督值得借鉴的地方。

3. 政治文化建设对制度设计的影响

文化是制度之母，在资本主义发展的进程中形成的政党监督，充分体现了西方政治文化的特性。文化对社会政治经济各领域具有内在制约力和驱动力，西方学者阿尔蒙德认为："政治文化是被内化于该系统居民的认知、情感和评价之中的政治系统。"① 也就是说一个民族在特定时期流行的一套政治态度、政治信仰和感情，是由本民族的历史和当代社会、经济和政治活动进程造成的。西方的政治文化得益于早期的思想启蒙运动，它的理性主义文化模式是以理性和科学知识为基础的，是一种具有契约精神、人本精神和理性精神的创造性文化模式。这一文化模式推动西方国家迅速完成现代化，创造了丰富的工业文明成果。可以说，这种文化模式以一种强有力的方式贯穿于人的一切活动之中，体现在一切社会领域之中。

西方国家政党监督的理论和制度深受其理性主义文化模式的影响。18 世纪英国的思想家休谟提出："在设计任何政府体制和确定该体制中的若干制约、监控机构时，必须把每个成员都设想成为无赖之徒，并设想他的一切作为是为了谋求私利，别无其他目标。"② 这就是著名的"无赖假定"，西方国家把人性恶的学说与政治制度的设计有机结合起来，由于人的本性是贪婪自私的，无论他们有什么样的身份和地位，与生俱来的本性是很难改变的，因此要从制度设计上加以限制。同时从历史上看，在西方资产阶级反对封建君主专制的斗争中，

---

① [美]加布里埃尔·A. 阿尔蒙德、西德尼·维伯：《公民文化——五个国家的政治态度和民主制》，徐湘林等译，华夏出版社 1989 年版，第 16 页。

② [英]休谟：《休谟政治论文选》，张若衡译，商务印书馆 1993 年版，第 27 页。

逐步形成了"主权在民"、"天赋人权"、"生来平等"、"自由主义"和"权力制衡"为核心内容的一整套政治理论,正是这样的政治文化深刻影响着当代资本主义国家的监督制度的形成和发展。综上所述,西方国家的政党监督是沿着西方国家政治的民主化与现代化发展轨迹前行的,二者的发展相辅相成。

鉴于此,我国在加强和完善参政党对执政党的监督制度建设中要注重对西方历史文化的研究,虚心学习西方理性文化强调变革、创新和超越,对中国政党监督制度建设强调理性、契约和法治的运作机制,同时也要继承和弘扬东方政治文化中优秀的一方面,根据中国悠久的政治文化特点,加强和完善中国政党监督制度建设。

4. 为政党监督创造良好的社会环境

西方国家政党监督职能的有效发挥还得益于一定的外部环境,这些外部环境是政党监督的牢固基础,没有了这些条件,政党监督就成了无本之木,无源之水。总结这些外部环境因素主要包括重视以法监督、新闻自由和媒体监督。

法律是人类社会文明发展的产物,现代社会生活的规范和有序有赖于法律的引导和保障。法治代替人治是人类政治文明进步的显著标志。历史和实践证明,法制环境和法制精神是政党监督的重要保障。西方国家重视法制建设为政党监督提供保障给我们的启示是,目前我国虽有法律对行政监督、司法监督和群众监督有很好的保障作用,但是我国的《监督法》没有涉及政党监督,所以很多学者都在相关的论文和著作中指出,我国参政党对执政党的监督效力有限,一直不能发挥制度设计初衷的作用,就在于它没有法律保障,应通过立法来保障参政党民主监督的权利,通过制定《多党合作法》或者《民主监督法》,为参政党对执政党的监督提供必要的法制条件和保障。这个意见应该说是有道理的。

新闻舆论在西方被称为立法、司法和行政之外的第四种权力。实际上，尽管它不是国家权力，但随着新闻媒体在社会政治、经济、文化生活中的作用日益增强而变得越来越重要，发挥着重要影响力，形成了监督体系中的重要组成部分。新闻媒体就如一部全能监视器，时刻紧盯着公共权力的执行者，看他们是否依法行事、是否滥用职权、是否贪赃枉法，掌权者的一言一行都会受到媒体的有力监督，新闻舆论称为驯服统治者的工具之一，成为防治权力滥用的有力屏障。因此，媒体监督作为西方国家政党监督的保障给我们的启示是，参政党对执政党的监督需要同其他监督形式相结合，我国的参政党民主监督虽然存在自身的优势，但仅靠自身力量，监督效力很难充分发挥。如果把参政党民主监督与其他的监督形式有机结合起来，则能取长补短，形成监督合力。比如，各民主党派加强与人大、宣传、监察、纪检、审计和信访等部门的联系，及时提供情况、交流材料、反馈信息，共同构建社会监督网络，使参政党对执政党的监督与法律监督、共产党内部监督、舆论监督、行政监督等密切配合，同时也要与时俱进，有效利用网络，与网络监督形成合力，创造有利于民主监督的社会环境，切实推进参政党民主监督工作，强化监督的效果。

5.建立健全政党监督制度的重要性

制度、体制和机制三者之间既有联系，又有区别。一般而言，制度可以区分为体制与机制两个方面。制度代表根本性的东西，体制决定权力的配置，或者设计权力的结构与组织，如决策权、执行权和监督权相互分开，机制往往涉及权力的运行，要求决策权、执行权和监督权三种权力在相互制约的同时也相互平衡并协调。

西方政党监督之所以能够有效发挥其作用，主要原因在于相对健全完善的制度、体制和机制建设。由此可见，参政党对执政党的监督需要加强体制建设。西方国家政党监督的主要方法是分权制衡，在党际关系方面实行轮流执政、多党竞争，通过反对党对执政党的监督实现权力的交替，在党内关系方面允许内部派系存在并相互制约。同时，这种分权制衡的体制也存在一定的弊端，如容易造成政策缺乏连贯性、党派纷争不断、办事效率低下等问题。中国实行共产党领导的多党合作和政治协商制度，共产党是执政党，民主党派是参政党，党际之间不存在竞争，没有反对派，更没有反对党，因此，中国的各政党之间通过相互竞争实现监督的制度设计是不可能的，但可以借鉴西方国家分权制衡的一些具体做法，通过适当地分解权力，释放出反对的声音，无论在共产党的内部还是外部。当然这种尝试必须以保证党的集中统一领导和有效贯彻决策为前提，形成决策权、执行权、监督权既相互制约又相互协调的权力结构和运行机制。关于这一点，中国共产党在一些重要的会议、讲话和文件中已有所体现。中共十六大报告中指出，"加强对权力的制约和监督"，制约在先，监督在后，三种权力通过相互制衡增强监督效力。十七大又提出要"确保权力在阳光下运行"，我国政治建设和政治体制改革的任务之一是："建立体制内的权力监督和制约机制"。再次提出建立健全决策权、执行权、监督权既相互制约又相互协调的权力结构和运行机制。党的重要文件中既提到权力结构，又提到运行机制，既提出权力监督又提出权力制约，足以见证我国在监督问题上认识的深化。这些认识与建立体制内的权力分解和制约的精神是并行不悖的。那么该如何避免西方国家权力制衡制度的缺陷？"社会主义中国保持执政党生机活力的根本方法，是发展人民民主和党内民主：在党外依靠民主党派和人民群众的监督；在党内以民主激发广大党员的积极性和创造精神。这些做法如以科学制度体现出来，既能防止在一党长期执政条件下党的活力衰退，又能避免西方多党制的弊端"。[①]

[①] 张惠康主编：《参政党民主监督功能研究》，中共中央党校出版社2011年版，第368页。

第四节 中国化马克思主义政党监督理论

作为中国化马克思主义政党监督理论的重要组成部分，参政党的民主监督不同于西方国家反对党对执政党的监督，它的内容丰富、特点鲜明、方式独特，是具有中国特色的民主监督。

一、参政党民主监督的内涵

参政党对执政党的民主监督属于政党监督的范畴。关于政党监督的概念，不同学者有不同的看法，一部分学者认为，政党监督是指政党对其内部组织和党员违法行为的监督，也指执政党对国家机关及其公职人员的监督。由此可见，这部分学者认为政党监督就是指政党自身的监督和对政府的监督。另一部分学者认为，政党监督是政党对政党的监督以及政党对政府的监督，包括党内监督和党外监督，党内监督主要是执政党和非执政党对自身的监督，党外监督主要是执政党和非执政党之间的相互监督以及政党对政府的监督。不同的政党制度和政党结构，导致政党监督的侧重点也有所不同，"在多元政党体制下，政党监督主要表现为党外监督，即反对党对执政党的监督掣肘与权力制衡，而在一元政党体制下，政党监督则以政党的内部监督为主，其他形式政党监督为辅"。[①] 从不同的角度观察，政党监督的表现形式也不同，比如，从政治权力的角度看，政党作为政治制度的主体，以夺取国家公权力为终极目标，从而监督执政党行使公共权力、制定公共政策，并争取执政地位，这样的政党监督是一种"以权力制衡权力"

---

① 李士元:《西方国家政党监督机制与我国参政党民主监督模式比较》，载《政党研究》，2012年第2期。

的监督形式；如果从社会组织的角度看，政党也是社会团体的一部分，从而政党监督本身就是维护所代表阶层和自身集团的利益，保障所代表阶层和集团的利益不受损失，因此政党监督也是一种"以权利制衡权力"的监督形式。基于以上对政党监督概念的解剖，我们来分析一下我国参政党民主监督的内涵。

1. 参政党民主监督的含义

参政党民主监督属于政党监督，监督主体是参政党，监督客体是执政党。由于中国共产党是国家权力的执掌者，社会主义现代化建设的领导者，所以参政党对执政党的监督必然会涉及政府各项方针政策的制定与实施等方面，因此，参政党民主监督不仅指参政党对执政党的民主监督，而且还应是参政党对国家权力的运行采取提意见的民主方式进行的监督。参政党民主监督是参政党与执政党"互相监督"的主要方面，从监督范围来说，参政党对执政党的民主监督包括政治、经济、文化和社会生活各个层面；从监督时间来说，参政党对执政党的民主监督是长期的、不间断的，直至政党消亡；从监督关系来说，由于民主党派是接受共产党领导的亲密友党，因此它的监督也是接受中国共产党领导的民主党派对共产党的一种监督，这种监督寓于双方的民主协商中，属于合作型监督。参政党民主监督是中国社会主义监督体系的重要组成部分，它与人大监督、行政监督、司法监督、执政党党内监督、社会监督等相辅相成，共同发挥作用。

2. 参政党民主监督的内容

参政党对执政党的民主监督应包括执政党执政过程的全部活动，即执政党领导中国人民进行改革开放和社会主义现代化建设以及同参政党合作共事的全过程。根据2005年《中共中央关于进一步加强中国共产党领导的多党合作和政治协商制度建设的意见》（以下简称《意见》），参政党民主监督的内容具体分为以下三个方面：

第一，国家宪法和法律法规的实施情况。主要指参政党对执政党的领导能力与执政行为是否符合国家宪法和法律的要求进行监督，监督执政党是否善于领导、是否领导失度，以及执政党的领导是否影响到宪法所赋予参政党的政治自由、组织独立与平等地位。这里需要指出的是，参政党民主监督没有涉及国家宪法与法律的制定环节，只是对其实施情况进行监督，而《意见》中提到"坚持协商于决策之前和决策执行过程之中的原则"，主要是指执政党施政纲领方面的制定与实施，属于政府政策制定层面，没有涉及法律的制定，这一点不同于西方国家反对党对执政党的监督。

第二，执政党和政府重要方针政策的制定和贯彻执行情况。主要指参政党对执政党政府在发展经济、保障民生、建设民主法制的过程中是否坚持正确决策、科学决策、民主决策以及重大方针政策在实施过程中是否履行程序，是否真正落实，是否产生实际效果等方面进行监督。

第三，执政党党委依法执政及党员领导干部履行职责、为政清廉等方面的情况。主要指参政党对执政党是否滥用权力、是否勤政爱民的监督，包括执政党是否始终坚持代表人民利益，虚心接受人民群众监督；执政党工作作风是否存在官僚主义、形式主义，反腐败斗争是否坚决彻底；执政党的领导、国家权力机关人员是否遵纪守法、秉公办事等等。

综上所述，参政党民主监督作为一种高层次的政治监督，监督内容主要包括政务监督、事务监督和党务监督三个方面。"参政党能否抓住这三个方面内容，围绕执政党和国家的中心任务，把握发展第一要务，实施重点监督，更好地促进经济、政治和社会可持续发展，是评判参政党民主监督是否达到中国共产党领导的多党合作制度要求的衡量标准。"① 根据这一标准来衡量，目前参政党民主监督主要停留在对一般社会事务管理的监督层面，而对事关国家重大方针政策的制定和实施以及执政党依法行使职权方面的监督却涉及甚少。由此可见，参政党的民主监督在内容上存在主次不分的问题，我国的各民主党派作为参政党，它们对执政党的监督重点应该是针对政府行政行为的政务监督和中共共产党行使权力的党务监督，这样才能真正体现出政党监督的"政治性"和"高层次性"。

二、参政党民主监督的形式

各民主党派对共产党的民主监督，监督什么，怎样监督？这就涉及到民主监督的内容和形式问题，以上是对监督内容的总结，下面对参政党民主监督形式进行概括。

参政党具有政治协商、民主监督、参政议政三项政治职能，作为我国多党合作的重要内容，它们三者紧密联系。政治协商是指中国共产党与各民主党派就国家和地方的大政方针以及经济、文化、社会生活中的重要问题在决策之前和决策执行过程中进行民主讨论，相互交流意见，各民主党派提出自己的意见和建议，以供共产党参考采纳，这是事前、事中最有效的民主监督。参政议政，即各民主党派参加国家政权，参与国家大政方针和领导人选的协商，参与国家事务的管理，参与国家方针政策、法律法规的制定和执行，可见，民主党派是在参政议政中行使民主监督职能的。所以说，参政党民主监督并不是孤立存在的，而是始终贯穿于政治协商和参政议政当中。它的具体形式包括：

1. 参政党在人民政协中的民主监督

中国人民政治协商会议作为具有广泛代表性的统一战线组织，是

---

① 张惠康：《参政党民主监督功能研究》，中共中央党校出版社2011年版，第383页。

各民主党派、社会团体以及各界代表人士平等议事、民主监督、参政议政的重要场所，也是多党合作的重要组织形式。民主党派人士不仅在政协常委和政协领导人中占有很大比例，还在政协各专门委员会以及各级地方政协中担任领导职务。民主党派在政协会议上，以政党名义或以政协委员名义就相关问题发表意见或提出议案。民主党派还可以通过政协组织的参观视察活动，深入实际进行专题调查研究，向国家机关和其他有关组织提出批评和建议，也可以通过委员举报的形式，检举揭发违纪违法行为以及党政官员的腐败现象。

2. 参政党成员在人民代表大会中的民主监督

人民代表大会是我国的权力机关，也是民主党派成员、无党派人士发挥民主监督职能的重要机构。在各级人大代表、人大常务委员会委员和人大常设专门委员会委员中，都有相当比例的民主党派成员，人大及其常委会和各专门委员会在组织有关问题的调查研究时，一般都要邀请人民代表中的民主党派成员参加，以听取民主党派成员提出的意见和建议。与在人民政协中的民主监督不同的是，在人大中担任领导职务或是被选为代表的民主党派成员只能以人大领导或者人民代表的名义，按照《全国人民代表大会议事规则》就有关问题进行监督。

3. 参政党成员在政府机关中的民主监督

民主党派作为参政党，其一部分成员会加入到各级人民政府包括行政、检查、审判等机关的工作，通过与共产党一起管理国家政权发挥民主监督职能。1989年《中共中央关于坚持和完善中国共产党领导的多党合作和政治协商制度的意见》规定：国务院和各级地方政府召开全体会议有关会议讨论工作时，可视需要邀请民主党派成员列席。政府及其有关部门可邀请民主党派成员兼职、任顾问或参加咨询机构，也可就某些专题请民主党派进行调查研究，提出建议。聘请一批符合条件和有专门知识的民主党派成员担任特约监察员、检察员、审计员和教育督导员等，对所辖系统行业的行政行为进行监督。还有针对一些专业性问题，政府在形成决策之前，相关部门会同民主党派对口联系，组织民主党派座谈会，听取民主党派的建议。除此之外，按照1993年《关于发挥民主党派工商联在反腐败斗争中的作用的意见》，中央和地方各有关部门据此每年都会吸收各民主党派成员参加反腐败的检查工作。

4. 参政党与执政党小范围会议的民主监督

参政党民主监督也可以通过执政党定期或不定期举办的协商会、座谈会、通报会等形式进行，在会上参政党主要领导就贯彻执政党和国家的方针政策的重要决定、有关经济建设的重大决策以及重要人事安排等提出意见、建议和批评。这些会议大体可分为三种：第一，民主协商会。中共中央主要领导人邀请各民主党派主要负责人就相关重大问题进行协商，听取意见，这样的会议一般每年一次。第二，高层谈心会。中共中央主要领导人邀请各民主党派主要领导人就双方共同关注的问题自由交谈、沟通思想和交换意见，这是一种不定期的高层次座谈会。第三，双月座谈会。共产党召集各民主党派就相关问题进行通报，传达文件，双方交流有关情况，讨论或建议某些问题，这样的会议大概每两月一次。此外，各民主党派就国家方针政策的贯彻落实以及相关重大问题，也可以主动以组织的名义或主要领导人的名义向中共提出书面的政策性建议，或约请中共中央负责人交谈。当然，以上监督形式，同样适用于民主党派地方组织与中共地方党委之间。

综上所述，参政党民主监督的形式和渠道主要包括：民主党派在政治协商中提出意见、建议和批评；党派界别的政协委员在政协大会通过发言和提案提出意见、建议和批评；参政党成员应邀担任司法机关和政府部门的特约人员；参政党负责人或成员应邀参加中共党委、政府及有关部门组织的调查和检查等活动，就相关重大问题进行专项考察等活动；参政党在深入调查研究基础上向中共党委及政府职能部门提出书面意见；参加人大及其常委会和各专门委员会组织的调查研究；通过信息工作开展民主监督等。可以说，各民主党派和中国共产党在长期的协商合作实践中积累了宝贵经验，开拓出既丰富多样又切实可行的民主监督渠道。特别是改革开放以来，特约人员这种民主监督的新形式在实践中不断发展和完善，已成为民主党派实行民主监督的一条重要渠道。从1989年《中共中央关于坚持和完善中国共产党领导的多党合作和政治协商制度的意见》起草开始，国家监察部就从各民主党派中聘请了21位人士担任全国第一批特邀监察员，参加查办案件工作，对执政党进行监督。之后，邀请民主党派人士担任特邀监察员制度在全国普遍实行起来，民主党派成员担任特约人员的领域不断扩大，数量逐渐增多，检查监察范围逐渐扩大，增加了特约（邀）检察员、教育督导员、税务检查员、审计员、人事工作监督员、国土资源监察专员等，有的地方还发展为"特约八员"、"特约十员"。目前，全国共有各类特约人员1.7万多人，他们在履行民主监督职能方面发挥了重要作用。

三、参政党民主监督的性质

参政党民主监督是政党之间通过民主的方式，以政党组织行为实施的监督，是一种有着广泛群众代表性和党派性的人民监督。2005年《中共中央关于进一步加强中国共产党领导的多党合作和政治协商制度建设的意见》明确了参政党民主监督的性质，即"在坚持四项基本原则的基础上通过提出意见、批评、建议的方式进行的政治监督"。

1. 参政党民主监督的人民民主性质

中国民主党派的联系对象与特殊地位，决定了民主党派民主监督的人民民主性。民主党派是有着广泛群众基础的参政党，它不仅代表一部分社会主义劳动者与建设者的利益，还代表了一部分拥护社会主义和拥护祖国统一的爱国者的利益。作为为社会主义服务的政党，民主党派全面参加国家政权的管理，因而有利于民主党派对共产党提出批评建议的过程中充分体现和反映它们所联系的那部分人民群众的利益要求。而且，这种监督是以坚持四项基本原则为基础的，四项基本原则不仅决定着中国社会主义的未来，也反映了人民群众的根本利益和共同要求。因此说，参政党民主监督体现了人民当家做主的本质特征，具有社会主义人民民主的性质。

2. 参政党民主监督的政党政治性质

参政党民主监督除了具有人民群众与社会团体对执政党监督的共性之外，它最主要的是一种党际监督，是中国政党之间的高层次的政治监督。首先，监督的主客体都是政党，监督主体是作为参政党的民主党派，监督客体则是执政的中国共产党。其次，参政党的民主监督不是个人的行为，而是有组织进行的，是集体的监督。中国八个民主党派各自都有自己独立的政党纲领，作为政党它们的活动与行为具有很强的组织性和纪律性，各民主党派通过一定的组织程序，自上而下地听取成员和所联系群众的意见后形成各自的主张与建议。再次，由于八个民主党派发展党员的范围不同，代表的群众利益也略有区别，他们在监督中首先要反映和维护的是各自所联系群众的利益，监督具有一定的阶级阶层性，所以，监督的视角必然充分体现出党派的政治特色。

3. 参政党民主监督的非竞争性

各民主党派对共产党的民主监督，就其性质而言，属于一种特殊的政党之间的政治监督，这种特殊性由中国特色社会主义政党制度的性质和结构所决定的。参政党对执政党的民主监督不同于西方国家在野党、反对党与执政党之间的互相拆台、互相倾轧的竞争性监督，而是非竞争性监督,也称合作式监督。各民主党派以亲密友党和诤友的身份,在共同的思想政治基础和奋斗目标基础上,坚持民主的原则,采取民主的方式,对执政的共产党进行监督,以支持和协助共产党更好地行使手中的权力,为人民掌好权、用好权。虽然它属于政党监督,但它不是人大监督、司法监督、行政监督、纪检监督那样的权力监督,而是一种民主权利,其实质是扩大人民民主,不具有权力的强制力,更不具有法律的约束力。

四、参政党民主监督的特点

参政党民主监督与社会主义监督体系中的其他监督类型相比,它不具有人大监督的权力性,也不具有司法监督的法律效力;它不能像行政监督那样,发布行政命令,直接查办案件,也不能像舆论监督那样,直接公诉媒体,面向社会;它不同于执政党党内监督的强制性,也不同于人民群众监督的分散性与盲目性,参政党民主监督具有自己鲜明的特点,主要体现在五个方面:

1. 监督目的是友善的

中国参政党对执政党的民主监督,与西方国家反对党对执政党的监督有着本质区别,它不会像西方的政党之间为了夺取和保持国家政权,相互攻击,相互倾轧,在权力面前争得你死我活。由于历史与国情的原因,民主党派与中国共产党最终形成了"长期共存、互相监督、肝胆相照、荣辱与共"的合作关系,民主党派参加国家政权管理、参与国家大政方针政策的制定与执行,是参政党,不是在野党,民主党派是接受共产党领导、同共产党通力合作的亲密友党,不是反对党。"中国的其他党,是在承认共产党领导这个前提下面,服务于社会主义事业的"。[①] 民

---

① 《邓小平文选》第 2 卷,人民出版社 1994 年版,第 267 页。

党派的政治地位，决定了"互相监督"的目的就是要"肝胆相照、荣辱与共"。参政党对执政党的民主监督是建立在双方一致的根本利益、共同的奋斗目标基础之上的，可见，参政党民主监督的目的就是为了继续加强与执政党的合作，支持和帮助执政党共同把国家政权管理好。

2. 监督方式是"柔性"的

参政党民主监督的含义与目的，表明这种监督是以合作性和协商性为基础的非权力性监督。按照"权力"与"权利"的不同，我们可以这样划分权力监督，一种是以"权力"监督"权力"，另一种还可以是以"权利"监督"权力"，而参政党民主监督就属于后者。中华人民共和国宪法第四十一条规定："中华人民共和国公民对任何国家机关和国家工作人员，有提出批评和建议的权利；对任何国家机关和国家工作人员的违法失职行为，有向有关国家机关提出申诉、控告或者检举的权利。"[1] 2005年的《中共中央关于进一步加强中国共产党领导的多党合作和政治协商制度建设的意见》也明确指出"要保护民主党派和无党派人士民主监督的正当权利"。可见，参政党民主监督是被宪法赋予的一种基本权利，它不同于人大监督、行政监督、司法监督这些权力机关的权力监督，参政党只是通过提出意见、批评与建议的方式来监督执政党，因而这种监督不具有强制性和法律约束力。

3. 监督途径是多种的

民主党派作为参与国家政权管理的政党，在同共产党长期合作的实践中，找到了许多灵活多样和切实发挥作用的监督途径。一是，民主党派领导人定期地与共产党和政府部门的领导人举行小范围的会谈，在中共举行的双月座谈会、民主协商会上发表自己的意见或建议；

---

[1] 《中华人民共和国宪法》，新华网，http://news.xinhuanet.com/ziliao/2004-09/16/content_190063.htm，2004年3月15日。

二是，民主党派通过一定的视察、检查，针对相关问题在人民政协会议上以党派名义提出提案，并在人民代表大会的发言中提出自己的批评与建议；三是，民主党派成员还会"受聘"或者"受邀"于各级行政部门与司法机关，担任特约监察员等，在参加行风评议或执法检查中实施监督，并与相关行政部门形成对口联系制度。当然，参政党民主监督有时也会与其他类型的监督相结合，比如把相关意见和建议公诸媒体，参与到舆论监督当中等等。

4. 监督内容是高质量的

参政党民主监督就其内容而言，它是高层次、高质量的监督。首先，参政党民主监督体现了政党的本质特征——以掌握国家政权或参与管理国家政权为目标，它对执政党的监督属于政党间的政治监督。它不是个人感性的行为，是严肃的、负责任的政党政治行为，有其严格的政治界定。因此，监督内容不是一般的社会事务管理，而注重的是共产党在执政过程中的行为，这样的监督具有一定权威性与政治性。其次，民主党派不是领导者，地位比较超脱，不受部门与地区利益的蛊惑与限制，看问题的视角与执政党不完全一致，常常是旁观者明，能够在监督的过程中比较客观真实地反映各种情况与问题，而且中国的民主党派具有良好的民主传统与较强的政治使命感，能够最大限度地集中各自所代表群众的利益要求，经过长时间深入细致的调查研究，从而提出全面理性的意见和建议。再次，民主党派作为参政党，与其他类型的监督主体相比，它具有自身的群体优势和水平优势，它的成员以及所联系的人士大多是各个领域的高中级知识分子和各行各业的专家学者。诸如，民盟成员大部分是从事文化教育和科技工作的高级知识分子，民建成员大部分是经济工商界领域的中上层人士，农工党成员大部分是医药卫生界的专家能手。可以说，民主党派拥有众多学识渊博、阅历丰富又有着广泛社会联系的各类优秀人才，他们在很多领域都有比较突出的贡献和独到的见解，这就决定了民主党派所提出的意见和建议是专业的，有水平的，具有很强的参考性和科学性。毫无疑问，参政党民主监督是高层次、高质量的。

5. 监督结果是互利的

参政党民主监督是我国多党合作政党制度的重要内容，也是政治体制中一种宝贵的纠错与社会反馈机制。参政党民主监督很大程度上促进了民主党派与共产党的合作关系，不仅仅有利于共产党加强和改善领导，而且有利于民主党派自身素质与参政能力的提高。首先，参政党民主监督作为执政党的外部监督，对执政党及其政府提出了很多批评建议，有利于执政党正确决策，保持清正廉洁作风，有利于协助政府机关进行机构和体制改革，提高工作效率，从而推动共产党领导全国人民顺利进行社会主义现代化建设。其次，民主党派在履行"一个参加、三个参与"的职责过程中，为了行使好监督职能，始终坚持正确的政治方向，不断加强思想理论学习，把民主监督贯穿于政治协商和参政议政当中，通过实践锻炼，实现政党价值，提高自身素质和参政能力。改革开放以来，参政党在执政党反腐倡廉、国家经济结构的调整与发展模式的转型、生态环境的保护与能源资源的合理利用、医疗卫生体制的改革和科技教育事业的发展等方面，都提出了许多有价值的意见和建议，也得到了执政党及其政府的高度重视和及时采纳。可见，通过民主监督，民主党派与共产党亲密合作，共同致力于中国特色社会主义事业，双方也在合作共事中不断发展壮大。

第二章　参政党民主监督的历程

在 2009 年的党外人士迎春座谈会上，胡锦涛指出，要认真总结中国共产党同各民主党派团结合作 60 年的宝贵经验，着眼于适应新形势、完成新任务，继续把中国共产党领导的多党合作和政治协商制度坚持好、完善好、发展好。参政党民主监督作为多党合作制度的重要内容，在 60 多年的风雨历程中曲折发展，积累了丰富的经验教训。早在民主革命时期，"三三制"民主政权的实行，标志着民主监督思想的初次尝试。新中国成立后，随着多党合作制度的确立，民主党派真正开始实践民主监督，1956 年"长期共存、互相监督"方针的提出，标志着民主监督制度的确立。不久相继发生了反右斗争扩大化、"文化大革命"运动，民主党派民主监督发展遭遇严重挫折。改革开放以后，随着中国特色民主政治道路的形成，参政党民主监督制度建设翻开新的一页，参政党民主监督进一步发展和完善，逐渐形成中国特色的民主监督机制。

第一节　参政党民主监督的探索

民主革命时期，"三三制"民主政权的实行，标志着民主监督思想的初次尝试。"三三制"政权是新民主主义政权在抗日统一战线阶段上的具体形式，各阶层人民充分行使参与政权、管理政权、监督政权的权利，多党合作精神在这里得到了集中体现。正如林伯渠所说，

"三三制"政权是中国共产党在政权建设上的"伟大创造"。"还有什么政权比'三三制'更能启发每个人对民族的热爱,使他们真正感到国家的事是他们自己的事,因而更加能够发挥抗战的力量的呢?还有什么政权比'三三制'更能表现民主的精神,使得来自不同阶层的人感到政权是非一党一派私有的东西,因而更加增强自己对于政权的拥护的呢?还有什么政权比'三三制'更能提高广大人民的生活,使得任何人都各得其所,享受同样的权利与义务,因而更加增添了生活的色彩的呢?"①

一、延安时期"三三制"政权的实施

延安时期,中国共产党在抗日根据地实施"三三制"政权,这一重大举措把抗日根据地民主政权建设推向一个新的发展阶段,并有力地推动了全国政权民主化的进程。

1940年的《抗日根据地的政权问题》中明确提出建立"三三制"政权,无论是民意机关还是行政机关,"在人员分配上,应规定共产党员占三分之一,非党的左派分子占三分之一,不左不右的中间派占三分之一"。②可见,"三三制"政权的参加者包括多党多派,在参议会与政府组成人员中,不仅包括工农代表,还包括其他阶级阶层的代表,其中的"非党左派分子"以及"中间派"就是指共产党以外的各党各派以及无党派人士,无党派人士虽然在形式上没有结成党派,但他们是有党派性的民主人士,他们的政治倾向与各民主党派基本上一致。抗日根据地"三三制"政权的"实质是民主问题,即党在领导政权工作时,必须贯彻民主的精神"③。它的实施,正是抗日民族统一战

---

① 《伟大的创造》,载《解放日报》,1942年7月7日。
② 《毛泽东选集》第2卷,人民出版社1991年版,第742页。
③ 《邓小平文选》第1卷,人民出版社1994年版,第9页。

线在政权构成上的具体实现,从而在制度上保证了各党派和广大群众对共产党以及政府的监督制约。

1940年前后,由于陕甘宁边区特殊的历史条件,原有政权中共产党员占着绝对的多数,"往往党的决定不加讨论,就成为政府的法令。这种情形很容易使党外人士不敢放胆的讲话、做事"。① 中国共产党认为,在与各抗日党派的合作中必须发扬民主主义的工作精神和作风,采取互敬互商的态度,一切重大事情不允许一党一派包办,都要共同商量,共同执行。因此,延安时期各抗日根据地的民主政权中,各阶级、各党派都有机会参加政府管理,党与非党人员"被选在政府工作的,都有同等的权利和义务。政府一切工作,共同知道、共同讨论、共同决定、共同分工去实行"。在工作中"互相帮助、互相勉励、互相谅解、风雨同舟、和衷共济"。② 参加"三三制"政权的各党派在政治上是完全平等的,为此,中共专门制定了相关政策,1941年5月1日,陕甘宁边区第二届参议会通过的《陕甘宁边区施政纲领》明确规定:"本党愿与各党各派及一切群众团体进行选举联盟,并在候选名单中确定共产党员只占三分之一以便各党各派及无党无派人士,均能参加边区民意机关之活动与边区行政之管理。在共产党员被选为某一行政机关之主管人员时,应保证该机关之职员有三分之二党外人士充任。共产党员应与这些党外人士实行民主合作,不得一意孤行,把持包办。"③ 在实践中,共产党也严格遵循这一规定,如1941年11月15日陕甘宁边区参议会小组提名产生的参议会常驻议员和政府委员候选人中共产党党员占多数,随即就有18名共产党员自动退出候选人。在第一次大会上选举产生的18名政府委员中有7名共产党员,超过了规定的三分之一,

---

① 社论:《充实县级"三三制"》,载《解放日报》,1942年3月4日。
② 《陕甘宁边区政府文件选编》第2辑,档案出版社1987年版,第276页。
③ 中央档案馆:《中共中央文件选集》(十三),中共中央党校出版社1991年版,第91页。

徐特立当即表示退出，后来由非中共代表白文焕递补。

　　由此可见，"三三制"政权是真正的革命阶级联盟的统一战线的政权，根据"三三制"的政权建设原则了，边区各级政权要由各党派各派以及无党派社会名流人士组成。另一方面是指边区政权，无论是参议会还是政府都要按照"三三制"的原则组织。它要求在选举的过程中，要有步骤地大胆地选举非党进步人士到政府机关为行政人员，同时被选举到政府的非党行政人员，应尽量做到有各阶级的代表，并且必须是为各阶级群众自己所拥戴的。在政治上主张团结抗日的，已经选举到政府机关中来的非党行政人员，必须依法尊重他们在政治上的权利，使其真正发挥政府行政人员的作用；被选举到政府中的党员，必须要与非党行政人员不失立场地和衷共济地共同办事。"三三制"政权的实施，表明中国共产党是真心实意要与各革命阶级和各民主党派合作，而不是请他们去做客或装点门面。

　　"三三制"政权的实施照顾到了一切抗日阶级和阶层的利益，保障了各抗日党派合法存在的自由权利，正如陕甘宁边区参议会副会长谢觉哉所说："三三制的实质是各种政策——土地问题、租息问题、劳动保护问题、战争时动员人力和物力问题等等，顾到这又顾到那，顾到那阶级，又顾到这阶级，顾到那党派又顾到这党派。没有这，不同利益的阶级，不能真正联合。"[①] 综上所述，"三三制"政权充分体现了多党派合作的民主协商、监督的精神，共产党以民主的方法，广泛团结党外人士，遇事先和党外人士商量，尽量地鼓励党外人士对各种问题提出意见，并倾听他们的意见，对任何问题都是取得多数同意以后去实行，从而实现各党派的平等合作。

---

① 谢觉哉：《三三制的理论与实际》，载《解放日报》，1942年3月27日。

二、抗日民主政权中党派监督的尝试

参议会制度是抗日战争时期特定的历史条件下的产物,是抗日战争时期中共领导下的根据地抗日民主政权的组织形式,是中国共产党参照国民党地方参议会的某些形式建立起来的。在中共领导下的抗日根据地内,参议会制度为各革命阶级的联合专政提供了唯一的适宜的组织形式和制度上的保证,从而巩固、发展和扩大了抗日民族统一战线。参议会制度从抗日民主政权权力主体的构成、机构的设置、职权的划分等方面,从不同的侧面、不同的角度,充分地反映了抗日根据地政权各革命阶级联合的统一战线性质。特别是"三三制"政权的实施,容纳了各革命的阶级、党派、民族的代表,团结合作,形成了一个坚强的富有生命力和战斗力的政治联盟。"三三制"为主要标志的新民主主义政权的实施,极大促进了各党各派政治参与功能的发挥,这主要取决于中国共产党正确的政策和共产党员的模范作用。在具体实施的过程中,共产党人以自己的实际行动证明了他们实行"三三制"政权的诚意,不仅取得了卓著的成绩,并认真总结了经验教训,不断发展和完善。如对不合要求的地区进行重选,陕甘宁边区民政厅成立"视察研究室",中心工作之一就是"研究在边区内'三三制'的民主建设,包括各级民意机关与政权机构的民主设施情形及人民运用民主等问题"[①]。可以说,中共领导下的抗日根据地的参议会制度是一种新型的政治制度,是中国共产党在抗日民主政权建设的实践中不断探索,而使之发展完善的,是中国共产党对民主政治体制的创造。

"三三制"政权体现了共产党民主建政的追求,它是抗日民主统一战线在政权上的具体表现,政权结构以共产党领导为前提,并包容多党多派,在组织上分别以参议会和政府为各级政权的最高权力机关

---

① 《解放日报》,1942年3月29日。

和执行机关,参议会对政府有弹劾权和监督权,参议会议员享有广泛的民主权利。这是中国共产党在学习西方国家的民主政体形式的基础上,结合中国具体实际情况所建立的,这样,党派之间的合作与监督就在民主建政过程中酝酿开来。

首先,抗日民主政权是几个革命阶级联合的政权,各抗日党派都有参与政权、管理政权的权利。参加陕甘宁边区参议会的代表成分非常广泛,有共产党员、国民党员、军界代表、商界和文化界领袖,还有部分地主绅士、学者名流的代表。有数据表明,1941年晋冀鲁豫边区召开临时参议会,参议员中有共产党员72人,国民党代表不下50人;陕甘宁边区参议会出席议员216人,其中有共产党员123人,国民党及其他党派和无党派人士87人;鄂豫皖第一届临时参议会的153名参议员中,有共产党员42人,国民党及其他党派和无党派人士111人;①晋察冀边区于1943年初召开参议会时,聘请百余名非共产党人士为参议员,到会288名参议员中有国民党员32人,无党派人士78人,参议会选举产生的驻会参议员办事处7名委员中,共产党员只有2名,国民党员和无党派人士占三分之二以上,边区行政委员会9名委员中,共产党员只有3人,国民党员和无党派人士占三分之二。② 同时,陕甘宁边区政府中也有其他党派人士担任政府领导职务,如党外人士李鼎铭是当时边区政府的副主席;救国会重要骨干柳提担任边区的教育厅长;民主促进会的领导人林汉达也担任过东北解放区辽宁省的教育厅长。可见,参加"三三制"政权的各党派不仅在人员分配的数量上是平等的,而且在参议会与政府中都有职有权,这就为党派之间的制约与监督提供了可能性。

---

① 王永祥:《中国现代宪政运动史》,人民出版社1996年版,第251页。
② 谢忠厚:《晋察冀抗日民主政权的创建和特点》,见《中外学者论抗日根据地》,档案出版社1993年版,第290—291页。

其次，抗日民主政权中各党派的政治地位得到充分尊重，各党派能够在政府中充分反映自己的意见和要求，并受到共产党的重视。1941年，毛泽东在《陕甘宁边区参议会的演说》中指出："国事是国家的公事，不是一党一派的私事，因此，共产党员只有和党外人士实行民主合作的义务，而无排斥别人、垄断一切的权利……它应该接受人民的监督"，"共产党员必须倾听党外人士的意见，给别人以说话的机会。别人说得对的，我们应该欢迎，并要跟别人的长处学习"。① 正是在这届参议会上，党外人士李鼎铭联合11名参议员针对陕甘宁边区困难的经济状况提出了"精兵简政"的方案，这一提案虽然遭到一些议员的反对，但最终在以毛泽东为代表的中共领导人的支持下获得通过。随后按照李鼎铭等人的提案边区政府颁布了《陕甘宁边区精兵简政实施纲要》，开展了中国共产党历史上第一次大规模的廉政建设，并取得显著成效："边区直属单位由35个减少到22个，工作人员由469人减少到279人；八路军总部直属部队精简了96%，只留下4%；整个边区总共减少了经费、粮食预算人数十万多人"，② 这对于各抗日根据地克服严重困难起了重大作用。可见，"三三制"抗日民主政权成功开展的"精兵简政"，证明了共产党能够认真听取党外人士的意见建议，也极大地调动了参议员们的工作积极性，他们对政府工作的缺点错误直言不讳地批评，并诚恳地提出改进意见，充分发挥了民主监督的作用。

再次，由多党派组成的抗日民主政权，客观上形成了一种相互制衡的关系，从而能够对政府领导者的权力进行有效制约和监督。包含多党多派的"三三制"政权实际上是共产党对自己的一种约束。党派间监督思想与政策的运用，妥善处理了政党与政权的关系以及发挥参

---

① 《毛泽东选集》第3卷，人民出版社1991年版，第809页。
② 陈俊岐：《延安轶事》，人民文学出版社1991版，第291页。

政的各党派人员的模范作用，在此基础上建立的政府必然自觉站在人民的立场上，认真地为人民办事。主要表现在：一方面，政府官员非常重视民众的意见。因为政权不是一党一派私有的东西，共产党对于各种重大事项不能把持包办，必须要与各党派代表民主协商，以各种形式发动民众进行讨论。民众可以通过各种渠道把意见传递给政府，并对政权领导者进行检察、批评和控告。另一方面，政府官员比较廉洁，廉洁奉公已成为政务人员一般具有的品质。比如《陕甘宁边区施政纲领》中就明确规定："厉行廉洁政治，严惩公务人员之贪污行为，禁止任何公务人员假公济私之行为，共产党员有犯法者从重治罪"。①

三、各党各派相互帮助和共同发展

首先，抗日战争时期新民主主义政权下，中国共产党始终提倡一切抗日党派地位和权利的合法性。中共不仅在与国民党的斗争中一直坚持开放党禁，承认各党派的合法地位，特别是在其领导下的根据地，承认并保障各党派的合法地位和权利。毛泽东在《目前抗日统一战线中的策略问题》中明确指出："在抗日统一战线政权中，对于共产党员以外的人员，应该不问他们有无党派关系及属于何种党派。在抗日统一战线政权统治的区域，只要是不反对共产党并和共产党合作的党派，不问他们是国民党，还是别的党，应该允许他们有合法存在的权利。"② 在抗日根据地的各项政策法令中也有所规定，"在边区还有各种抗日党派，他们不仅得到政府的尊重和保护，并且还享有各种工作上的便利"。③

---

① 中央档案馆：《中共中央文件选集》(十三)，中共中央党校出版社1991年版，第91页。
② 《毛泽东选集》第2卷，人民出版社1991年版，第751页。
③ 《陕甘宁边区参议会文献汇辑》，科学出版社1958年版，第14页。

其次，抗日战争时期抗日民主政权下，中国共产党与各党派平等互利，竭诚合作。毛泽东说："国事是国家的公事，不是一党一派的私事，因此共产党员只有对党外人士实行民主合作的义务，而无排除别人垄断一切的权利。共产党是为民族、为人民谋利益的政党，它本身决无私利可图。"① 从政权的组成和内容两个层面考察，"三三制"政权使得各个阶级、各个党派都有机会参加政府管理国事，可以说，它不仅是阶级联合平等民主的政权，也是各抗日民主党派团结合作的政权，更是中国共产党与各民主党派团结合作的典范。

在政权建设中，中国共产党非常重视联合各民主党派，一是保证党外人士在政权中的数量，并通过选举具体执行。在民主选举中，中共通过做群众工作、主动退出等办法，把共产党员的数额限制在三分之一。二是真诚合作，使各阶层的代表有职有权，既不是装潢门面做给国民党看，也不是粉饰民主敷衍党外人士。在"三三制"政权中不同的抗日民主党"都有同等的权利和义务。政府一切工作，共同知道、共同讨论、共同决定、共同分工去实行"。在工作中"要互相帮助、互相尊重、互相勉励、互相原谅，风雨同舟、和衷共济"。② 共产党与国民党在对待各民主党派的态度上形成了鲜明的对比，此时的国民党不仅不愿承认各抗日党派的合法地位，同时还多加责难与迫害。三是时刻提醒自己的党员同志，要乐于倾听党外人士的意见，加强同各民主党派的团结合作。为此，中央特别指出："新民主主义政权，是要使各党各派及无党无派的人士，都有说话、办事的权利和机会。我们需要的是民主，而不是替天行道的'明主'，所以一切抗日人民的代表，都一定要享有在议会里讲话、在政府里办事的机会和权利。"③

---

① 《毛泽东同志在边区参议会的演讲》，载《解放日报》，1941年11月22日，第1版。
② 《陕甘宁边区政府文件选编》第2辑，档案出版社1987年版，第276页。
③ 《团结到底》，载《解放日报》，1942年3月4日，第1版。

再次，为了巩固和加强"三三制"民主政权，增强各阶层的团结互助，中国共产党定期召开党外人士座谈会，认真听取党外人士对政权工作的批评与建议，主动接受各民主党派的民主监督。中共与各抗日党派的座谈会在陕甘宁边区各地举行，如庆阳、米脂、延安等地。"参加这些会议的非党人士，都是知无不言，言无不尽，热烈地检讨工作，他们不但指出成绩方面，而且认真地批评缺点方面，并提出改进工作的办法。政府和地方人士之间，共产党员与其他党派与非党派人士之间，融洽一致，互相商讨，都为一个目的——把工作做得更好而共同努力。"[①] 中共与各民主党派定期召开的此类座谈会成为抗日根据地民主政权的重要民主形式，座谈会的宗旨，即定期听取党外人士对政权工作的批评和意见，巩固和加强"三三制"的民主政权，巩固和加强各阶层的团结。

总之，在"三三制"政权建设中，共产党与各党派民主人士实行协商合作，共产党接受各党派民主监督的形式已经开始酝酿。需要注意的是，1942年9月1日在《中共中央关于统一抗日根据地党的领导及调整各组织间关系的决定》中提出加强党的一元化领导与实行"三三制"二者之间并不矛盾，而是为了更好地实施"三三制"，更好地发扬民主。决定鲜明提出：实行党的一元化领导，一是因为"在实行'三三制'时，党员在政权系统中的数量减少，但在政权系统中工作的党员质量必须大大提高"。造成高质量的领导群体，使党的政策得到很好的贯彻执行，提高共产党在群众中威信，加强共产党对抗日根据地民主政权的统一领导。二是"党对'三三制'政权之领导的实现，有赖于政权系统中党员干部之言论行动的一致及其对党的决定的绝对服从"[②]，即一元化领导可使党政军系统中的共产党员干部严格

---

① 《党外人士座谈会的意见》，载《解放日报》，1944年2月2日，第1版。
② 《王稼祥选集》，人民出版社1989年版，第333—334页。

地遵守党的纪律，认真执行党的决议，从而使党的方针政策得到很好的贯彻执行。但加强党的一元化领导绝不是实行共产党一党专政，"三三制"政权体制中的共产党领导，为的是使共产党能起"带路人"的作用，使党的方针政策能够为人民群众所接受，而非专制。由此可见，"三三制"政权为共产党领导的多党合作发展成为一种政党制度创造了条件，同时也是民主党派民主监督萌芽的标志。只是由于当时它只能局限于某一地区而未能广泛推广到全国，因此说它只是初步的探索。

四、各党派联合筹备新民主主义政权

"三三制"政权不仅仅是抗日民主政权，它在抗日战争胜利后无论从思想上还是在实践中一直继续存在，它既是敌后抗战最好的政权形式，同时又具有全国性的政治意义。可以说，"三三制"政权是多党民主协商合作政权的雏形，抗日战争胜利后，根据地的模型推广到全国，全国就成了新民主主义共和国。

抗日战争时期，中国共产党就提出愿意与一切抗日党派成立联合政府，此时的联合政府是各党派平等地参与执掌国家政权的政府，政治上平等的政党之间必然存在着政治监督关系，这种关系到抗战胜利后一直保留下来。1945年中国共产党第七次全国代表大会在延安召开，毛泽东指出："有些人怀疑共产党得势之后，是否会学俄国那样，来一个无产阶级专政和一党制度。我们的答复是：几个民主阶级联盟的新民主主义国家，和无产阶级专政的社会主义国家，是有原则上的不同的。……只要共产党以外的其他任何政党，任何社会团体或个人，对于共产党是采取合作的而不是采取敌对的态度，我们是没有理由不和他们合作的。"① 解放战争期间，随着反蒋独裁、争取民主斗争的不

---

① 《毛泽东选集》第3卷，人民出版社1991年版，第1061—1062页。

断深入，中国共产党与各民主党派协商合作的关系越来越密切、越来越成熟。1948年4月30日，中国共产党发布"五一口号"，号召"各民主党派、各人民团体、各社会贤达迅速召开政治协商会议，讨论并实现召集人民代表大会，成立民主联合政府"。[①] 随即各民主党派分别发表声明和宣言，热烈响应中共"五一口号"，积极推进政治协商会议的召开。5月5日，中国国民党革命委员会李济深、何香凝，中国民主同盟沈钧儒、章伯钧，中国民主促进会马叙伦、王绍鏊，致公党陈其尤，中国农工民主党彭泽民以及无党派人士郭沫若等联合致电毛泽东，称"五一号召""适合人民时势之要求，尤符同人等本旨，曷胜钦企"，并联合通电全国同胞，希望"迅速集中意志，研讨办法，以期根绝反动，实现民主"。随后，台湾民主自治同盟、中国民主建国会、九三学社也纷纷表示，一致赞成中共筹开新政协的号召。至此，中国的民主党派得以基本确认，即在新民主主义革命时期成立、发展起来，并在反帝反封建和反对国民党独裁统治的过程中与共产党通力合作的，同时又响应"五一号召"，愿与中共一起协商建国的政党派别。

随着革命利好形势逐渐转向中国共产党，它与民主党派合作建国的思想也日渐成熟。1949年3月召开的中共七届二中全会上，毛泽东指出："我党同党外民主人士长期合作的政策，必须在全党思想上和工作上确定下来。我们必须把党外大多数民主人士看成和自己的干部一样，同他们诚恳地坦白地商量和解决那些必须商量和解决的问题，给他们工作做，使他们在工作岗位上有职有权，……每一个大城市和每一个中等城市，每一个战略性区域和每一个省，都应当培养一批能

[①] 陈竹筠、陈起城：《中国民主党派历史资料选辑》上册，华东师范大学1985年版，第17页。

够同我们合作的有威信的党外人士。"①这些重要思想有利于民主党派参政党地位的形成，也为民主党派民主监督制度的确立奠定了理论基础。于是，各民主党派与共产党一起投身于民主新政协的筹备工作当中，1949年6月新政协筹备会正式成立，筹备会由共产党与赞成"五一口号"的各民主党派代表组成，筹备会下设六个小组，分别负责审定会议出席人员，起草《共同纲领》、会议宣言、中央人民政府组织法和拟定国旗、国徽、国歌的方案等项工作。章伯钧、谭平山、许德珩、郭沫若、马叙伦等分别担任各组的正副组长。他们积极提出新政协的组织原则、政策主张，为新民主主义共和国的成立做了大量思想、组织准备工作，这一过程充分体现了共产党与各民主党派协商合作、互相监督的精神。比如中共就召开新政协会议的时间、地点、召集人、参加会议者的范围以及会议应讨论的问题等事项多次与各民主党派共同商讨，交换意见，认真听取各民主党派的建议。再比如对新中国的名称，有些代表提议用"中华民国"这一简称，马叙伦、许德珩等人则联名提交一份提案，提议只用"中华人民共和国"全称并被采纳。新政协筹备会经过两次全体会议和八次常委会会议，各民主党派代表畅所欲言，纷纷献计献策，同共产党一道为建立独立、自由、和平的新中国贡献力量。

第二节 参政党民主监督制度的确立

新中国成立后，中国共产党领导的多党合作制度作为民主党派民主监督的制度基础初步确立。中国共产党成为执政党，各民主党派在接受共产党领导的基础上积极参加到国家政权中，他们代表所联系群

---

① 《毛泽东选集》第4卷，人民出版社1991年版，第1437页。

众的合法利益、合理要求，参与国家事务的管理，参与国家大政方针和国家领导人选的协商，参与国家各项法律法规的制定执行，同时主动投身于恢复社会经济建设和社会主义改造之中，积极向共产党提出意见和建议，民主党派民主监督的方式在实践中逐步形成。1956年，中国共产党提出与民主党派"长期共存、互相监督"的重要思想，标志着民主党派民主监督制度的确立。

一、多党合作和政治协商制度形成

1949年9月召开的中国人民政治协商会议，是中国共产党领导的多党合作和政治协商制度确立的标志，各民主党派的政治地位也因此发生根本性变化，即由国民党统治下的在野党，转变成为接受共产党领导的参与国家政权的新型政党，从而为民主党派民主监督制度的形成奠定了基础。

1. 民主党派在新政协中有职有权

中国共产党与各民主党派及各族各界人士组成了人民政协，制定了《共同纲领》，并以人民政协作为多党合作的重要组织形式和组织机构，以《共同纲领》作为多党合作的政治基础，以吸收各民主党派成员参加国家政权、担任政府职务作为多党合作的表现形式。中国人民政治协商会议上通过的具有临时宪法性质的《共同纲领》中明确规定："中国人民民主专政是中国工人阶级、农民阶级、小资产阶级、民族资产阶级及其他爱国民主分子的人民民主统一战线的政权，而以工农联盟为基础，以工人阶级为领导。"[①] 这就从法律意义上确定了中国共产党与民主党派的地位与关系，中国共产党是执政党，民主党派

---

① 陈竹筠、陈起城：《中国民主党派历史资料选辑》上册，华东师范大学1985年版，第21页。

是参政党,双方通过人民政治协商会议合作,中国共产党领导的多党合作的政治格局基本形成。

在进驻北平的途中,毛泽东曾告诉周恩来,对做出过贡献的各民主党派领导人,应该在政府里安排职务。1949年3月召开的中共七届二中全会上,毛泽东指出:"我党同党外人士长期合作的政策,必须在全党思想上和工作上确定下来。我党必须把党外大多数民主人士看成和自己的干部一样,同他们诚恳地、坦白地商量和解决那些必须商量和解决的问题,给他们工作做,使他们在工作岗位上有职有权,使他们在工作上做出成绩来。"① 同时强调,每一个大城市和每一个中等城市,每一个战略区域和每一个省,都应当培养一批能够同我们合作的有威信的党外民主人士。在新中国首届政府的组成问题上,周恩来形象地比喻说党的方针是"要划一个最大的圈子"。之后确实如此,各民主党派不仅参加了新政权的筹备、组建和正式成立,还在新政权中担任了重要领导职务。从新政协筹备委员会成员看,每个筹备小组中,都有民主党派成员担任组长或副组长;从中国人民政治协商会议第一届全体会议出席人数看,会议代表共662人,其中共产党员约占44%,各民主党派成员约占30%;② 从政协会议第一届全体会议选出的中央人民政府委员看,63位委员中民主党派和无党派民主人士有31人,几乎占一半,中央人民政府6位副主席中有宋庆龄、李济深、张澜3位民主党派和无党派民主人士,政务院4位副总理中有黄炎培、郭沫若2位民主党派和无党派民主人士,15位政务委员中9人是民主党派和无党派民主人士。在政务院所辖的34个部、会、院、署、行中,担任正职的党外人士有14人,约占正职总数的1/3,如人民

---

① 《毛泽东选集》第4卷,人民出版社1991年版,第1375页。
② 王树棣、柏福临等主编:《中国人民政治协商会议史》,黑龙江人民出版社1991年版,第23页。

监察委员会主任谭平山、轻工业部部长黄炎培、邮电部部长朱学范、交通部部长章伯钧、水利部部长傅作义、教育部部长马叙伦、司法部部长史良、林垦部部长梁希、华侨事务委员会主任何香凝、出版总署署长胡愈之、中国科学院院长郭沫若等。① 当然还有一大批民主党派和无党派民主人士担任副职。总之,在政务院下属机构93位负责人中,民主党派和无党派民主人士就有42位。此外,在地方各级人民政府中也有一定数量的民主党派和无党派民主人士担任领导职务。民主党派和无党派民主人士作为民族资产阶级、城市小资产阶级以及其他爱国民主分子的政治代表直接参加了国家政权的管理。通过广泛参政议政,有利于合法表达自己的利益与要求,有利于民主监督的开展。

2. 民主党派民主监督方式的探索

刘少奇在政治协商会议上指出:"中国共产党以一个政党的资格参加人民政治协商会议,和其他各民主党派、各人民团体、各少数民族、国外华侨和其他爱国民主分子一起,在新民主主义的共同纲领的基础上忠诚合作,来决定中国一切问题。"② 新中国成立后,新生的人民政权面临着错综复杂的国际国内环境和百废待兴的艰巨任务:国民党政权虽被赶到台湾,但残余势力仍集中存在于大陆的西南地区,对新生政权虎视眈眈,因此肃清国民党反动派在大陆的残余武装力量和土匪,联合各民主党派建立各级各地人民政府成为重中之重;广大农村还有将近70%的人口和地方需要进行土地改革,完成新解放区土地改革的任务紧迫;镇压反革命运动和进行"三反"、"五反"运动势在必行;由于八年抗日战争和四年解放战争,迅速恢复由于连年战争被严重破坏的整个国民经济刻不容缓;再加随时都要应对帝国主义国家的封锁

---

① 薄一波:《若干重大决策与事件的回顾》上卷,中共中央党校出版社1991年版,第33页。
② 《刘少奇选集》上卷,人民出版社1981年版,第433—434页。

和侵略，抗美援朝、保家卫国的战争一触即发。在这样艰难的困境中，民主党派和中国共产党一道携手同行，为维护和巩固新生政权出谋划策。建国初期各民主党派通过双周座谈会、协商座谈会等形式与共产党就国家重大事务进行民主协商，为巩固国家新生政权和恢复国民经济建设提出许多宝贵意见，主要表现在参加土地改革、抗美援朝和镇压反革命三大政治运动。

土地改革，是发展生产力和实现国家工业化的必要条件，也是中国共产党与各民主党派长期以来共同的主张和要求，但对进行土地改革的方式方法问题双方则存在一些分歧。为了取得一致意见，1950年6月第一届中国人民政治协商会议第二次全体会议专门讨论土地改革问题，中国共产党与各民主党派代表通过各种形式的协商讨论，沟通思想，交换意见，最终一致通过《土地改革法》（草案）。会后，各民主党派成员亲自到农村参观和视察土地改革，仅1951年5月，北京、天津两市就有民主党派和无党派民主人士689人加入到这一运动中。通过实地考察，民主党派代表对个别地方土改中出现的问题提出批评建议，共产党对此耐心解释，毛泽东就亲自答复了黄炎培反映土改问题的来信。同时，地方各级政府还就有关土改情况与当地各民主党派领导机关协商执行。

1950年6月，朝鲜战争爆发，共产党和各民主党派经过会商一致作出了对美国侵略中国的邻邦不能置之不理的决定，但一些民主党派代表中有不少人存在恐美、亲美的思想，他们主张"隔岸观火"以免"引火烧身"，因此，中共中央派周恩来、李维汉与各民主党派代表进行三次协商座谈，交流意见，最终双方消除分歧，做出支援朝鲜的决策。民革、民盟、民建、农工党、致公党、九三学社、台盟等联合无党派民主人士于11月4日发表《各民主党派联合宣言》，严正宣布："中国各民主党派誓以全力拥护全国人民的正义要求，拥护全国人民在志愿基础上为着抗美援朝保家卫国的神圣任务而奋斗。随后，各民主党派分别召开了中央会议，讨论如何集中力量支援抗美援朝问题。会后，各民主党派号召其成员参加捐献飞机大炮运动，先后联合工商界共捐献战斗机900余架。各民主党派领导人也积极参加宣传动员、捐款捐物，参战出力和赶赴前线慰问，如胡厥文、吴蕴初等60多位党派领导人送子女亲属上前线。1950年底，为了保卫革命成果，巩固人民民主专政，全国范围内开展了镇压反革命运动，中国共产党和各民主党派及无党派民主人士一起协商共同制定了惩处反革命的原则。在镇压反革命运动的过程中，中共中央始终坚持公开化，发动群众检举反革命分子，让民主人士与闻，让各民主党派介入，鼓励各民主党派组织代表到基层去参观镇反工作，一些地方还邀请民主党派代表参加反革命案件审查委员会。因此，民主党派对于克服镇反运动中的草率行事的作风以及违法办事的行为，起到了检查监督的作用。

综上所述，民主党派民主监督作为中国共产党领导的多党合作和政治协商制度的重要内容，在建国初期的各项实践活动中不断展开。各民主党派积极参政议政，与共产党就国家各项重大事件通过协商座谈会的形式、参观考察的形式，在完全知情的前提下，提出自己的意见和建议，有时还以特邀人员的身份加入其中。所有这些在实践中形成的民主监督方式，以后逐渐被规范化和制度化。

二、民主党派参政党地位的确立

1953年到1956年，是我国从新民主主义社会向社会主义社会的过渡时期。1954年，第一届全国人民代表大会的召开，标志着中国人民政治协商会议代行人民代表大会职权的结束，政治协商会议独立为统一战线性质的组织，从此，各民主党派和无党派民主人士不仅可以通过人民政治协商会议这一专门的形式同共产党共商国是，而且还能够以人民代表的身份进入国家权力机关，参与国家重大事务的讨论与决定。1956年，社会主义三大改造基本完成，标志着我国进入社会主义社会，从此，民主党派转变成为社会主义性质的政党，转变成为代表一部分社会主义劳动者的政治联盟，民主党派参政党地位基本形成，这为其充分行使政党监督职能奠定了基础。

1. 民主党派性质向社会主义转变

1953年开始的社会主义改造，主要改造的对象包括民族资产阶级、上层小资产阶级及其知识分子，而这些阶级、阶层正是各民主党派的社会基础，因此，这一复杂的社会变革必将直接涉及各民主党派政党性质的变化。作为社会主义改造的对象，各民主党派对自己的存在产生疑虑。

对于民主党派继续存在的必要性，建国初期就有过争论。一些民主党派认为，民主独立的新中国已经建立，民主党派的历史任务完成了，所以没有存在的必要了。1949年12月28日，沈钧儒先生领导的中国人民救国会宣告解散。九三学社、农工党、民进党等也草拟了解散宣言。同时，中共党内一些人也认为，民主党派不过是一根头发的功劳，民主党派应该由大到小，由多到少，由政治上的复杂到纯一。更有甚者，瞧不起民主党派和民主人士，对安排他们的代表人物担任政府的领导职务不服气，发牢骚说"早革命不如晚革命，晚革命不如不革命"，认为"民主党派是包袱"。针对这种想法，中共领导人结合中国实际情况，坚持主张民主党派应该长期存在。毛泽东听说救国会解散的消息，非常惋惜，他表示民主党派"不但要继续存在，而且要继续发展"。毛泽东认为，民主党派和民主人士背后联系着民族资产阶级和小资产阶级，他们的作用不可藐视，共产党要实行民主，敞开让民主党派批评。周恩来认为，共产党党员只占全国人口的一小部分，要做好工作，就必须听取民主党派的意见，特别是要能听不同的意见。他指出:"民主党派在中国革命中是有贡献的,不论民盟或其他民主党派都应该继续存在下去,如果统统合并,人民就不能理解,帝国主义者也会说,你看,共产党把各党派都搞光了,所以今天不能取消党派。"[1] 李维汉也指出:"在团结教育和改造民族资产阶级、城市小资产阶级、同这些阶级相联系的知识分子以及其他爱国民主分子的工作中,民主党派可以因其固有的联系和影响,发挥其对共产党的监督作用。"[2] 所以说,各民主党派在中国是必不可少的,不但应该存在,还需要发展。

民主党派要发展,就必须在经历过渡时期这一社会变革的过程中实现性质的根本变化,即由新民主主义性质转变为社会主义性质。建国之后,一些民主党派成员思想深处仍抱着资产阶级民主制不放,想在人民民主专政下搞反对派,把民主党派搞成单一的资产阶级政党。对此,1950年4月,周恩来在民建和民进等进步团体领导人座谈会上的讲话中指出:"现在,中国民族资产阶级是不是应该有一个单一阶级的政党,这不是应该不应该有的问题,而是由于客观条件的限制很难产生。旧中国外有帝国主义侵略,内有封建主义压迫,民族资产阶级软弱性和动摇性这个'肺病',是先天不足遗传下来的,一开始就没有力量,没有形成强大的政党。中国革命的领导责任不得不落在无产阶级的肩上。共产党在农村搞了22年的武装斗争,形成了今天的局面。在今天,如果搞单一的资产阶级政党,势必走不通的,是不被许可的。因此,中国民主党派只能是承认《共同纲领》,接受共产党的领导,如现在的民主建设国会那样。但民主建国会并不是单一的资产阶级政党,它里面有进步分子,有社会主义思想。在中国具体历

---

[1] 《周恩来统一战线文选》,人民出版社1984年版,第153—156页。
[2] 《历次全国统战工作会议概况和文献》,档案出版社1988年版,第68页。

史条件下,民族资产阶级必须走今天这样的路,民主党派也必定是今天这样的类型,这是历史的必然。"① 因而,共产党领导通过座谈、开会等形式向民主党派进行解释动员,鼓励民主党派在团结、教育和改造民族资产阶级、上层小资产阶级及其知识分子的工作中发挥作用,最终实现自我改造。各民主党派明确了其政治方向和工作任务,从1953年开始,民革、民盟、民进等先后召开全国代表大会,学习宣传过渡时期总路线,同时在实际工作中充分反映所代表阶级、阶层的合理要求,特别在资本主义工商业的改造中,民主建国会密切联系私人工商业者,积极反映他们的意见和要求。对于民主党派反映上来的意见和要求,共产党与其诚恳协商,并采纳了很多合理建议。在各民主党派的积极参与和支持下,我国在1956年底顺利完成了社会主义改造的任务,从此进入社会主义阶段,各民主党派的社会基础——民族资产阶级、上层小资产阶级及其知识分子转变成为社会主义劳动者的一部分,那么它也就转变成为代表这部分劳动者的政党。由于各民主党派从阶级联盟性质的政党转变成为政治联盟性质的政党,成为为社会主义服务的政党,因此,1956年各民主党派相继召开全国代表大会,明确为社会主义服务的指导思想和方针,重新修改政治纲领,并大规模发展组织成员。据统计,建国初期全国各民主党派成员总数是1.1万多人,1953年初达到3.2万余人,"到1957年春,全国民主党派成员总数发展到10万人,为建国初期的10倍"。②

2. 政治协商会议的重新定位

1954年9月,第一届全国人民代表大会第一次会议在北京召开,这标志着中国社会主义民主政治的进步,全国人民代表大会成为国家

---

① 《周恩来统一战线文选》,人民出版社1984年版,第179页。
② 王邦佐主编:《中国共产党统一战线史》,上海人民出版社1991年版,第509页。

最高权力机关,而政治协商会议从此不再代行人民代表大会的职能,它独立为统一战线性质的组织。由此,人民代表大会制度作为我国的根本政治制度与共产党领导的多党合作和政治协商制度并存。

这次会议召开前,民主党派广泛参与了起草选举法和宪法草案的筹备工作,在23名选举法起草委员会成员中,民主人士占了10人,在32名国家宪法起草委员会成员中,民主人士占了13名。同时,共产党就实行人民代表大会制度与各民主党派进行了充分协商,毛泽东在中央人民政府委员会第20次会议上强调:"人民代表大会制的政府,仍将是全国各民族、各民主阶级、各民主党派和各人民团体统一战线的政府,它是对全国人民都有利的。"[①] 随后在全国人民代表大会上通过的《中华人民共和国宪法》中明确规定:"我国人民在建立中华人民共和国的伟大斗争中已经结成以中国共产党为领导的各民主阶级、各民主党派、各人民团体的广泛的人民民主统一战线,今后……我国的人民民主统一战线将继续发挥它的作用"[②]。可见,不论是中共领导,还是国家根本大法,都肯定了共产党领导的多党合作和政治协商制度与人民代表大会制度共同发挥作用,至此,民主党派不仅可以以党派的名义与共产党一道共商国是,而且还可以以人民代表的身份参加并管理国家政权。第一届全国人民代表大会代表的选举以及政权领导人的产生,就充分说明了这一点。据统计,第一届全国人大代表1226人中有558人是民主人士,占代表总数的45.51%;全国人大常务委员会委员79人中39人是党外人士,仅比共产党员少1人;全国人大副委员长13人中党外人士8人,包括宋庆龄、李济深、张澜、

---

① 中共中央文献研究室:《毛泽东文集》第6卷,人民出版社1999年版,第261页。
② 《中华人民共和国宪法》,人民出版社1954年版,第2页。

沈钧儒、黄炎培、郭沫若以及陈叔通等。①国务院35个部长、主任中，党外人士13人。另外，在全国各级人大和地方政府的领导中也都有一定比例的民主人士。此次大会选举产生的国家领导工作人员是中国共产党与民主党派经过多次协商的结果，民主党派成员以人大代表的名义，对国家政权领导人员的提名、选举过程进行民主监督。

由此可见，无论是人民代表大会召开之前，民主党派参与各项法案的起草，在会议中间，民主党派参与国家领导人选的商定，还是会议之后，民主党派全面参加国家政权，这些不仅是民主党派作为参政党的表现，更是民主党派民主监督职能的行使。

1954年12月，人民政协第二届全国委员会召开，会议通过的《中国人民政治协商会议章程》中明确规定：人民政协的性质为党派性的统一战线组织，人民政协的作用之一是广泛联系各方面的人民群众，充分反映他们的意见和要求，对共产党和政府的工作提出批评与建议，利于共产党与政府集中正确意见，及时发现和纠正工作中的错误和缺点。人民政协的特点就是协商性和包容性，它的决议和内部关系均由协商确定，包括政协委员会成员也由各党派协商决定，第二届全国委员会吸收了更多民主党派的代表，559名全国委员中民主人士就有407人，占总数的73%，17名政协主席、副主席中就有13人是民主党派和无党派民主人士。各民主党派参加政协人员数量的优势保证了他们政治协商、民主监督职能的发挥，政治协商会议也因此成为民主党派民主监督坚实的组织基础。这次政协会议的召开，标志着人民政协性质的变化，它不再是国家权力机关，而是各党派的协商机关，是党派性的机关。人民政协成为中国共产党领导的多党合作和政治协

---

① 张忆军主编：《风雨同舟七十年——中国共产党与民主党派关系史》，学林出版社2001年版，第482页。

商的机构，使各民主党派和无党派民主人士参政议政、民主监督拥有一个良好的场所和平台，它与人民代表大会制并存运行，能够更全面地反映人民群众的各项意见和要求，体现了中国社会主义民主政治制度的特色。

三、民主党派民主监督的提出

从建国初期到社会主义改造的完成，中国共产党有意识地留下民主党派，为的就是要让各民主党派有发表意见的机会，要让各民主党派监督业已执政的共产党。中国共产党的这一思想早在新民主主义革命时期就已基本形成，1945年，毛泽东在延安与黄炎培的谈话中就明确表示要让人民来监督政府，人民的监督就包括民主党派的监督。直到1956年，为了适应民主党派性质的根本变化，中国共产党明确提出了要与各民主党派"长期共存、互相监督"的八字方针，这标志着民主党派民主监督制度的确立。

1."长期共存、互相监督"方针的提出

1956年2月，中共中央在第六次全国统战工作会议上表示，各民主党派在社会主义建设和社会主义改造事业中，不仅做了不少工作，而且在某些方面对共产党和国家起了一定的监督作用，因此，他们在社会主义社会里，还应当同共产党一起继续存在下去。1956年4月，毛泽东在《论十大关系》中正式提出"长期共存、互相监督"的观点，他在论述党和非党的关系时说："究竟是一个党好，还是几个党好？现在看来，恐怕是几个党好，不但过去如此，而且将来也可以如此，就是长期共存、互相监督"。① 同年6月，李维汉在全国人大一届三次会议上指出："中共中央已经提出了共产党和民主党派长期共存、

---

① 《毛泽东文集》第7卷，人民出版社1999年版，第34页。

互相监督,首先是对共产党其监督作用的方针。这是一个重大的方针,这个方针的提出,同时就是再一次地宣告,党同党外人士实行民主合作,是共产党的一条固定不移和永远不变的原则"。^①同年9月,中国共产党第八次全国代表大会正式将"长期共存、互相监督"的方针写入政治报告,要求共产党坚持"长期共存、互相监督"的方针,不断加强同各民主党派、无党派人士的合作共事。这一八字方针成为社会主义时期处理中国共产党与民主党派关系的基本方针。

这一阶段,中共许多领导人对于"长期共存、互相监督"方针的主要内容和重要性都有详细论述,概括起来有:

首先,"长期共存、互相监督"是指在人民民主统一战线内部中国共产党和民主党派长期共同存在共同发展,通过批评与自我批评,对共产党和国家机关的工作起监督作用。实现这一方针的必要条件是各民主党派在法律上同共产党处于平等地位,并享有宪法范围内的政治自由和组织独立性,共产党把同党外人士的民主合作当成一条永远不变的原则。"长期共存"的目的就是要"互相监督",而"互相监督"就是为了巩固历史上形成的各党派间亲密合作的关系,共产党对民主党派的监督主要体现为政治领导,民主党派对共产党的监督主要体现在参政议政的过程中,反映各民主党派所联系的阶级、阶层的合法利益和合理要求,对国家重大问题的决策,对宪法和法律的执行情况提出批评和建议,使各项政策法令更加完善。

其次,"互相监督"重点是各民主党派对共产党的监督。因为共产党是执政党,在工作中更容易犯错误,"执政的共产党随时都存在一个危险;……要解决这个问题,共产党员除首先接受党的监督外,整个党的工作还需要民主党派的监督。这样我们做起事来,就会谨慎

---

① 李金河:《多党合作的历史与现实》,中央编译出版社2007年版,第147页。

一点，少犯错误或容易及时改正缺点"。① 的确，一个党同一个人一样，很需要听到不同的声音，而"党外的民主人士，能够对于我们党提供一种单靠党员所不容易提供的监督，能够发现我们工作中的一些我们所没有发现的错误和缺点，能够对于我们的工作做出有益的帮助"②。从这个意义上讲，"互相监督"实质上就是民主党派的民主监督。

再次，"长期共存、互相监督"方针的提出是中国具体的历史条件的产物。它的提出不仅肯定了各民主党派在中国新民主主义革命和社会主义革命时期的贡献，而且适应了社会发展现状的需要，各民主党派不会因为社会主义改造而失去存在的社会基础，他们仍将继续代表一部分阶层的利益和要求，在社会主义社会中同共产党一道合作下去，并且这一合作的社会基础将随着社会的发展不断被赋予新的内容。同时，它的提出还加快了社会主义民主化的实现，周恩来指出："建设社会主义，没有互相监督，不扩大民主，是不可能做得好的。因此，互相监督的面还要扩大，不能缩小"，"这对我们的民主化有很极大的好处"。③

可以说，"长期共存、互相监督"方针的提出是中国共产党处理同民主党派和无党派民主人士关系问题的一个重要发展，它正确地反映了我国社会的客观实际，符合我国历史发展的需要。这一方针的提出，不仅为中国共产党领导的多党合作制度注入了新的政治内容，而且也激发了各民主党派的政治热情，调动了他们政治参与和社会参与的积极性、主动性，使统一战线内部出现了活跃的民主气氛，标志着中国共产党领导的多党合作和政治协商制度在社会主义条件下进一步确立和发展。共产党公开允许民主党派以民主的方式监督自己，虚心

---

① 《周恩来统一战线文选》，人民出版社 1984 年版，第 351 页。
② 《邓小平文选》第 1 卷，人民出版社 1994 年版，第 225 页。
③ 《周恩来统一战线文选》，人民出版社 1984 年版，第 351—352 页。

听取各民主党派的批评和建议，也标志着民主党派民主监督制度的正式确立。

2."长期共存、互相监督"方针的实施

"长期共存、互相监督"方针一经提出，整个国家政治生活空前活跃，共产党对民主党派在社会主义时期的地位和作用的认识有了进一步提高，他们真诚接受民主党派的民主监督，并创造有利条件对这种监督给予支持和鼓励。同样，各民主党派也受到极大的鼓舞，表示要认真贯彻这一方针，积极向共产党提出建议和批评。

1956年，中共中央统战部部长李维汉发起组织了对"长期共存、互相监督"方针执行情况的检查，并号召各民主党派和无党派民主人士视察和检查统战工作，广泛听取各方面的意见和批评，并在此基础制定了《中央统战部关于民主党派工作的几个问题的指示》（草案）。这一草案指出共产党应有意识地创造各种条件，保证民主党派的民主监督：一是，要发扬民主，广开言路，制造欢迎监督的氛围，保障民主党派发表反对意见的自由，从而使民主党派敢于并乐于提出批评建议；二是，要认真对各种批评、建议进行分析和处理，采纳正确的意见，对于没有被采纳的意见进行解释；三是，要保障民主党派民主监督渠道的顺畅，鼓励他们通过视察、检查工作、检举和控告等方式、方法进行监督。以上这些思想不仅对当时的民主监督实践具有指导作用，更重要的是它为以后民主监督不断制度化、规范化的发展奠定了理论基础。

"长期共存、互相监督"方针的提出与落实，也极大地调动了民主党派民主监督的积极性。第一，他们为社会主义建设时期国家的经济文化发展献计献策。以农工民主党和民盟为例，1956年，农工民主党和民盟就知识分子在实际工作和学习生活中的情况及存在的问题进行调查研究，并将调研结果分别写成《关于知识分子团结改造问题的几点建议》、《关于高级知识分子问题的主要情况的分析和建议》提交相关部门,这对中共中央从不同方面了解知识分子的状况,调整关于知识分子的政策起到了积极作用。第二,他们踊跃参加共产党整风运动。1957年2月,在毛泽东提出关于正确处理人民内部矛盾的思想前后,党外人士对共产党的工作就提出了大量批评和建议。4月,中国共产党发出《关于整风运动的指示》,规定:"放手鼓励批评,坚决实行'知无不言、言无不尽;言者无罪,闻者足戒,有则改之,无则加勉'的原则",真诚欢迎民主党派和无党派民主人士帮助共产党整风。中共中央统战部从5月起先后召开了13次民主党派座谈会,广泛征求党外人士关于整风运动的意见和建议,主动邀请民主党派人士帮助共产党整风,这在中国共产党历史上是第一次。因此,在这次整风运动中,各民主党派对共产党和政府的工作以及各部门党员干部的作风,提出了大量的意见、批评和建议。其中大都是正确的意见,有的批评切中时弊,比如"张溪若批评党内滋长了骄傲情绪,好大喜功,急功近利,鄙视既往,迷信将来。陈叔通提出'矫枉必须过正'是否永远都是金科玉律,值得怀疑。刘斐、杨明轩提出,党政应分开,不能以党代政。熊克武等提出,健全法制,抓紧制订民法、刑法和各种单行法规"。① 在各种座谈会上,各党派之间对一些问题还存在不同意见的争论。有人提出,高等院校党委领导制好,还是校务委员会领导或教授治校好?资产阶级还存在不存在,还有无两面性?定息是不是剥削,定息应该不应该20年?等等。同时,章伯钧提出了"政治设计院"的主张,罗隆基提出成立"平反委员会"的主张,储安平提出"党天下"问题,对此,与会者提出了直接或间接的批评。王昆仑说:"我们提意见的目的在于要求扩大社会主义民主。现在是以共产党为

---

① 朱建华、宋春主编:《中国社会主义时期政党史》,吉林大学出版社1988年版,第137页。

领导的多党联合政府，民主党派不是在野的反对派，国家工作有缺点，我们也有责任。只有持这种立场观点，才能够充分参加国家事务，才能够对共产党进行监督和批评。"① 可以说，这些批评对于克服中国共产党内部日益滋长的官僚主义、宗派主义和主观主义倾向帮助极大。

第三节 参政党民主监督遭受挫折

从1957年夏天开始，中国的政治生活逐步偏离民主的轨道。原本是以处理人民内部矛盾的方法进行的共产党整风运动，转眼之间变成以知识分子为对象的反右运动，百家争鸣变成了无人敢鸣，许多民主人士因言获罪，民主党派被重新戴上"资产阶级政党"的帽子，反右斗争的扩大化显然破坏了自由言论的气氛。随着"左"倾错误指导思想的不断发展，共产党与民主党派之间合作共事的友好关系已经成为愈演愈烈的阶级斗争，尤其在十年"文革"期间，各民主党派和工商联都被迫停止活动，很多成员遭到了残酷迫害，中国参政党民主监督基本上处于虚置弛废的状态。

一、反右派扩大化中民主监督遭到破坏

在共产党整风运动过程中，由于一些民主党派成员提出了错误的甚至是反动的批评和建议，如储安平提出，中共"党天下"的思想是一切宗派主义现象的祸根，是影响党派间关系的根本所在，甚至有些人放出了全盘否定社会主义制度，否定中国共产党领导的言论，于是中共中央发动了一场反右派斗争，但反右斗争犯了严重的扩大化错误，无辜伤害了一大批民主党派人士参政议政的积极性，最终导致民主党

---

① 李金河：《多党合作的历史与现实》，中央编译出版社2007年版，第150页。

派民主监督职能的丧失。

　　1957年5月15日，毛泽东在《事情正在起变化》一文中，公开表示民主党派对共产党的尖锐批评是敌我矛盾的表现，在民主党派中右派表现得最坚决最猖狂。6月8日，中共中央在《党组织力量反击右派分子的猖狂进攻》的指示中提出要"注意各民主党派中反动分子的猖狂进攻"，同日，毛泽东在《人民日报》发表社论《这是为什么》，强调了对右派分子的进攻予以反击的必要性，要把反右派斗争当做一场大战。紧接着在"七一"社论中，毛泽东将反右派斗争的目标直接指向民主党派，认定民盟和农工民主党在整风运动过程中起了特别恶劣的作用，错误地把他们当做反共反社会主义的党派。此后，中共中央又连续发表了一系列指示，将反右派斗争又扩展到工商界、中小学教职员，推向全国各个领域，反右派斗争被严重扩大化。在反右派斗争的初期，中共中央指示需要在各种范围点名批判的右派人数，全国约4000人。随着斗争的扩大化，到1958年反右派斗争基本结束时，全国共划右派分子552877人。其中，民主党派成员被划为右派分子12500多人。在被划为右派分子的人中，许多人是向共产党的工作和干部提出了正当的批评意见，还有一些人对共产党的路线、政策，对社会主义的现实和理论提出了一些问题和看法，这些批评和建议，虽非尽善尽美，但都是坦率、诚恳和善意的，确实是有利于共产党认识和纠正工作中的缺点和错误的。

　　在反右派斗争扩大化中，民主党派尽管已经成为阶级斗争的对象，随时面临被批判和斗争的危险，但他们当中的一些负责人仍然对反右斗争扩大化提出不同意见。1957年6月中旬，黄炎培告诫共产党不要树敌太多；陈叔通建议不能因为民主党派对共产党提了意见就被当做右派；邵力子指出现在有许多问题处理的方法太硬，得人心很难，失人心很易；史良表示不赞成把揭发右派分子的材料登在报刊上，担心这样做运动搞得很大；李济深表示要在全国人民代表大会上发言建议共产党不要骄傲自满，困难还很多，还要努力。可是，对于民主人士的这些真诚建议，中国共产党不但不予重视，没有认真研究并虚心听取，反而把友党之间合理的甚至是有益的批评和意见误认为是敌我斗争。

1957年8月20日《人民日报》发表社论，武断指出"在整风过程中暴露出来的反共、反人民、反社会主义的资产阶级右派分子，有一大批是民主党派的领导人和成员。由于他们的这种政治地位，并且因为他们很多人是富有政治经验的，这班人在全国资产阶级的猖狂进攻中扮演了骨干作用。他们在全国、在地方上或者在一个方面、一个单位中充当主帅和大小头目，筹划、发动、号召和组织向党、向人民、向社会主义的猖狂进攻"。可见，中国共产党把大量的人民内部矛盾当成敌我矛盾，把许多正确的批评和建议也当做是右派的进攻，予以批判。这样，民主党派就成为了反右派斗争扩大化中的主要对象，他们中的许多人都被错划成右派，有的甚至失去职务，长期遭受打压。据统计，到1958年10月底，民革划出右派分子2088人，占成员总数的12.7%；民建会员24156人中有3147人被错划为右派，占会员总数的13%；民盟盟员被划为右派分子的达6000人之多，约占当时盟员总数的1/5。[①]1959年，第二届全国人大一次会议以后，国务院38位部长、主任中，非中共人士9人，比例从原来的37%下降为23.6%，国防委员会114位委员中，非中共人士26人，比例也大大下降。反右派斗争和随后的民主党派整风等，在很大程度上挫伤了民主党派和无党派民主人士参政议政、民主监督的热情。

[①] 曹健民主编：《中国民主党派的历史和现状》，中国人民大学出版社1994年版，第356页。

因此说，反右派斗争的扩大化，对民主党派有效监督共产党产生了消极影响：第一，反右派斗争扩大化使得民主党派的定位出现偏差。由于将其定为资产阶级性质的政党，因此在实际工作中，几乎所有民主党派都被当做改造的对象，严重挫伤各民主党派建设社会主义的积极性。第二，反右派斗争扩大化破坏了民主党派与中国共产党的融洽关系，挫伤了各民主党派代表的政治积极性。被错划为右派分子的一大批民主党派人士很多都是与中共长期合作、坦诚相待的诤友，他们在各个时期的历史贡献被抹杀，其政治和社会地位被削弱，政治声誉和社会影响被损害，特别是他们中的很多领导人遭受严重打击，被开除公职，离开了各级领导岗位，民主党派的组织发展，在以后一个相当长的时期内处于停顿状态，这必然影响到民主党派本职工作的开展，致使很多人不敢讲真话，不愿向共产党和政府提意见和建议，民主监督受到破坏。

二、政党关系调整中民主监督出现转机

反右派斗争后，中国共产党与各民主党派之间的关系较为紧张，合作共事很不正常。从1959年一直到1962年上半年，中国共产党认识到了"大跃进"运动和人民公社化中的"左"倾错误，为了集中力量克服国民经济的严重困难，着重推动民主党派人士参加社会主义建设和文化、技术革命的实践，中国共产党在对原工商业者和民主党派的关系上贯彻"松弛"方针。1958年底至1959年1月召开的第十一次全国统战部长工作会议指出："党对资产阶级和知识分子的改造，应当实行'弛'的方针，也就是缓和的方针"。会上彭真讲道："对民主党派……不要总是斗下去，把弦绷得那么紧，现在整风应该告一段落，转到为社会会主义服务的实践上来，从以斗争为主转到以团结

为主,……把他们的积极性调动起来"。① 于是中共采取一系列措施缓和同民主党派人士的紧张关系。这些措施主要包括:

第一,1959年9月15日,毛泽东在与各民主党派负责人和无党派民主人士座谈会上明确宣布民主党派大有进步,在民主党派中不搞政治运动。同时,中共中央发出重要指示,决定在国庆十周年之际摘掉一批"右派分子"的帽子,为在反右派扩大化中被错划的民主党派人士平反。于是,同年11月,中共中央作出《关于摘掉右派分子帽子的人员的工作分配和生活待遇的规定》,由此全国各地开始分期分批给右派分子摘帽子。截止到1962年底,共分四批,全国约有30万人摘掉了"右派分子"的帽子。摘帽后,各级政府对他们的工作、学习、生活等方面都作了适当安排。

第二,1959年末到1960年夏季,各民主党派根据中国共产党的提议,在各自的代表大会或中央会议上,按照"三不"(不打棍子、不戴帽子、不抓辫子)和"三自"(自己提出问题、自己分析问题、自己解决问题)原则,畅所欲言,表达自己的真实想法。同时,中国共产党的一些领导如周恩来、李富春、陈毅等还应邀向与会的民主党派人士作国内外形势报告,并与各民主党派成员广泛深入地讨论国家大事,相互交流意见。在会议上,对于共产党领导的多党合作关系方面的问题,各民主党派反映了实践中的真实情况,如许多党政机关、学校、企业中不同程度地存在着排斥党外人士,不信任他们,不尊重他们的职权,甚至任意批斗的现象。会后,中共中央统战部及时调查研究并给予纠正。

第三,1962年4月,李维汉在第十二次全国统战会议上强调,共产党与民主党派实行互相监督,是中国共产党在国家政治生活中实

---

① 《历次全国统战工作会议情况和文献》,档案出版社1988年版,第370—371页。

行民主集中制度的一项重要方针。为了真正落实这一方针,他建议,共产党各级党委采取灵活多样的方式组织民主党派成员进行视察和调研,鼓励民主党派如实反映情况,对民主党派针对相关问题提出的批评和建议,要认真对待,做到有着落有交代。

第四,1959年到1961年三年困难时期,各民主党派积极参加国家政治生活,参加国家大事的协商,为克服三年困难和开展社会主义建设献计出力。各民主党派多次出席最高国务会议、党外人士座谈会、全国政协会议,与中共就台湾问题、西藏问题、中印边界问题和国家领导人选等问题进行协商。各民主党派领导人还多次参加全国人大、全国政协考察团,到各地深入工矿、企业、农村、学校、街道等基层单位视察工作,在此基础上提出意见建议供中共中央和国务院参考。

综上所述,共产党通过以上努力,大大松弛了它与民主党派之间的紧张关系,有力增强了民主党派对它的信任,同时,民主党派的民主监督职能也在它与共产党合作共事关系不断改善的过程中,得以暂时恢复。然而,这种刚刚宽松一点的政治氛围很快就被打破,1962年4月以后,由于当时党内"左"倾错误指导思想的不断发展,阶级斗争扩大化的日益严重,越来越多的民主党派人士被取消各级领导职务,民主党派民主监督又回到步履维艰的时期。

三、"文化大革命"中民主监督基本停滞

1966年,"文化大革命"爆发,这一政治运动以批判民盟中央副主席吴晗的《海瑞罢官》为导火索,很快波及文化教育界等领域,作为文化领域重要主力的各民主党派必然最先受到猛烈冲击。在1966年8月开始的"横扫一切牛鬼蛇神"和1968年5月的"清理阶级队伍"斗争中,各民主党派成员成为"全面专攻"的对象。各民主党派被污蔑为"反动党团",他们从中央到地方的各级组织相继被查封,日常

工作和一切组织活动被迫停止。更为严重的是，民主党派不少领导人和干部以及在各地区各部门工作的许多成员都遭到不同程度的冲击和迫害，绝大多数的民主人士被诬陷为"特务"、"反革命"、"反动学术权威"而被"隔离审查"或被非法关押逮捕，有的甚至被迫害致死。据统计，各民主党派在北京的中央委员和候补中央委员中被揪斗、查抄的占36%，民革中央副主席邓宝珊，民盟中央副主席高崇民、吴晗，民建中央副主任委员孙起孟，民进中央副主席车向忱，农工中央主席团委员周谷城，九三中央副主席潘菽等，都遭到诬陷和迫害。① 到"文化大革命"结束时，全国民主党派成员仅剩六万五千余人。由此可见，民主党派的工作机构被撤销，成员队伍不断缩小，民主党派甚至连生存的机会都将没有了，民主监督更是无从谈起。

各民主党派许多领导人和成员受到批斗和迫害，许多人被揪斗和抄家，他们被错误地打成"地主分子"、"反革命"、"特务"等，一些有海外关系的人，被强加上"里通外国"的罪名。他们有的被隔离审查，有的被逮捕关押，有的被迫害致死，并株连到他们的亲属。据不完全统计，各民主党派在北京的中央常委、委员和候补委员中被揪斗、抄家和迫害的有100多人，占总数的36%，各民主党派中央的机关干部也有许多遭到迫害，有的甚至被迫害致死。在全国各个地方，民主党派成员也都受到严重迫害，1968年8月，康生等人组织编造的《关于四届全国政协常委委员政治情况报告》，将115名全国人大常委中的60人和159名政协委员中的74人诬陷为"叛徒"、"叛徒嫌疑"、"特务"、"特务嫌疑"、"反革命修正主义分子"、"走资派"、"三反分子"、"里通外国"等。在上述遭到诬陷的人中，

---

① 张忆军主编：《风雨同舟七十年——中国共产党与民主党派关系史》，学林出版社2001年版，第553页。

许多是与中国共产党长期合作共事、对祖国革命建设作出贡献的民主党派领导人和成员。一些民主党派领导人，如民盟中央副主席吴晗、高崇民，民进中央副主席车向忱等，被迫害致死。

"文化大革命"期间，对民主党派的迫害直接导致民主监督职能的缺失。不仅在政府部门担任要职的民主党派成员受到迫害，而且在科教卫生界工作的民主党派成员也遭受严重摧残，大批有成就有贡献的专家、教授被错误定为"反动学术权威"、"特务"等。据《中华人民共和国最高人民检察院特别检察厅起诉书》中说：在教育界，仅教育部所属单位和17个省市，受诬陷、迫害的干部、教师就有14.2万多人。著名教授翦伯赞、何思敬、王守融、顾毓珍、刘盼遂等被迫害致死。在科学技术届，仅中国科学院直属单位、第七机械工业部的两个研究院和17个省市，受诬陷迫害的科学技术人员就有5.3万多人。著名地球物理学家赵九章（九三学生成员）、冶金学家叶渚沛、理论物理学家张宗燧、冶金陶瓷学家周仁等被迫害致死。在卫生界，仅卫生部直属14个高等医学院校674名教授、副教授中，受诬陷、迫害的就有500多人。著名病理学家胡正祥，药理学家张昌绍，针灸专家陆瘦燕，著名中医叶熙春（农工党成员）、李重人等被迫害致死。①

"文化大革命"中，共产党的主要领导人毛泽东、周恩来也曾尽可能地设法保护各民主党派领导人，也曾多次表示人民政协还是要的，民主党派还是要的。虽然一些民主党派的重要领导免遭迫害，有的甚至还诚恳地提出意见，如民革中央负责人张治中就曾对毛泽东讲："我一向认为共产党的干部都是好的，怎么一下子这么多好干部都变成走资派了？"② 对共产党所犯的错误进行批评，希望共产党改正错误。

---

① 席宣、金春明：《"文化大革命"简史》，中共党史出版社2011年版，第320页。
② 《历史的角落》，载《老人报》，2012年7月27日。

但由于整个国家民主制度遭到严重破坏，各民主党派组织涣散，成员无职无权，甚至人身安全面临极大威胁，因此，民主党派民主监督纯属有名无实。

由此可见，参政党对执政党的民主监督要发挥作用就必须建立在社会主义民主和法制不受侵犯的基础之上。总结"文革"的教训，参政党民主监督职能失效的主要原因在于：首先，国家根本大法——宪法成为一纸空文，各项法律法规受到挑战，失去效力，公民的基本权利、自由和安全失去保障，从而参政党参政议政的合法性受到威胁，影响民主监督职能的发挥；其次，社会主义民主政治建设被阶级斗争扩大化打断。一般来说，民主就是按照通过法定程序表达的多数人的意志实行统治，而社会主义民主政治就是要保障人民享有并通过各种形式实现管理国家和社会事务的权力。法制是民主的体现和保障，没有社会主义法制，就没有社会主义民主，宪法和法律的权威受到挑战，必然导致公民的民主权利无法保证，民主监督的权利无法实现。因此说，健全与发展社会主义民主和法制是实现参政党民主监督职能的前提和保障。

第四节 参政党民主监督的发展

"文化大革命"结束后，中国的民主政治生活逐步走上正常的轨道，进入改革开放和社会主义现代化建设新时期，民主党派参政党地位重新恢复，继续发挥政治协商、民主监督的职能。1989年颁发的《中共中央关于坚持和完善中国共产党领导的多党合作和政治协商制度的意见》，标志着民主监督制度建设翻开新的一页，从此，随着中国特色社会主义理论和实践的不断深入，多党合作和政治协商制度的逐渐成熟，民主党派民主监督机制也日臻完善起来。

一、参政党民主监督的重新恢复

1978年12月,中国共产党十一届三中全会召开,会议重新确立了共产党解放思想、实事求是的思想路线,把国家的工作重心从阶级斗争转移到经济建设上来,决定纠正在"左"倾思想指导下对民主党派的错误政策。邓小平敏锐地觉察到在接下来的建设社会主义的进程中,需要团结各民主党派等社会政治力量来共同推进国家现代化,而要团结各民主党派,就要恢复民主党派参政党的地位,以此为转折,统一战线工作和多党合作事业又重新走上正轨。

1. 民主党派参政地位和作用的恢复

1979年,为了明确新时期民主党派的性质以及它在多党合作事业中的地位,邓小平在与民主党派负责人的一系列座谈会上指出,各民主党派"都已经成为各自所联系的一部分社会主义劳动者和一部分拥护社会主义的爱国者的政治联盟,都是在中国共产党领导下为社会主义服务的政治力量"。[①] 明确了民主党派的社会主义性质的同时,他还强调:"各民主党派和工商联是我国革命的爱国的统一战线的重要组成部分。各民主党派和工商联同我们党有过长期合作、共同战斗的历史,是我们党的亲密朋友","建设和发展社会主义事业,已成为各民主党派、工商联和我们党的共同利益和共同愿望。在新的历史时期中,各民主党派和工商联仍然具有重要的地位和不容忽视的作用"。[②] 同年9月,中共中央召开全国统战工作会议,会议提出,要放手鼓励各民主党派开展多方面的活动,恢复民主党派的基层组织,加强同各民主党派成员的联系。因此,为了尽快促进民主党派工作的恢复,充分发挥民主党派的作用,中共中央统战部制定了关于对民主党派工作

[①] 《邓小平文选》第2卷,人民出版社1994年版,第186页。
[②] 《邓小平文选》第2卷,人民出版社1994年版,第203—204页。

的方针，其中规定今后对于国家大事和有关改革问题，要注意吸收民主党派的代表人物参与协商，听取他们的意见，在有党外人士参加的会议和有关的活动场所，要鼓励和支持他们讲真话，欢迎他们提出批评，同时，还要认真对待他们的建议，实事求是地进行分析处理。以上这些就为巩固和发展新时期爱国统一战线和多党派合作奠定了理论基础和政策基础。

根据这一正确的理论方针，各民主党派先是恢复了在国家机关中的职位，他们中的一部分在国务院各部委和地方各级人民政府中担任职务，甚至一些还成为有职有权的重要领导。接着，民主党派和中国共产党进行政治协商的各种座谈会，如双月座谈会、民主协商会等等，得以恢复。此外，各民主党派从中央到地方的各级组织也相继恢复，成员人数不断增长，到1989年总数已达32万，成员构成逐步以新一代知识分子为主体，民主党派发展进入新时期，为民主党派民主监督职能的恢复与发挥提供了必要条件。

2. 从"八字方针"到"十六字方针"

十一届三中全会以后，邓小平重提民主党派对中国共产党的民主监督。因为，"在国家政治生活和各项事业中，由于中国共产党居于领导的地位，党的路线、方针、政策正确与否，工作做得好坏，关系着国家的前途和社会主义事业的成败；同时，由于我们党的执政党的地位，我们的同志很容易沾染上主观主义、官僚主义和宗派主义的习气。因此，对于我们党来说，更加需要听取来自各个方面包括各民主党派的不同意见，需要接受各个方面的批评和监督，"所以"我们热诚地希望各民主党派……就国家的大政方针和各方面的工作，勇敢地、负责地发表意见，提出建议和批评，做我们党的诤友，共同把国家的事情办好"。① 从此开始，以邓小平为代表的中国共产党特别重视社会主义民主法治建设，为推进民主监督的制度化和规范化奠定了基础。1982年的中共十二大将"长期共存、互相监督"八字方针发展成为"长期共存、互相监督、肝胆相照、荣辱与共"的十六字方针，主要体现了各政党在新的历史条件下合作的本质内容与特征，进一步明确了建立在统一中国、振兴中华基础上的独具中国特色的社会主义政党关系，因而，"互相监督"也被赋予了新的含义。新时期提出的"互相监督"作为建设高度社会主义民主的重要一环和组成部分，在中国政治体制中具有重要作用，正如邓颖超在1984年的政协六届二次会议上所讲："民主监督……对于发扬社会主义民主，加强社会主义法制，防止党和政府脱离群众克服官僚主义，及时发现和纠正工作中的缺点和错误，都有很大的好处"。②

十六字方针的提出消融了之前政党合作领域的冰冻，各民主党派于1983年末开始，先后召开全国代表大会，提出了贯彻"十六字"方针的任务，纷纷表示今后要积极参加国家政治生活中重大问题的协商和决定，及时反映成员和所联系群众的意见和要求，并通过建议和批评，发挥民主监督作用。可见，民主党派民主监督在恢复中迎来了第二个春天。

二、参政党民主监督的初步发展

1986年4月，《关于新时期党对民主党派工作的方针任务的报告》进一步指出，发展和完善中国共产党领导的多党派合作和政治协商制度，充分发挥民主党派的监督作用，是推进社会主义民主建设，进行

---

① 《邓小平文选》第2卷，人民出版社1994年版，第205页。
② 《新时期统一战线文献选编》，中共中央党校出版社1985年版，第314页。

政治体制改革的一项重要内容。在此基础上，共产党于 1987 年将坚持"长期共存、互相监督、肝胆相照、荣辱与共"的方针，发展多党合作的政治协商制度，发挥民主党派在国家政治生活中的作用，作为完善社会主义民主政治的若干制度的一项重要内容写进了十三大报告中。至此，作为多党合作和政治协商制度一部分的民主党派民主监督正式成为中国社会主义民主政治建设的重要内容。

1989 年 1 月，关于多党派合作的问题，邓小平在民主党派成员所提建议上批示，强调要组织一个专门包括民主党派成员的小组，专门拟定民主党派成员履行监督职责的方案。根据这一批示，1989 年 12 月，中共中央制定出台的《关于坚持和完善中国共产党领导的多党合作和政治协商制度的意见》（以下简称《意见》）中明确规定了民主党派作为参政党发挥监督作用的总原则，明确指出了民主党派民主监督的基本方式，以及充分发挥民主党派民主监督作用的重大意义。同时，《意见》作为中国政党制度的纲领性文件，第一次明确提出民主党派是"参政党"这一个科学概念，表明了民主党派的民主监督应属于政党监督。《意见》可以说是中国共产党历史上有关民主监督机制的第一个规范化、制度化文件。1993 年，八届全国人大一次会议通过的《中华人民共和国宪法修正案》，第一次把"中国共产党领导的多党合作和政治协商制度将长期存在和发展"作为重要内容写入国家根本大法，从而使得多党合作和政治协商制度具有了根本合法性，也为民主党派民主监督提供了强有力的法律依据和保证。因此说，这一时期的民主党派民主监督在不断沿着规范化、制度化、法律化的轨道前进。

在《意见》和《中华人民共和国宪法修正案》颁布后，由于民主监督有了根本的制度和法律保障，所以民主党派的民主监督表现得非常活跃。

首先，民主党派与共产党的民主协商更加频繁和密切。民主监督的重要方式之一就是民主党派参加共产党召开的各种协商会和座谈会，与共产党就重要问题进行政治协商。从1989年中共十三届四中全会之后，民主党派参与民主协商的次数和范围在不断扩大。据统计，从1989年到1999年，中共中央邀请民主党派领导人和无党派民主人士举行的民主协商会、座谈会、通报情况会、谈心会就多达152次，[①] 协商内容涉及国家政治、经济、社会发展等各个领域的重要问题。比如，《意见》的制定颁布是民主党派与共产党经过三次协商座谈的结果，1992年之后的国家重大方针、政策，如科教兴国和依法治国战略的制定，重大决定、计划，如机构改革和三峡工程的实施等等，民主党派在与共产党民主协商的过程中，畅所欲言，认真提出自己的意见和建议。在1990年到2000年，民主党派向中共中央和国务院有关方面提供重大建议达110项，许多建议被采纳并取得重大成效。[②]

其次，民主党派与共产党就重大课题进行联合监察。这一时期，民主党派受邀与共产党一起就经济建设、社会发展方面的重大项目，如山东、浦东等地的开放开发，"京九"铁路沿线的建设，进行联合考察，并且根据考察情况及时向共产党提出自己的意见和建议。对此江泽民总结道，实践证明，有计划有重点地进行一些专题考察，是强化和深化调查研究的一种好形式，更是发挥民主党派民主监督作用的一种好形式。同时，民主党派还受邀担任国家监察、税务、检察、审计以及教育系统的特约监察员、检察员、审计员、教育督导员，形成一支可观的特约监督人员队伍，并配合相关部门经常参加反腐败的检查工作。可见，民主党派只有更多地了解国情民意，才能对共产党和

---

① 《光明日报》，2000年12月6日。
② 《人民政协报》，2000年12月6日。

政府工作提出合理的批评和正确的建议，才能更有效地发挥监督作用。

再次，民主党派在人大和政协中继续发挥重要作用。人民代表大会和政治协商会议是民主党派民主监督的重要渠道，从1989年之后，更多的民主党派成员被选为人大代表和政协委员。据统计，到1999年底，民主党派和无党派人士中有12万余人当选为各级人大代表，24万余人担任各级政协委员。其中，9人担任全国人大常委会副委员长，50人担任全国人大常委会委员，460人担任全国人大代表，约占全国人大代表总数的15.44%；16人担任全国政协副主席，189人担任全国政协常委会委员，1317人担任全国政协委员，约占全国政协委员总数的61.1%，超过共产党员在政协中的比例。"2003年第十届全国人民代表大会第一次会议以来，民主党派成员、无党派人士共有17.7万人当选各级人大代表，其中，全国人大常委会副委员长7人，全国人大常委会委员50人；省级人大常委会副主任41人，省级人大常委会委员462人；市级人大常委会副主任357人，市级人大常委会委员2084人"。[①] 民主党派成员通过担任人大代表、人大常委会委员和人大常委会领导职务等，在各级人民代表大会中充分发挥监督作用，对国家立法以及重大方针政策的决策和执行都提出自己的建议和批评。这样，从组织机构上保证了民主党派民主监督作用的发挥，民主党派不仅以政党名义在各级政协中提出了大量的建设性意见和建议，还同时以公民身份在人民代表大会中行使民主监督的权利。1995年，八届全国政协常委会制定并通过了《政协全国委员会关于政治协商、民主监督、参政议政的规定》，对民主监督的主要内容及形式做了明确、具体的规定，从而进一步增强了民主党派民主监督的可操作性。

---

① 国务院新闻办：《中国政党制度》白皮书，2007年。

三、参政党民主监督的不断完善

进入 21 世纪以来，根据国际国内形势的发展变化，中国共产党充分认识到民主党派的民主监督对于中国特色社会主义政治发展的重要性，一直以建设社会主义政治文明、发展社会主义民主政治为奋斗目标，坚持不懈地继续推进民主党派民主监督的制度化、规范化和程序化。

2000 年 12 月，江泽民在第十九次全国统战工作会议上指出："各民主党派在中国共产党领导下，积极履行参政议政、民主监督的职能，成为发扬民主的一条重要渠道"，因此"特别是要完善民主监督机制，畅通下情上达的渠道，加大民主监督力度。……要鼓励各民主党派当我们的诤友，能够说心里话，敢于讲不同意见"。[①] 这就为新世纪不断完善民主党派民主监督职能指明了方向。2001 年 9 月中共十五届六中全会作出的《中共中央关于加强和改进党的作风建设的决定》以及 2002 年中共十六大报告中在谈到要把权力置于有效监督之下，加强对权力的制约问题时，都明确提出要进一步发挥民主党派的民主监督作用，表明中国共产党在解决对权力制约与监督问题上，越来越重视利用党外监督资源了。

2005 年中共中央颁布了《进一步加强中国共产党领导的多党合作和政治协商制度建设的意见》，进一步明确了民主监督的若干理论和政策，与 1989 年中共中央制定出台的《关于坚持和完善中国共产党领导的多党合作和政治协商制度的意见》相比，它深刻揭示了民主党派民主监督属于政党之间的政治监督，第一次明确规定了民主监督的内容，并且提出要拓宽民主监督渠道、完善民主监督机制等，因此成为新世纪新阶段指导民主党派正确履行民主监督职能的纲领

[①] 《江泽民文选》第 3 卷，人民出版社 2006 年版，第 141、146 页。

性文件。

应该说,从1989年的《关于坚持和完善中国共产党领导的多党合作和政治协商制度的意见》的颁布到2005年《进一步加强中国共产党领导的多党合作和政治协商制度建设的意见》的出台,这十六年间,政党制度逐步深入行政和司法系统,民主党派民主监督的领域和方式也在不断深化,为实现民主监督的规范化和制度化提供权力保障。民主党派成员由担任行政副职到逐渐担任行政正职,并确保了民主党派成员担任行政干部有职有权。例如:"截至2006年年底,担任县处以上职务的民主党派成员、无党派人士共有3.1万人,他们对分管的工作享有行政管理的指挥权、处理问题的决定权和人事任免的建议权。其中最高人民法院、最高人民检察院和国务院部委办、直属局担任领导职务副职18人;全国31个省、自治区、直辖市中,有副省长、副主席、副市长24人,全国397个市(州、盟、区)人民政府中有356人担任副市(州、盟、区)长;有35人担任省级法院副院长和检察院副检察长,有141人担任地方级法院副院长和检察院副检察长。还有很多民主党派成员和无党派人士在高等院校、人民团体、科研院所和中国国有企业中担任领导职务,如中国科学院所属93个研究所中有69人,教育部直属72所高等院校中有38人。2007年,民主党派成员、无党派人士2人分别担任国务院科技部、卫生部部长职务"。[①] 民主党派通过行政行为行使国家职能,他们代表公共权力与共产党一起管理国家社会生活,这有助于他们对共产党进行民主监督。

2007年,为了打破西方民主政治的话语霸权地位,坚定不移走中国特色社会主义政治发展道路,形成富有中国特色的政党制度话语体系,我国政府正式发表《中国的政党制度》白皮书,白皮书明确指

---

① 国务院新闻办:《中国的政党制度》白皮书,2007年。

出民主党派民主监督是中国多党合作制度的价值和功能之一,"各民主党派反映和代表着各自所联系群众的具体利益和要求,能够反映社会上多方面的意见和建议,能够提供一种中国共产党自身监督之外更多方面的监督",有利于强化体制内的监督功能。之后,2009年十七届四中全会作出的《中共中央关于加强和改进新形势下党的建设若干重大问题的决定》中在谈到健全权力运行制约和监督机制时,再次强调坚持把党内监督与党外监督相结合。

2012年中共十八大提出:"坚持和完善中国共产党领导的多党合作和政治协商制度,充分发挥人民政协作为协商民主重要渠道作用,围绕团结和民主两大主题,推进政治协商、民主监督、参政议政制度建设,更好协调关系、汇聚力量、建言献策、服务大局"。进一步"推进权力运行公开化、规范化,完善党务公开、政务公开、司法公开和各领域办事公开制度,健全质询、问责、经济责任审计、引咎辞职、罢免等制度,加强党内监督、民主监督,让人民监督权力,让权力在阳光下运行"。中共十八大从健全社会主义协商民主制度和完善权力运行制约和监督体系两个角度,都提到了加强参政党对执政党的民主监督的重要性。2013年2月6日,中共中央总书记习近平在中南海邀请各民主党派领导共迎新春的座谈会上指出:"各民主党派是同中国共产党通力合作的中国特色社会主义参政党,无党派人士是我国政治生活中的一支重要力量。各民主党派和无党派人士一定要把坚持中国特色社会主义政治发展道路作为根本方向,提高参政议政、民主监督的水平,提高政治把握能力、组织领导能力、合作共事能力"。进而他又一次强调了要继续加强参政党的民主监督职能,提出:"对中国共产党而言,要容得下尖锐批评,做到有则改之、无则加勉;对党外人士而言,要敢于讲真话,敢于讲逆耳之言,真实反映群众心声,做到知无不言、言无不尽。希望同志们积极谏诤言、作批评,帮助我们查找问题、分析问题、解决问题,帮助我们克服工作中的不足。中共各级党委要主动接受、真心欢迎民主党派和无党派人士监督,切实改进工作作风,不断提高工作水平"。可见,加强参政党的民主监督建设,不仅需要中国共产党的虚心接受监督的诚意,更需要各民主党派自身能力的建设。

综上所述,民主党派民主监督作为我们基本政治制度的重要功能,作为民主党派和人民政协的基本职能,是我国政治体制和民主机制的重要组成部分,随着中国社会主义民主政治的不断发展,以及中国共产党领导的多党合作和政治协商制度的不断成熟,民主党派民主监督的未来将会有突破性的进展。

第三章 参政党民主监督的作用

通过全面深入地考察参政党民主监督的发展历程，我们可以看到，民主监督是我国民主党派作为参政党的历史使命和重要政治职能。特别是改革开放以来，参政党在民主监督方面有了明显突破，它的作用已在国家的政治、经济和社会建设的各个领域中逐渐显现出来。参政党民主监督不仅是发展社会主义民主政治、完善社会主义民主制度、推进中国特色政治发展道路的必然要求，而且也是全面建设小康社会和构建和谐社会的重要条件。同时，参政党民主监督的性质与特点也决定了它在改进和完善共产党的领导、巩固执政合法性基础以及提升参政党参政能力等方面具有重要作用。

第一节 民主监督有利于社会主义政治文明的建设

建设社会主义政治文明是中国共产党在革命和建设过程中始终不渝的奋斗目标。中共十六大正式把以民主政治为主要内容的政治文明建设写入党的文件。政治文明作为整个社会文明的有机组成部分，是人类改造社会、实现自身完善和提高过程中创造和积累的所有积极的政治成果的总和，表明人类社会政治领域的进步状态。它主要包括政治意识和政治制度两个方面的内容，从政治意识层面讲，政治文明体现的是民主、自由、平等、法治等思想观念；从政治制度层面讲，政治文明则包括政党制度、司法制度等民主政治制度。因此，我们可以说民主、政党和法制构成了政治文明的基本主题,建设社会主义政治文明正是坚持人民当家做主、共产党的领导和依法治国三者的有机统一。目前,中国仍处于社会主义初级阶段,完全实现社会主义民主政治仍需从各个方面继续努力,而参政党民主监督正符合建设社会主义政治文明的具体要求,参政党民主监督是一种政党之间通过民主的形式进行的政治监督,是一种既具有高层政治性,又具有广泛群众性的人民监督。它的发生贯穿于各民主党派和中国共产党风雨同舟、为实现民主共和的目标共同奋斗的历程,是在长期的多党合作实践中形成的具有中国特色的监督形式。充分发挥中国特色政党制度中的参政党民主监督的优势,是建设社会主义政治文明的重要政治资源,是社会主义政治文明的应有之义。

一、有利于保障和发展人民民主

民主的实质在于权利制约权力,普通公民以权利制约权力的实现程度是衡量一个国家民主程度的标准。"人民民主"的概念,是中国共产党人在继承马克思列宁主义的民主理论基础上提出的,它是社会主义民主内在的本质要求,区别于资本主义民主。"近现代的西方政治哲学和政治实践表明,资产阶级和资本主义单纯从神圣的天赋权利出发来把握民主,因此,在西方的政治形态中,民主是作为人的内在要求而存在的"。[①] 而社会主义民主超越了"天赋人权"学说,它追求从政治形式上"承认公民一律平等"、"承认大家都有决定国家制度和管理国家的平等权利"。[②]

以此为基础,我国建立了人民民主专政的社会主义国家,人民是

[①] 林尚立:《当代中国政治形态研究》,天津人民出版社2003年版,第222页。
[②] 《列宁选集》第3卷,人民出版社1995年版,第201页。

国家真正的主人，国家的一切权力来源于人民，服务于人民。人民不仅享有选举代表行使国家权力的权利，而且还拥有广泛参与政治、监督国家权力的权利，只有把这两者有机地统一起来，才是完整的真正的人民当家做主。人民把权力交给能够代表自己利益的中国共产党，那么如何才能保证中国共产党一定按照人民意愿行使权力，使人民民主的价值目标得以真正体现，早在1945年，毛泽东在延安会见民主党派著名人士黄炎培时就提出，要让人民来监督政府。中华人民共和国成立后，为了充分保障人民民主，中国共产党又提出要与各民主党派"长期共存、互相监督"。因为我国的民主党派属于人民群众的一部分，又是社会主义政治文明建设中的重要政治资源，所以"各民主党派是在中国共产党领导下，积极履行参政议政、民主监督的职能，成为发扬民主的一条重要渠道"。[①] 从这个意义上说，民主党派民主监督就是人民行使民主权利的途径之一。因而参政党对执政党民主监督作用的大小直接反映了国家民主的程度。

参政党是各自所联系的一部分社会主义劳动者、社会主义建设者和拥护社会主义爱国者的政治联盟，是进步性与广泛性相统一的政治组织。他们积极反映社情民意，对执政党和政府的工作提出意见、建议甚至批评，具有政党的一般功能，即利益表达和利益整合功能，所以，参政党能够将各自所联系群众中个别的、分散的意见加以系统、综合反映。参政党民主监督的过程实际上就是参政党向执政党及其政府集中反映一部分群众意愿的过程，从而推进这部分群众利益的实现。同时，各民主党派负责人或部分成员在国家的各级政府部门担任重要领导职务，因此，人民民主政权实质上也是各民主党派自己的政权，各民主党派通过参政议政、民主监督参与其中，实现参政党自身的价

---

① 《江泽民文选》第3卷，人民出版社2006年版，第141页。

值和功能。因此说，参政党民主监督是一种民主权利的体现，是发扬社会主义民主的一种形式和渠道。随着中国改革的不断深入，社会阶层多元化发展，利益主体的多样化必然导致政治参与的要求不断增强，这些不断扩大的政治参与的愿望与要求必然需要一定的途径与渠道得到满足，基于此，参政党民主监督作用的发挥正好实现了这部分群众与政权的沟通，使民主政治得以有效运行。总之，参政党民主监督能够充分汇集和表达各阶层、个体的利益，扩大公民有序的政治参与，体现了人民当家做主的社会主义民主的本质。

二、有利于完善中国特色政党制度

一定社会的政治文明的发展程度与该社会政党制度的开放性与民主性呈正比关系。如果社会中各政党不能公开顺利地介入政治过程，无法正常发挥政党政治功能，那么这样的政治制度是不民主的，这样的政治文明是低级的。因此，长期以来，参政党民主监督一直作为中国特色政党制度的重要体现发挥着独特优势，正如江泽民所说："各级党委和政府，要重视民主党派与无党派人士在政治协商、民主监督中的作用，认真听取他们的意见和建议，把这方面的政治优势充分发挥出来，以利于促进有中国特色社会主义民主政治的建设"。[①]

1. 参政党民主监督寓于中国特色政党制度的设计"初衷"

中国共产党领导的多党合作和政治协商制度，作为中国特色政党制度，其设计"初衷"是在政治上真正体现社会主义民主，保证执政的中国共产党从此跳出"其兴也勃焉"、"其亡也忽焉"的历史周期律。意大利著名政治思想史专家萨尔沃·马斯泰罗内指出："在一党制制度中，民主一词逐步失去了人民主动参与国家公民生活的价值。一党

[①] 《在庆祝中国人民政治协商会议成立五十周年大会上讲话》，载《人民日报》，1999年9月23日。

的绝对执政地位禁止了任何意识形态上的不同意见与任何政治反对派的存在。而莫斯科所实施的镇压性行动使各个人民民主国家的政治生活变得更为困难"。① 中国共产党也看到了苏联一党制的种种弊端,这样的政党体制不允许其他党派的存在,本身缺乏和排斥了其他民主党派的参政议政和民主监督,成为执政党高度专权的制度温床。因此,"这一点上,我们和苏联不同。我们有意识地留下民主党派,让他们有发表意见的机会……这对党、对人民、对社会主义比较有利"。②

新中国建立初期,中共党内一些同志甚至民主党派一些领导人自己都认为,实现民主独立的历史任务已经完成,民主党派已经没有存在的必要了,而毛泽东不这么认为,他指出:"从长远和整体看,必须要民主党派。……民主党派是'一根头发的功劳',一根头发拔去不拔去都一样的说法是不对的。从他们背后联系的人们看,就不是一根头发,而是一把头发,不可藐视"。③ 1956年中国共产党提出要与民主党派"长期共存、互相监督",而且主要让民主党派监督共产党。可见,民主党派能够保留下来并长期存在的目的就是监督中国共产党,这也是中国共产党领导的多党合作和政治协商制度的设计"初衷"。

2. 参政党民主监督的制度化推动中国特色政党制度的发展

1949年中国人民政治协商会议的召开,标志着中国共产党领导的多党合作和政治协商制度的确立,1993年这一基本政治制度被载入宪法,2005年《中共中央关于进一步加强中国共产党领导的多党合作和政治协商制度的意见》使得这一政党制度不断向规范化、程序化、制度化发展。同时,我们也应看到由于中国特色政党制度发展历

---

① [意]萨尔沃·马斯泰罗内:《欧洲民主史——从孟德斯鸠到凯尔森》,社会科学文献出版社2001年版,第423页。
② 中共中央文献研究室编:《毛泽东文集》第7卷,人民出版社1999年版,第34—35页。
③ 《历次全国统战工作会议概况和文献》,档案出版社1988年版,第6页。

程短暂、缺乏可借鉴的理论成果,在发展的过程中不断遭受内外合法性的挑战。就国内而言,随着社会新阶层的出现和民众民主意识的提高,人们对执政党自身推进政治民主化的自觉性产生怀疑,对政党制度在表达民众政治意愿和实现广泛政治参与上发挥更大作用的要求越来越高;就国外而言,中国合作性政党制度是否体现政治民主化一直受到质疑,国外势力企图推翻我国的政党制度,主张实行竞争性政党制度,致使国内部分同志限于理论与现实的困惑,错误地认为西方竞争性政党制度也许会紧缩"强权者寻租空间"。[①] 所以,进一步健全与完善中国政党制度的内在机制与功能显得尤为重要。2007年《中国的政党制度》白皮书明确指出,中国多党合作政党制度的价值与功能主要体现在政治参与、利益表达、社会整合、民主监督和维护稳定五个方面,其中中国共产党与各民主党派互相监督,有利于强化体制内的监督功能,避免由于缺乏监督而导致的种种弊端。可见,中国政党制度制约性机制的进一步完善有赖于参政党民主监督作用的发挥。不仅如此,我们在前面已经提到参政党民主监督对于实现和发展人民民主的重要作用,而这一点正是衡量我国政党制度优越性的重要标准之一。因此说,参政党民主监督作为中国多党合作政党制度的重要价值与功能,它的制度化、规范化和程序化必定推动中国政党制度不断完善。

三、有利于全面实施依法治国方略

法治是政治文明发展到一定历史阶段的标志,凝结着人类智慧,也是社会主义政治文明的基石与追求。参政党民主监督的内容与途径,决定了参政党民主监督作用的发挥对于全面实施依法治国方略有着重要意义。

---

① 杨爱珍:《当代中国政党制度研究》,学林出版社2004年版,第240页。

依法治国，建设社会主义法治国家，就是广大人民群众在中国共产党的领导下，依照宪法和法律规定，通过各种途径和形式管理国家事务，管理经济文化事业，管理社会事务，保证国家各项工作依法进行，逐步实现社会主义民主的制度化、法律化，使这种制度和法律不因领导人的改变而改变，不因领导人看法和注意力的改变而改变。它的基本要求，可以概括为"有法可依、有法必依、执法必严、违法必究"四个方面。

依法治国的前提是有法可依。有法可依不仅要有健全的社会主义法律体系，完备的法律典章，而且还要对现有的法律法规进行不断地修改与完善。虽然参政党民主监督不能够直接参与国家宪法和法律的制定，但是民主党派可以通过各种监督途径对已经形成的法律法规草案提出意见和建议，也可以对现有法律法规不完善不合理的地方提出批评，并适时建议立法机关通过法定程序将被实践证明是成熟合理、行之有效的意见补充到相应法律条文中去，直接为依法治国服务，因此参政党民主监督作用的发挥，有利于提高立法质量，完善法律体系。

依法治国的关键是有法必依。有法必依是指法律制定出来，必须遵守和执行。2002年胡锦涛在纪念1982年宪法公布实施二十周年大会上所作的题为《全面贯彻实施宪法为全面建设小康社会提供坚实法律保障》的报告中强调："实行依法治国的基本方略，首先要全面贯彻实施宪法。这是建设社会主义政治文明的一项根本任务，也是建设社会主义法治国家的一项基础性工作，要长期抓下去，要坚持不懈地抓好。"[①] 而参政党民主监督的首要内容就是国家宪法与法律的实施情况。有法必依不仅要求执政党必须要在宪法的法律范围内活动，执政党作为国家的领导核心，是否能够依法决策和依法办事，是依法治国

---

① 高放：《中国政治体制改革的心声》，重庆出版社2006年版，第149—150页。

能否实现的重要保证，同时还要求一切国家机关及其公职人员必须严格依法行使权力。而参政党民主监督的重点就是执政党党委及党员领导干部履行职责、为政清廉等方面的情况。可见，参政党民主监督的内容足以证明它对顺利实施依法治国方略所起的重要作用。

另外，参政党通过各种途径发挥民主监督的作用，从而推动依法治国的顺利实施。一方面，各民主党派成员在各级政权机关中担任领导职务，特别是司法机关当中，全国各级法院、检察院中都有民主党派成员任职，这样参政党便可以通过行使好审判权进行民主监督，参与行政执法，促进司法公正。另一方面，民主党派以相关部门特约员的身份参与到相关重大事件的检查工作中，他们受聘担任特约监察员、检查员、审计员、教育督导员等，对相关部门和行业贯彻和执行国家法律法规的情况进行调查研究，并就违反相关法律法规的行为提出批评意见和整改建议。总之，民主党派作为参政党，同时具有广泛的社会联系，其民主监督职能的发挥贯穿于法律普及、法律执行、法律监督的各个过程，从而不断地促进民众法治意识的增强，有力地推动社会主义法治国家的建设。

四、有利于发挥监督体系整体效益

参政党民主监督是社会主义监督体系的一个组成部分，它为构建我国的监督体系，充分发挥中国共产党领导的多党合作和政治协商制度的优势，以及完善社会主义民主方面具有重要作用，是建设社会主义民主政治的重要资源。

2005年颁布的中共中央《进一步加强中国共产党领导的多党合作和政治协商制度建设的意见》中指出："中国共产党与民主党派实行互相监督。这种监督是在坚持四项基本原则的基础上通过提出意见、批评、建议的方式进行的政治监督，是我国社会主义监督体系的重要组成部分。"参政党的民主监督是我国整体监督制约体系的有机组成部分，也是社会主义监督机制中的重要内容之一。参政党对执政党的民主监督是社会主义民主政治的本质体现，是保证社会主义政治文明的持续发展的根本条件，在政治民主化的过程中具有独特作用，这是由它自身的特点和性质决定的。

首先，参政党对执政党的民主监督属于政党之间的监督，不同于一般团体或公民个人的民主监督。参政党有着明确的政治纲领，完备的组织机构，各民主党派的领袖均为有一定地位和名望的政治活动家和社会活动家，他们拥有丰富的社会阅历和参政议政的经验，拥有良好的民主传统和先进的政治理念，各民主党派成员均为各个领域的专家学者，具有较高的科学文化素养，具有敏锐的观察力和开阔的视野，因此他们对执政党提出的批评和建议具有较高层次。其次，我国的参政党有着广泛的社会联系，代表着不同阶层和不同群体的利益，能够反映不同的情况和多方的诉求，是执政党以及权力机关与社会各方面沟通的重要渠道，这使得参政党的民主监督具有更大的广泛性和多面性。所以说，参政党的民主监督就民主的深度和广度而言，是其他监督形式不可替代的，这也正是我国政治文明的重要表现。

参政党的民主监督与共产党党内监督、法律监督、行政监督、舆论监督和网络监督等多种监督形式相辅相成，在发扬社会主义民主和政治文明建设中具有独特作用。参政党的民主监督最大特点是"柔性监督"，是权利对权力的监督模式，它不具备法律监督的强制性，但由于它的监督方式灵活，监督渠道广泛，主要通过"提出建议、意见和批评"的方式，影响国家权力机关及其掌握权力的相关人员，对那些违反人民意志和利益，滥用权力的人和行为进行制约，保障人民赋予的各级权力得以正常有序地行使和运行。这种以权利制约权力的模式是社会主义监督体系中必不可少的一环。同时，如果参政党对执政党以及国家机关所提的意见、建议和批评被权力机关所采纳，就会转化为权力监督，上升为法律监督，一些批评和建议借助媒体、网络等新技术手段，广泛流传开来，从而增强参政党民主监督的实效。因此，要加强参政党民主监督与其他监督形式的结合，充分发挥社会主义监督体系中各个监督的特点和优势，促进相互间的合作，尽最大努力形成监督合力，进而提升我国监督体系的整体监督效益。

第二节 民主监督有利于社会主义和谐社会的构建

和谐社会有一整套妥善解决社会矛盾的科学机制，不同利益群体之间冲突较少，人民群众安居乐业，各得其所，各阶层、各党派、各团体的利益表达渠道畅通无阻。政治和谐特别是党际关系和谐、社会阶层和谐，是和谐社会的一个重要方面，这就要充分发挥我国政党制度的特点和优势，利用我国政党制度的内在机制去调节政党关系。民主监督机制能够起到沟通、督促、协调、整合的作用：一是参政党的民主监督在一定程度上促进政府和司法机关工作作风的转变，提升服务质量，缓和公众和政府的矛盾，改善政府形象；二是民主监督促使中共依法治政、民主党派依法参政，民主政治有序运转；三是政党在民主监督中发挥引领社会作用，倡导团结、友爱、互助、诚信；四是各民主党派、各人民团体、无党派民主人士利用民主监督机制，发挥桥梁、纽带作用，协助党和政府协调社会关系，解决社会矛盾，推进社会公平，维护社会稳定。所以，民主监督有助于政治系统的和谐，有利于整个社会大系统的和谐发展。

一、参政党是构建和谐社会的重要力量

构建社会主义和谐社会，必须坚持以科学发展观统领经济社会发

展全局,按照民主法治、公平正义、诚信友爱、充满活力、安定有序、人与自然和谐相处的总要求,以解决人民群众最关心、最直接、最现实的利益问题为重点,着力发展社会事业、促进社会公平正义、建设和谐文化、完善社会管理、走共同富裕道路,推动社会建设与经济建设、政治建设、文化建设协调发展。总之,就是要形成一种政治、经济、文化和谐相处的局面。2005年的《中共中央关于进一步加强中国共产党领导的多党合作和政治协商制度建设的意见》中明确规定,民主党派是发展先进生产力、社会主义民主政治、社会主义先进文化和构建社会主义和谐社会的一支重要力量。这正是对民主党派一直以来特别是改革开放以后,在推进物质文明、精神文明、政治文明协调发展,协调各种关系,维护社会稳定等方面所作贡献的充分肯定。

1. 民主党派是推进政治建设的一支重要力量

发展社会主义民主政治,是构建社会主义和谐社会的重要内容。民主党派作为我国的参政党,参加国家政权,参与国家大政方针和国家领导人选的协商,参与国家事务的管理,参与国家方针、政策、法律、法规的制定执行。政党总是一定社会阶层和集团利益政治上的代表,他们充分反映所联系社会阶层的政治主张和利益诉求,他们是联系国家政权与社会的纽带,因此参政党在我国政治生活中,也负有代表和反映所联系群众的具体利益的责任,通过担任行政以及司法机关等部门的领导职务,就国家重大问题与执政党进行协商讨论,并提出各自的建议,这不仅能够反映他们联系的社会阶层的意愿、要求和利益,更重要的是能够畅通利益表达渠道,缓解社会阶层间的矛盾,及时解决改革和发展中涉及人民群众利益的问题,有利于社会主义和谐社会的构建。目前,民主党派、无党派人士中,2人担任国务院部委的正部长,14人担任国务院部委或直属局的副部长、副主任、副局长;2人分别担任最高人民法院副院长和最高人民检察院副检察长;13人担任副省级市副市长；28人担任高、中级人民法院副院长；21人担任高、中级人民检察院副检察长；各级政府和司法部门担任县处级以上领导职务的党外干部有3.2万人；31个省、区、市政府基本上都有民主党派或无党派人士担任副省长、副主席、副市长或助理。[①]今后，还会有更多的民主党派成员经过培养与选拔，进入政府部门担任领导职务，与共产党一起合作共事，能够充分表达和保障社会各个阶层的利益。

此外，民主党派还是我国统一战线的重要组成部分，统一战线的主要任务就是调动一切积极因素，化消极因素为积极因素，把一切可以团结的力量都团结起来，许多民主党派领导人担任全国政协副主席，各级政协委员中的绝大多数都是民主党派成员，因此他们在协调关系，维护稳定方面起着重要作用。中共十六届六中全会通过的《中共中央关于构建社会主义和谐社会若干重大问题的决定》（以下简称《决定》）指出："维护社会稳定，是构建社会主义和谐社会的必然要求"。可见，维护社会稳定是实现社会和谐的首要问题，而民主党派通过在人大、政府以及政协担任领导职务，实现与共产党在政治上的团结合作，针对影响稳定的各种社会矛盾进行调研分析，积极向共产党和政府提出有价值的意见建议，协助共产党与政府协调各方关系，化解社会矛盾，推进社会的理解、关爱和实际问题的解决，从而为构建社会主义和谐社会营造安定团结的政治局面。

2. 民主党派是推进经济建设的一支重要力量

中共十六届六中全会的《决定》明确指出："社会要和谐，首先要发展，必须坚持用发展的办法解决前进中的问题，大力发展社会生

---

① 王小鸿：《论中国民主党派与社会和谐》，载《上海市社会主义学院学报》，2007年第3期，第16页。

产力，不断为社会和谐创造雄厚的物质基础"。民主党派是各自所联系的一部分社会主义劳动者、社会主义事业建设者和拥护社会主义爱国者之间的政治联盟，民主党派成员当中很多都是中国工商界的成功人士，比如中国民主促进会的主要成员就是经济界上层人士。民主党派组织各自成员积极参与社会主义现代化建设，在推进经济建设方面起了重要作用，特别是改革开放以来尤其明显。

首先，各民主党派充分发挥人才荟萃、智力密集的优势，围绕事关经济发展的重大决策和重大建设项目，进行考察调研，积极建言献策，为三峡工程的实施、苏南和浦东新区的开发、青藏铁路的建设、西部大开发、区域协调发展等提供重要的决策依据，产生了明显的经济效益。据统计，"1989年以来，各民主党派中央围绕中国共产党和国家的工作大局以及事关国计民生的重大问题进行考察调研，特别是围绕经济建设、和平统一两大任务，先后向中共中央、国务院及有关部门提出重大建议近180项，向地方组织提出各项建议提案8万多件"。[①] 其次，各民主党派充分发挥联系广泛的优势，积极实施智力支边，大力开展职业培训、兴教办学等社会公益事业，热衷参与国家扶贫计划、贫困地区开发计划等"温暖工程"活动，为推动边远地区和少数民族地区经济社会全面协调可持续发展作出重要贡献。例如，"中共十六大以来，各民主党派和无党派人士在20多个省、自治区、直辖市的贫困县推广实施科技示范项目777个，协助引进并实施经济项目1196个，帮助引进各类项目资金143.8亿元"。[②] 再次，各民主就党派利用一直以来与港澳台以及海外侨胞保持联系与交往的优势，

[①] 李金河、郑宪主编：《民主党派和无党派人士关注的20个理论问题》，中央编译出版社2006年版，第70页。

[②] 王小鸿：《论中国民主党派与社会和谐》，载《上海市社会主义学院学报》，2007年第3期，第15页。

广泛引进海外资金、先进技术以及高级管理人才，为加强两岸三地的经贸往来营造更加和谐的空间。各民主党派通过不断地向港澳台的经济界人士宣传大陆的投资环境与鼓励经济发展的优惠政策，积极促成两岸三地企业间的相互参观访问，为吸引港澳台工商界人士来内地发展牵线搭桥，这对于促进招商引资和两岸的经济发展，以及构建和谐统一的中国有着积极而现实的意义。

3. 民主党派是推进文化建设的一支重要力量

建设和谐文化，是构建社会主义和谐社会的重要任务。当前，世界范围内的意识形态相互激荡，多样化的文化观念相互影响，中国国内人民群众的文化需求日益增长，人们的思想观念变化迅速，因此，建立健全一整套符合中国国情的社会主义核心价值体系是建设和谐文化的根本，必须要牢牢把握社会主义先进文化的前进方向，弘扬民族优秀文化传统，倡导和谐理念，培育和谐精神，进一步形成全社会共同的理想信念和道德规范，打牢全党全国各族人民团结奋斗的思想道德基础。构建社会主义和谐社会，不仅需要雄厚的物质基础，同时也需要强大的精神支柱，中国各民主党派作为掌握科学技术和文化知识较多的一部分，既是大力发展社会生产力的参与者，又是先进文化的生产者与传播者。民主党派汇集了大多数的高中级知识分子和专家学者，他们主要分布在科技、艺术、教育、出版等领域，可以说民主党派一直站在社会主义文化建设的第一线，投身于精神文明建设实践之中，对社会主义先进文化的传播具有独特优势。同时，由于各民主党派都是产生于中国土壤的政党，并且深受西方文明成果的影响，所以，他们在继承和发展中华民族一切优秀传统文化，吸收和宣传一切外国优秀文化成果，促进全社会形成良好的道德基础和共同的理想信念，提高全民族科学文化素质等方面，发挥着重要作用。

二、民主监督体现和谐社会的本质要求

民主党派是建设社会主义和谐社会的重要力量,民主党派通过发挥民主监督作用,促进社会和谐发展。根据新世纪新阶段我国经济社会发展的新要求和我国社会出现的新趋势新特点,我们所要建设的社会主义和谐社会,应该是民主法治、公平正义、诚信友爱、充满活力、安定有序、人与自然和谐相处的社会。这六个方面正是社会主义和谐社会的本质要求,我们从其中的两个方面来分析,以说明构建和谐社会离不开民主党派的民主监督:

1. 民主监督有利于促进社会公平正义

公平正义不仅是社会文明进步的主要标志,更是和谐社会的核心价值。从古至今,许多思想家都把实现公平正义当做一种社会发展的理想模式。中国古代思想家孔子的政治理想是建立"天下为公"的大同社会,古希腊思想家柏拉图在其名著《理想国》一书中提出建立正义之邦的宏图,主张"公正即和谐"。公平正义,就是社会各方面的利益关系得到妥善协调,人民内部矛盾和其他社会矛盾得到正确处理,社会公平和正义得到切实维护和实现。现阶段,我国遇到的最严重的两大问题是公平问题和腐败问题。随着改革向各个领域的蔓延,人们之间的差距逐渐拉大,收入分配现状不合理,教育不公,医疗保障不平衡。当一部分社会成员开始真正迈向小康的时候,另一部分成员却滑向了真正的弱势。2005年的《中国人类发展报告》显示,"如果贵州是一个国家,那么它的人类发展指数仅刚超过非洲的纳米比亚,但是如果把上海比作一个国家,其人类发展指数则与发达国家葡萄牙相当"。可见,中国经济发展奇迹中的受益者与落后者之间的鸿沟正逐渐拉大,这种不公平尤其在地区之间、城乡之间,以及不同群体阶层之间表现得极为突出。

民主党派民主监督有利于正确反映和兼顾不同方面群众的利益,

正确处理人民内部矛盾和其他社会矛盾,妥善协调各方面的利益关系。首先,代表各阶层利益的民主党派通过各种途径向共产党提出意见与建议,使得长期积累于体制之外的利益表达进入体制内,执政党在现有的制度环境中最大限度地听到不同的声音,尽可能对社会弱势群体给予政策倾斜,民主党派民主监督很好地解决了利益表达与社会公平的关系。其次,作为我国政治监督体系重要组成部分的参政党民主监督在遏制政府和权力部门的"掠夺之手"方面起到了重要作用。公共选择理论的创始人布坎南认为:"政治制度就像市场制度,政治过程中行政官员按照'经济人'的原则行事,追求自身利益的最大化,他们在公共行为的动机中包含了自身的动机",[1] 这就是所谓的政府自利性。因为权力进入市场,社会转型过程中必然出现畸形博弈侵蚀社会公平,而"有效监督,意味着科学合理地将政府的自利性置于公开、公正、公平和透明的监督制约机制之下,从制度安排上约束自利性的膨胀与泛滥"。[2] 所以说,参政党民主监督作用的发挥,很好地处理了国家权力与社会权利的矛盾关系,从而在集中与民主之间建立起良好的平衡。

2. 民主监督有利于营造安定有序的社会环境

安定有序是和谐社会的基础,只有政治稳定发展,权力有序运作,才能为经济的稳步发展,人民群众生活水平的大步提高,提供最基本的保障。安定有序,就是社会组织机制健全,社会管理完善,社会秩序良好,人民群众安居乐业,社会保持安定团结。当前,中国社会正处于改革发展的重要阶段,经济体制的深刻变革,社会结构的深刻变

---

[1] W.A.Niskanen, *Bureaucracy and Representative Government*. Chicago: Aldine Atherton, 1971, P. 38.

[2] 陈国权、李院林:《政府自利性:问题与对策》,载《浙江大学学报》(人文社会科学版),2004年第1期,第148—154页。

动，利益格局的深刻调整，思想观念的深刻变化，这给我国发展进步带来巨大活力的同时，也必然带来这样那样的矛盾和问题。妥善处理人民内部矛盾、维护社会安定团结，是构建社会主义和谐社会的基础工程，而这离不开民主党派的民主监督。

首先，民主党派民主监督是实现公民有序政治参与的重要途径。公民有序政治参与，是保证政治体系合法性和稳定性的必要条件。亨廷顿指出："政治稳定依赖制度化和参与的比率。如果要想保持政治稳定，当政治参与提高时，社会政治制度的复杂性、自治性、适应性和内聚力也必须随之提高"。[①] 也就是说，当政治参与扩大时，对政治制度化的要求就高，反之，政治制度化的不断健全与完善，也必然导致政治参与制度化的提高。政治制度化要求国家的政治生活、政治行为方式等不断法制化、程序化、规范化，它体现在国家政治生活的各个层面，政治参与的制度化是其中的重要组成部分。民主党派作为各自所联系的一部分社会主义劳动者、社会主义事业的建设者和拥护社会主义的爱国者的政治联盟，负有更多地反映和代表各自所联系阶层的具体利益的责任。民主党派民主监督将民众自发的、非制度化的政治参与转化为有组织、制度化的政治参与，民主党派针对各种利益矛盾与关系纠纷进行调查研究，提出自己的意见与建议，向共产党和政府如实反映社情民意、协助共产党和政府广开言路、广求良策。公民有序政治参与的实现，有利于化解矛盾，理顺情绪，妥善解决影响社会稳定的突出问题，有助于整个社会保持良性、稳定的发展。

其次，民主党派民主监督是巩固爱国统一战线的基本要求。我国宪法序言中明确规定："中国人民政治协商会议是有广泛代表性的统

---

① [美]塞缪尔·P.亨廷顿：《变化社会中的政治秩序》，王冠华、刘为等译，上海人民出版社 2008 年版，第 60 页。

一战线组织,过去发挥了重要的历史作用,今后在国家的政治生活、社会生活和对外友好活动中,在进行社会主义现代化建设、维护国家的统一和团结的斗争中,将进一步发挥它的重要作用"。统一战线是中国革命胜利的三大法宝之一,革命时期,中国共产党通过它团结广大人民群众实现民族独立,建立新中国;建设时期,"统一战线仍然是一个重要法宝,不是可以削弱,而是应该加强,不是缩小,而是应该扩大……新时期统一战线的任务,就是要调动一切积极因素,团结一切可以团结的力量,把我国建设成为现代化的社会主义强国而共同奋斗,还要为促进台湾回归祖国,完成祖国统一大业而共同努力"。[①]民主党派是各自所联系的拥护社会主义爱国者的政治联盟,是爱国统一战线组织的重要组成部分,要不断巩固和发展最广泛的爱国统一战线,中国共产党就必须坚持同各民主党派"长期共存、互相监督、肝胆相照、荣辱与共",而民主党派民主监督职能的发挥正符合这一方针的基本要求。

总之,我国正处在不断变革历史机遇期,在这样一个重要关头,全民族团结与全社会稳定显得尤为重要。参政党民主监督作用的发挥,既能扩大社会各阶层、各界人士的政治参与,又能拓宽社会利益表达渠道,保证公民利益诉求有序进行,有效避免各种无序表达、强制性表达等在体制外寻找支持而引起的社会动荡,从而为社会主义和谐社会的构建创造安定团结的政治局面。

三、民主监督促进政党关系的和谐发展

中国共产党和民主党派间"长期共存、互相监督、肝胆相照、荣辱与共"的关系是具有中国特色的政党关系,它体现了社会主义和谐

[①]《邓小平论统一战线》,中央文献出版社1991年版,第163页。

社会的本质特征。和谐社会的本质特征是"和而不同",和谐不是无原则无差别,而是一种求同存异中的动态平衡,中国社会主义政党关系集中体现了这一特征。所谓"和",就是指中国共产党和各民主党派以四项基本原则为共同的政治基础,以建设富强、民主、文明、和谐的社会主义现代化国家为共同的奋斗目标,以遵守宪法为共同的行为准则,在此基础上双方通力合作。所谓"不同",就是指各政党都是独立的政党,共产党与各民主党派之间存在着性质、纲领、阶级基础以及在政治社会生活中的地位和作用等方面的差异。中国共产党是社会主义事业的领导核心,民主党派是各自所联系的一部分社会主义事业建设者和拥护社会主义爱国者的政治联盟。正是因为这种差异与不同的存在,各政党之间才能分工合作,相济相成,从整体上达到一致与和谐。

首先,民主党派民主监督以政党关系和谐为前提。和谐政党关系充分体现了合作、参与、包容的精神,反映了中国传统文化中的"和合"思想。《管子·兵法》上说:"和合故能谐"。就是说,有了和睦、团结,行动就能协调,进而就能达到步调一致。协调和一致都实现了,便无往而不胜。中国共产党与民主党派无论是在革命年代还是在建设时期,一直保持亲密合作的友好关系。从监督目的看,民主党派以共产党"诤友"的独特身份,对共产党及其国家权力进行监督,它以实现国家繁荣富强和维护共产党执政地位为目的,与西方资本主义国家以夺取政权为目标的政党监督有本质区别。民主党派民主监督是共产党的自觉选择。建国之初,毛泽东就曾明确指出,要让民主党派唱社会主义的对台戏,要放手让他们批评,因为中国共产党是执政党,需要来自各方面的监督。民主党派以"慷慨陈词岂能尽如人意,鞠躬尽瘁但求无愧于心"的精神进行民主监督,共产党则真诚地接受监督,这正是以民主党派与共产党的友好合作关系为基础的。从监督方式看,民主党派民主监督是在坚持四项基本原则的基础上，通过协商沟通、提出意见、建议、批评的方式进行的政治监督，它属于非国家权力性质的监督，不具有法律的强制性，监督形式比较温和，不会像西方国家的政党监督造成政党之间相互倾轧、竞争激烈的局面。

其次，民主党派民主监督是政党关系和谐的应有之意。和谐的政党关系不是没有原则的一团和气，而是应该建立在党派相互监督基础之上，各尽所能、各得其所。从中共八大提出的"长期共存、互相监督"，到中共十二大"长期共存、互相监督、肝胆相照、荣辱与共"十六字方针的确立，社会主义政党关系中始终把"互相监督"放在重要位置。"互相监督"就是共产党可以监督民主党派，民主党派同样可以监督共产党，由于共产党处于领导与执政地位，所以要更加注重民主党派对共产党的监督，民主党派对共产党的民主监督就是双方"肝胆相照、荣辱与共"和谐关系的真实体现。

胡锦涛强调："正确认识和处理中国共产党和民主党派的关系，保持和促进我国政党关系和谐，是发展社会主义民主政治、建设社会主义政治文明的重要内容，也是构建社会主义和谐社会的重要内容"。[①]也就是说，政党关系和谐必然造成权力良好运行，监督充分合理，社会协调发展。中国社会主义政党关系虽然以共产党领导为前提，但这种关系同样有利于对权力的制衡与监督。我国的各民主党派一直都担任各级政府领导职务，特别是在涉及行政执法监督、与群众利益密切相关、专业技术性强的各级政府工作部门领导班子中都有民主党派成员担任领导职务，因此，各民主党派就能够直接参与国家大政方针的制定，并且对国家和地方的政治、经济、文化和社会中的重要问题在决策之前和在决策执行过程中与共产党进行民主协商。这种民主协商

[①] 胡锦涛：《正确认识和处理中国共产党和民主党派的关系》，载《人民日报》，2006年7月13日。

实质上就是中国政党之间的政治监督，相互监督贯通于党派间的协商共事之中。所以说，民主党派民主监督体现出中国政党关系强大的社会整合力，共产党是社会整合的中坚力量，而民主党派则扩大了这种整合的边界和张力，双方彼此满足，协调发展。新世纪新阶段在构建社会主义和谐社会的过程中，加强民主党派民主监督，有利于中国特色政党制度朝着发展党际民主、实现党际和谐、促进互督共荣的方向发展，将政党关系的和谐性提升到一个新的高度，对社会主义和谐社会建设的各方面都有着积极的促进作用。

第三节 民主监督有利于推进执政党执政能力建设

中共十六届四中全会制定的《中共中央关于加强党的执政能力建设的决定》中明确指出："贯彻长期共存、互相监督、肝胆相照、荣辱与共的方针，加强与民主党派合作共事，健全有关重大问题决策前协商的制度，真诚接受民主党派监督"。可见，民主党派的民主监督对于加强和改善中国共产党的领导、提高其执政能力，融洽各级政府与人民群众的关系和缓解社会矛盾，具有不可替代的作用，特别是对于共产党决策的监督、廉洁奉公和执政为民的监督，在整个监督体系中占有重要的地位，其政治功能十分突出。随着改革的继续深化，共产党在长期的执政过程中迫切需要民主党派的民主监督，如何防止官僚主义、宗派主义和党内腐败？如何使公共权力在改革开放和现代化建设的新时期得到高效、廉洁、公平、有序的运转等一系列问题的有效解决都决离不开民主党派的民主监督。充分发挥民主党派的民主监督作用，是中国共产党实现科学执政、民主执政、依法执政的重要外部推动力。

一、促进执政党决策科学化与民主化

江泽民指出:"中国共产党领导的多党合作和政治协商制度,是我国的一项基本政治制度,是适合我国国情,具有中国特色的社会主义民主制度","广泛听取各民主党派、……的意见,进行充分的政治协商,对于实现决策的民主化、科学化,避免或减少决策失误,保证各项方针政策的贯彻执行,具有十分重要意义"。[①]

中国共产党领导全国人民取得新民主主义革命的胜利,成为中华人民共和国的执政党,从此执政党背负着民族振兴和国家富强的重任,承载着社会各利益团体、各阶层的期望和要求。无产阶级政党夺取政权不容易,执掌好政权尤其是长期执掌好政权更不容易。那么,执政党如何经受长期执政的考验,顺利完成历史任务,执政党的纲领路线、方针政策,以及执政党对国家重大问题的战略决策,能否代表人民利益,体现人民意愿,得到人民认可,则主要取决于执政党决策的科学性与民主性。从我国实际来看,一切重大的政治经济社会问题的解决都是以执政党决策的正确性为前提,而决策的正确性又与执政党和政府领导人对政治经济社会发展形势的估计与判断密切相关。作为决策主体的执政党,决策的正确与否直接关系到社会主义的成败和国家的兴衰,这就要求执政党必须具有广泛和高度的吸纳能力,能够适应人民的政治参与和政治选择,健全畅通的民意输入渠道,能够广泛接受人民的意愿和要求,通过密切联系人民群众和准确把握实际情况以形成科学决策。

民主党派的民主监督是中国共产党科学决策的一个重要环节和发扬社会主义民主的一条重要渠道。邓小平指出:"共产党总是从一个角度看问题,民主党派就可以从另一个角度看问题,出主意。这样,

---

① 《十三大以来重要文献选编》中册,人民出版社1991年版,第1130页。

反映的问题更多,处理问题会更全面,对下决心会更有利,制定的方针政策会比较恰当,即使发生了问题也比较容易纠正"。[①] 可见,参政党民主监督作用的发挥,有利于执政党听到来自各方面的意见与建议,有利于推动和协助执政党和国家机关改进工作,提高效率,及时发现和改正错误,实现决策的科学化、民主化。

"决策的民主化、科学化是领导现代化建设的客观需要",没有决策的民主化,就很难有决策的科学化。就决策的民主化而言,最基本的要求有两条,一是严格地履行民主程序,二是广泛听取意见。参政党在为执政党决策提供意见和建议方面具有不可替代的优势,它联系广泛,是一部分社会主义劳动者与建设者的政治联盟,同时代表着海内外各界人士,可以集中各方面群众的意见、要求和愿望;它地位超脱,不受各部门和地区利益的局限,可以较客观地反映真实情况;它人才荟萃,汇集了各个领域的专家学者和领导骨干,可以从多方面提出高层次的建设性意见。因此,民主党派的这种咨询功能,贯穿于整个监督过程,对共产党来说,它是一种支持与服务,同样,共产党作为中国特色社会主义事业的领导者,离不开民主党派的批评与建议,因为民主党派的民主监督有利于共产党集思广益,取长补短,克服缺点和减少错误。尤其是新世纪新阶段,中国社会的发展不仅要快速,更要严格按照科学发展观的要求,做到可持续的健康快速发展,这就首先要实现决策的科学性,而实现这一目标的重要途径,就是要让持有不同意见、站在不同立场的政党,充分表达所代表阶层的建议和要求,充分吸纳全社会所有人的智慧。正如李瑞环所讲:"希望政协的同志,各民主党派的同志,更多地参与党和政府重大决策的讨论,更多地监督党和政府领导人,监督党和政府机关的工作,使我们国家的

---

① 《邓小平文选》第1卷,人民出版社1993年版,第273页。

建设与发展尽可能少出差错，少走弯路。"①

二、推动执政党不断加强自身建设

中共十六届四中全会制定的《关于加强党的执政能力建设的决定》明确指出：通过全党共同努力，使党始终成为立党为公、执政为民的执政党，成为科学执政、民主执政、依法执政的执政党，成为求真务实、开拓创新、勤政高效、清正廉洁的执政党。共产党自身建设是它领导中国特色社会主义事业不断取得胜利的重要法宝。新中国成立以来特别是改革开放以来，共产党根据自身历史方位和中心任务的变化，不断提高领导水平和执政水平、提高拒腐防变和抵御风险能力，自身建设取得巨大成就。同时，共产党自身也存在一些不适应新形势新任务的要求、不符合党的性质和宗旨的问题：一些党员干部法治意识、纪律观念淡薄，依法执政能力不强；一些党员干部事业心和责任感不强，推动科学发展、处理复杂问题能力不够；一些领导干部服务意识淡薄，脱离群众、脱离实际，言行不一、弄虚作假，铺张浪费、奢靡享乐，个人主义突出，形式主义、官僚主义严重。为了解决这些问题，"我们当然首先要加强党内的自我批评和依靠广大劳动人民的监督来消除……缺点和错误。同时，我们应当善于从各民主党派和无党派民主人士的监督和批评中得到帮助"。② 各民主党派作为共产党的挚友和诤友，他们的民主监督是不能缺位的，对执政的共产党而言，参政党的民主监督是执政党不断受到激发从而加强自身建设，提升执政能力的有效动力。

1. 民主监督有助于改善中国共产党执政形象

中国共产党成为执政党是历史与人民的选择。共产党作为执政党，

---

① 《人民日报》，1994年2月18日。
② 《中共党史资料》（八），人民出版社1980年版，第328页。

对国家政治、经济、文化和社会的现代化建设进行全面领导,在全国党政部门机关工作的干部大部分都是共产党员,政府部门的干部 70% 是共产党员,全国 40 余万县处级以上干部中 90% 以上是共产党员。可见,共产党执政地位的巩固关系着中国社会主义事业的兴衰成败、中华民族的前途命运和国家的长治久安。那么在机遇和挑战并存的国内外条件下,共产党面临的执政考验是长期的、严峻的,执政党如何面对时代变迁和社会转型,从而改革自身形象与巩固执政地位,这是一个重大战略问题。中共几代领导集体对这一问题都非常重视,早在 1954 年周恩来就指出:"建设社会主义,没有互相监督,不扩大民主,是不可能做得好的"。[①] 邓小平也曾在题为《共产党要接受监督》的讲话中指出:"我们是执政党,威信很高。我们大量的干部居于领导地位。在中国来说,谁有资格犯大错误?就是中国共产党……如果我们不受监督,不注意扩大党和国家的民主生活,就一定要脱离群众,犯大错误"。[②] 世界任何类型的政党制度中,反对党或参政党对执政党的监督,不仅是政党政治的民主体现,更是执政党实现自身使命的不可替代的因素。一方面,执政党容易忽视社会公共权力与公共利益的要求,产生滥用权力与侵犯权利的行为;另一方面,执政党容易超越权限,破坏其他政党监督与制约的界限,执政违反常态,隐含下台危机。因此,对执政党的监督不仅是民主政治的要求,更是执政党自身的内在要求。在中国特色政党制度下,各民主党派是共产党的亲密友党,与共产党合作共事,给予共产党强有力的异体监督,这一监督是一种强大的政治推动力。参政党对执政党的思想、理论、方针以及策略等的参政议政、建言献策,反映到执政党的自身建设上,就是要求共产

---

① 《周恩来统一战线文选》,人民出版社 1984 年版,第 348—352 页。
② 《邓小平文选》第 1 卷,人民出版社 1994 年版,第 270 页。

党不断提高自身执政能力和领导水平，始终保持党的先进性，顺应时代与社会发展的要求。

2. 民主监督有助于加强中国共产党党风建设

党风问题是关系到执政党生死存亡的问题。党风建设关键在于共产党的从严治党，但参政党的民主监督对执政党的党风建设也能起到直接的促进作用。邓小平曾强调："在国家政治生活和各项事业中，由于中国共产党居于领导的地位，党的路线、方针、政策正确与否，工作做得好坏，关系着国家的前途和社会主义的成败，同时，由于我们党的执政的地位，我们的一些同志很容易沾染上主观主义、官僚主义和宗派主义的习气"。[①] 执政党的党风，关系党的形象，关系人心向背，关系党的生死存亡。加强党风廉政建设，克服这些弊端，关键靠从严治党，但光靠内部制约是不够的，"我们还要经过和党外人士实行民主合作来清除这些毛病。这样的内外夹攻，才能把我们的毛病治好，才能把国家的事真正办好起来"。[②] 因此，对于中国共产党来说，更加需要听取来自各方面包括民主党派的不同意见，需要接受各个方面的批评和监督。

首先，参政党民主监督有助于执政党克服官僚主义独断专制的作风。官僚主义产生的重要原因就在于高度集中的管理体制，使权力集中于个人或少数人手中，这种权力如果不受监督和制约，必将导致官僚主义。历史经验表明，对于执政党来说，民主监督是一种重要的制衡机制。中国国民党统治时期，采取一党独大制，因其不受制约而最终丧失民心；前苏共自斯大林起，长期实行一党独裁制，因其不希望有制约的力量存在而最终窒息了自己。由于缺乏并排斥其他党派的参

---

① 《邓小平文选》第2卷，人民出版社1994年版，第205页。
② 《毛泽东选集》第3卷，人民出版社1991年版，第810页。

政议政与民主监督,苏共拥有凌驾于社会之上的无限权力,一党专制成为官僚主义和个人专权的温床,也为苏联的解体埋下祸根。中国当前实行共产党领导的多党合作和政治协商制度,民主党派合法存在,民主监督作用的有效发挥对执政党形成一种威慑力,有利于消除各种特权,克服官僚主义,防止个人专断出现。其次,参政党民主监督有助于执政党克服宗派主义脱离群众的作风。我国各民主党派人士"肝胆相照、荣辱与共"、敢于直言、敢于批评的精神和传统,有利于感染共产党,有利于促进共产党成员开展自我批评和加强自律。德国政治学家罗伯特·米歇尔斯认为组织是寡头统治的温床,随着政党组织的发展壮大,政党领导集团确实存在脱离群众的危险,存在着由开放走向封闭进而变成少数人控制的密谋性组织的危险。江泽民曾强调共产党的"领导干部要同群众保持密切的联系,真正同群众打成一片,想群众之所想,急群众之所急,以群众赞成不赞成、高兴不高兴作为自己的行为准则"。[1]那么,执政党要真正做到密切联系群众,离不开民主党派的帮助,一方面民主党派通过反映所代表阶层的意愿促使共产党树立相信群众、为人民服务的观点;另一方面民主党派通过经常性的有效民主监督促使共产党始终坚持群众路线,从群众中来,到群众中去,虚心听取人民群众意见,自觉接受人民群众监督。再次,参政党民主监督有助于执政党克服教条主义忽视实践的作风。理论联系实际是中国共产党经过长期革命实践形成的三大优良作风之一,民主党派针对国家相关重大问题向共产党提出自己的意见与建议,是建立在深入调查研究基础之上的,再加上民主党派成员大都来自各个领域的专家学者以及基层的实践能手,他们注重客观规律,注重科学技术,因而由他们给予的民主监督必然促使共产党要顺应潮流,大力发扬实事求是、

---

[1] 江泽民:《论党的建设》,中央文献出版社2001年版,第352页。

不断创新的优良传统。

三、预防权力腐败现象的频繁出现

1. 参政党民主监督是预防权力腐败的迫切需要

权力作为一种强大的物质力量，是一切政党的最高追求，任何权力都需要制约与监督，失去制约与监督的权力是危险的。可以说古今中外，凡是腐败严重、亡党亡国的都是因为缺少对权力的制约或监督不力。比如前苏联，虽然列宁一直主张吸收广大人民群众参加政权管理以监督公共权力，希望通过人民监督来克服苏共以及国家机关滥用职权的行为，防止腐败的发生，但从列宁之后的苏共领导人逐渐背离列宁的正确主张，长期实行高度集权的一党专制，缺乏其他党派的监督，是苏共最终走向政治腐败的祸根之一。再比如中国，国民党统治的迅速灭亡还在于蒋介石一直奉行"一个政党"的思想，长期打压各民主党派的合法活动，不允许其他党派的存在，权力的无限膨胀必然导致国民党自身的腐败。从中国现阶段来看，不仅存在腐败问题，而且自改革开放以来党政权力腐败现象不断滋长蔓延，因此，当前反对腐败，建设廉洁政治，是中国共产党非常重要的任务，也是人民群众十分关注的重大政治问题。新的历史阶段，一些领域消极腐败现象仍然易发多发，一些重大违纪违法案件影响恶劣，反腐败斗争形势依然严峻，人民群众还有很多不满意的地方。习近平站在关系党和国家生死存亡的高度深刻阐述反腐倡廉建设的重要性，指出腐败是社会毒瘤，如果任凭腐败问题愈演愈烈，最终必然亡党亡国。他强调，我们党面临的"赶考"远未结束。反腐倡廉必须常抓不懈，拒腐防变必须警钟长鸣，要坚定决心，有腐必反，有贪必肃，以实际成效取信于民。反腐倡廉是一个复杂的系统工程，需要多管齐下、综合施策。可以说腐败问题的日益严峻跟监督不力有很大关系。2003年被判死刑的河北贪官李真这样对记者说:"我做秘书时,虽说有人管,但没人能监督。我出任河北省国税局局长后,由于这是个垂直系统,总部在北京,离我太远,要管我很难,而地方包括本单位就没人能管我"。① 正如江泽民所说的:"党内存在的一些消极腐败现象之所以屡禁不止,有的情况还日趋严重,一个重要原因,就是……对党员、干部特别是领导干部疏于教育、疏于管理、疏于监督"。② 历史和现实的教训表明,必须要对权力运行进行制约与监督。中国共产党作为执政党,掌握着人民赋予的最大权力,自然更加需要监督以防止权力滥用。中共十六届四中全会通过的《关于加强党的执政能力建设的决定》明确提出要抓紧建立健全与社会主义市场经济体制相适应的教育、制度、监督并重的惩治和预防腐败体系,反腐倡廉,核心就是制约和监督权力,关键是让权力在阳光下运行,这里的监督自然包括民主党派的民主监督。习近平特别重视制度在反腐倡廉中的重要作用,强调把权力关进制度的笼子里,最大限度减少体制缺陷和制度漏洞,形成不敢腐的惩戒机制、不能腐的防范机制、不易腐的保障机制。参政党对执政党的民主监督机制的不断完善必然对反腐倡廉的制度建设具有重要作用。李瑞环曾经以医生背上长了疮需要别人切除打比方,如果"医生"指共产党的话,那么"别人"就是指各民主党派,对于共产党自身无法清除的腐败"恶性毒瘤",必须依靠民主党派的帮助,即参政党对执政党的民主监督。

2. 参政党民主监督是预防权力腐败的重要措施

江泽民指出:"我们是执政党,必须自觉倾听人民群众和民主党派的意见,自觉接受人民群众和民主党派的监督……没有监督,就难以有效防止腐败,坚持'长期共存、互相监督、肝胆相照、荣辱与共'

---

① 乔云华:《李真灵魂毁灭探访录》,载《中国青年报》,2003年10月10日。
② 《江泽民文选》第2卷,人民出版社2006年版,第497页。

的方针，主要是民主党派监督共产党"。①

　　参政党民主监督的特点，决定了它必然对预防权力腐败起着重要作用。首先，参政党民主监督是一种高层次的监督，民主党派能够监督到共产党较高的领导干部、国家较高的领导机关的从政行为。目前，反腐败的重点是加强共产党各级领导干部特别是高级干部的廉洁奉公，防止权力滥用，只有抓好领导干部党风廉政建设，才能有效纠正行业的不正之风以及深入开展反腐败斗争，而参政党民主监督正是保证执政党领导干部廉洁自律、防止腐败的重要途径。其次，参政党民主监督是一种形式灵活多样的监督，它可以通过多种渠道，比如担任监察员、检察员、审计员等特邀员的形式，与权力监督、群众监督或司法监督相结合的形式协助司法机关尽快破获相关大案要案，提高反腐败斗争的整体效率。再次，参政党民主监督所体现的广泛性，有利于从宏观方面对权力腐败问题提出警示，提出反腐败的意见和建议，推动反腐败法律法规的健全与完善。

　　因此说，随着反腐败斗争的继续深入，仅仅依靠共产党党内监督、司法监督或者行政监督单方面的力量是不够的，必须要重视参政党民主监督的反腐败效益，它们能够发现一些单靠纪律监察部门不易察觉的问题，它们能够真实揭露当政者损公肥私的行为。参政党民主监督作为社会主义监督体系的一部分，将和其他类型的监督一起产生综合效应，共同为预防和遏制权力腐败发挥重要作用。这里需要指出的是，根据目前我国参政党民主监督的性质和特点，参政党民主监督对于反腐败的积极作用应更多地体现在宏观方面。如向立法或司法部门提出反腐败的建议和意见，供有关部门参考采纳；对腐败问题提出警示，

---

① 中共中央文献编辑室：《江泽民论有中国特色社会主义（专题摘要）》，中央文献出版社2002年版，第349页。

使共产党以及全社会高度重视反腐败的重要性；就有关反腐败的法律、法规、条例以及相关政策的制定实施提出批评和建议，推动有关反腐败法律、制度的建立健全和完善；通过所联系的界别、阶层收集腐败证据，就所掌握的腐败信息、腐败问题及时向有关部门反映，并随时追踪相关部门处理问题的进程，以督促问题的最终的解决。

第四节 民主监督有利于加强参政党参政能力建设

中国共产党十六届四中全会系统提出要加强执政党执政能力建设的重大课题之后，关于加强参政党参政能力建设的问题也日益得到重视。参政党参政能力建设，广义上讲，不仅包括参政党政党能力建设，即参政党参与国家政治生活以圆满履行职能的素质与本领的提高，还包括参政党自身建设和各党派之间交流合作。民主监督职能作为参政党参政能力的一个部分，它的互利性决定了参政党监督执政党的同时，也对自己实施着监督，这既有利于推动执政党执政能力建设，也有利于促进参政党参政能力建设。

一、有利于促进各民主党派的自身建设

随着共产党执政能力和政府行政能力的不断提高，普通民众关心政治的程度不断加深以及民主参与意识的大幅增长，对民主党派民主监督水平也提出更高的要求，因此，民主党派要想提出更具实效性和前瞻性的意见建议，进一步提高监督质量，就必须不断加强理论学习，不断进行自我调整与完善，提高自身素质。

首先，民主监督职能的发挥客观上促进参政党自身理论水平和责任意识的提升。参政党建设的目标着力在"参政"上，要想参好政，不但要继续发扬民主党派的优良传统，爱国主义传统，科学、民主、

求实的传统，自我教育的传统，更要适应时代发展的要求，提高自身政治素质，适应参政所具备的政治协商和民主监督的能力。也就是说参政党对执政党提出批评建设的前提是，它必须站在一定的理论高度，承载着一定社会责任感。由于民主党派民主监督作用的日益显著，它的参政党地位也会得以巩固，受重视的程度也会越来越大，这就从客观上推动和鼓励各民主党派认真学习马克思主义中国化的最新理论成果，丰富科学文化知识，形成一种强大的政治责任意识。

其次，民主监督职能的发挥客观上促进参政党队伍建设的不断完善。参政党对执政党的民主监督要做到有力度和有实效，必须要有得力的领导班子，完备的组织体系，这就从客观上督促民主党派不断健全从中央到地方的组织机构，使党派自身内部精诚团结，众志成城，形成一股巨大的凝聚力。美国政治学家亨廷顿认为检验政治组织制度化的首要标准是"适应性"，指出就政治的发展而言，重要的不是政党的数量而是正当的力量和适应性。布卢斯·迪克森则提出了增强政党适应性的两类途径：一是效能型适应，也可称作功能性适应，即调整政党目标，出台新的政策，从而推动组织结构的改革，以使意识形态、政策与新的组织形式相符合，最终促使政党政治效能的提高。二是反应型适应，也可称作结构性适应，即通过调整和改变自身而去适应环境的变化，它要求政党的精英群体进行决策时更要注重遵循社会的需求。[①] 政党建设的过程是通过功能性调整和结构性转变实现的，参政党民主监督职能的发挥与完善有利于提高参政党适应环境变化的能力，增强参政党的适应性，以应对转型社会环境变化给参政党带来的巨大压力。

---

① 杨光斌主编：《政治学导论》，中国人民大学出版社 2004 年版，第 160—166 页。

二、有利于发挥政治协商参政议政职能

民主党派的三项政治职能，即政治协商、民主监督、参政议政，三者之间是紧密联系，相互促进的。1994年3月，李瑞环《在全国政协八届二次会议闭幕会上的讲话》中指出："参政议政与政治协商、民主监督是一致的。人民政协参政议政的主要内容和基本特征就是政治协商、民主监督。参政议政又不简单等同于政治协商、民主监督，而是它的拓展和延伸。一般说来，政治协商、民主监督以国家和地方的大政方针、重大问题为中心议题，以各级领导机关为具体对象，以会议为主要形式，并依据一定的程序和规则进行。参政议政则不完全受上述条件的局限，对象更加广泛，内容更加丰富，形式更加多样，方法更加灵活。把参政议政列为政协的主要职能，拓宽了政协工作的渠道和领域，为广大政协委员及其所联系的各界人士参与国事、发挥专长提供了更多的机会，同时也为各级政协切实有效地组织政治协商、民主监督，从题目的选择、信息的收集、材料的积累、人员的组织等方面创造了良好的条件。"

1995年1月，中国人民政治协商会议第八届全国委员会常委会第九次会议通过的《政协全国委员会关于政治协商、民主监督、参政议政的规定》中明确规定："政治协商是对国家和地方的大政方针以及政治、经济、文化和社会生活中的重要问题在决策之前进行协商和就决策执行过程中的重要问题进行协商。政治协商的主要内容包括：国家在社会主义物质文明建设、社会主义精神文明建设、社会主义民主法制建设和改革开放中的重要方针政策及重要部署，政府工作报告，国家财政预算，经济与社会发展规划，国家政治生活方面的重大事项，国家的重要法律草案，中共中央提出的国家领导人选，国家省级行政区划的变动，外交方面的重要方针政策，关于统一祖国的重要方针政策，群众生活的重大问题，各党派之间的共同性事务，政协内部的重

要事务以及有关爱国统一战线的其他重要问题。政治协商的主要形式有：政协全国委员会的全体会议，常务委员会议，主席会议，常务委员专题座谈会，各专门委员会会议，根据需要召开的各党派、无党派爱国人士、人民团体、少数民族人士和各界爱国人士的代表参加的协商座谈会等。"

政治协商是我国社会主义民主政治的一大特色，也是我国多党合作的主要方式。中国要进一步发扬社会主义民主，中国共产党就要更好地加强与民主党派和无党派人士的联系，通报情况，交换意见，沟通思想，增进了解，加强协商，形成一种团结、民主、和谐的合作共事关系。中共中央在总结经验的基础上，采取了民主协商会、高层次小范围谈心活动和专题座谈会三中民主协商形式，经常就国家的大政方针和有关重大政治问题，与各民主党派主要领导人和无党派人士平等讨论，大家畅所欲言表达自己的看法。通过协商，吸取各种有益于人民的好意见，促进决策的民主化、科学化。召开民主协商会、座谈会成为中共与民主党派进行政治协商的主要形式。从1989年6月中共十三届四中全会到1990年底中共十三届七中全会的一年半时间，召开协商会和座谈会共28次。中共同民主党派在协商会或座谈会上就国内外形势，维护国家稳定，进一步治理整顿和深化改革，加强共产党同人民群众的联系，以及有关人事安排等涉及党和国家全局的政务，进行诚挚协商交谈，中共向民主党派征求意见，民主党派就所谈问题向中共提出批评和建议。比如，在起草《中共中央关于制定国民经济和社会发展十年规划和"八五"计划的建议》的过程中，中共中央领导同志曾四次征求各民主党派负责人和无党派代表人士的意见。

由此可见，政治协商就是共产党与各民主党派队对国家政治、经济、文化和社会生活中的重要问题在决策之前和决策执行过程中的共同商讨。在协商过程中，各民主党派应对协商议题集体研究后提出意见和建议，共产党要充分发扬民主，广泛听取意见，求同存异，对民主党派提出的意见和建议要认真研究，并及时反馈情况。

民主党派参政议政是政治协商和民主监督的拓展和延伸。参政议政的内容和形式除上述规定外，还包括选择人民群众关心、党政部门重视、政协有条件做的课题，组织调查和研究，积极主动地向党政领导机关提出建设性的意见；通过多种方式，广开言路，广开才路，充分发挥委员专长和作用，为改革开放和社会主义现代化建设献计献策等。民主党派的参政议政，不是在党派之间分配权力机关的席位，而是指在国家健全民主决策、民主监督制度的过程中，发挥民主党派在国家政权建设和国家事务管理中应有的作用。民主党派的成员作为人大代表和其他人大代表一样，依照宪法和其他有关法律进行活动。人民政协是各党派、各人民团体、各界代表人物团结合作、参政议政的重要场所。在政协会议上，民主党派可以用本党派的名义发言，提出提案。民主党派通过人民政协这个爱国统一战线组织对国家大政方针、地方重要事务、政策法规的贯彻、群众生活和统一战线中的重大问题进行政治协商和民主监督。

丁关根在《坚持和完善中国共产党领导的多党合作和政治协商制度》中指出：充分发挥民主党派的参政和监督作用。民主党派接受共产党的领导，并在国家政治生活中发挥参政和监督作用，是构成有中国特色的政党制度的主要内容，是区别于其他国家多党制、两党制或一党制的显著标志。民主党派的参政议政，内容丰富，形式多样，成效显著。在全国人大代表、人大常委会委员和人大专门委员会委员以及省、区、市、州、县人大中，民主党派成员和无党派人士都占有适当比例；在政协常委和政协领导成员中，民主党派和无党派人士都占有一定比例；民主党派成员和无党派人士被推选到国务院及其有关部委和县以上地方人民政府及其有关部门担任领导职务，被聘任为顾问或参加咨询工作；有关民主党派成员和无党派人士被邀列席国务院和各级地方人民政府召开的全体会议和有关会议，商讨重要问题。

综上所述，政治协商是事前、事中最有效的民主监督，参政议政又是民主监督的拓展与延伸，民主监督不仅包括监督本身，还具体体现在政治协商与参政议政中。因此说，参政党民主监督职能发挥得越充分，就证明参政党政治协商、参政议政职能履行得越好。

三、有利于增进各民主党派间团结合作

民主监督能够促进各民主党派之间的团结合作。中国的各民主党派之间一直就有团结合作和协商的传统。民主革命时期，各民主党派就团结在一起争取民族独立、政治民主和国家强盛，有时各民主党派为了实现共同的政治目标还进行一定的联合，比如1939年由"三党三派"组成的统一建国同志会。社会主义现代化建设征程中，各民主党派同样需要团结合作，共同致力于中国特色社会主义事业。

人民政协是各民主党派从事政治活动的重要机构，也是各民主党派开展建设的重要场所，它是目前我国唯一由各党派共同创立、共同参加并在其中合作共事的政治组织。各民主党派通过人民政协这一组织为建立新中国，巩固人民民主政权，进行社会主义革命和社会主义现代化建设发挥了重要的作用。1988年4月，李先念在《中国人民政治协商会议第七届全国委员年会第一次会议闭幕词》中指出："人民政协是我国政治体制中发扬社会主义民主的重要组织形式。我们无论是在困难的时候，还是在顺利的时候，都要始终不渝地坚持'长期共存、互相监督、肝胆相照、荣辱与共'的方针，不断充实与完善共产党领导下的多党合作和政治协商制度，充分发挥民主党派和无党派爱国人士在国家政治生活中的重要作用，对国家大政方针、两个文明建设和人民生活的重大问题进行协商、讨论，实行民主监督。这对于

建设社会主义民主政治，改善和加强共产党的领导，改进和支持政府的工作，实现重大决策的民主化、科学化，具有重要的意义。在国家生活中，我们一定要贯彻民主协商的精神。人民政协要采取各种形式，为委员参政议政创造良好的条件，使各方面人士能够直言不讳地把各种意见、要求、批评和建议充分反映出来，并且经过必要的程序，使大家所关心的问题得到合理的解决。同时也欢迎各方面人士对政协的工作提出批评和建议，以利加强政协的自身建设。要以改革的精神，建立和健全各种必要的规章制度，逐步实现政治协商和民主监督的经常化、制度化。"这表明，人民政协政治协商、民主监督和参政议政职能，与参政党参政议政、民主监督的职能在目标、原则、政治基础、指导方针和履行的方式方法上具有一致性，在履职的内容上具有重合性。各民主党派以人民政协为平台履行民主监督职能时均以党派为单位进行活动，他们平等地讨论和协商问题，人民政协还组织各党派开展调查研究、特约工作、组织视察等活动，履行政协民主监督职能。这为各民主党派形成和谐党际关系、团结合作、共同进步提供了组织保障。

　　诚然，各民主党派虽行使民主监督职能的方式多种多样，但目的都是一致的，都是为社会主义事业服务。民主监督既是其共同享有的权利也是共同承担的义务，这是各民主党派团结合作的基础。另外，要想在重大问题上达成共识，有效地发挥民主监督作用，实现民主监督的整体效应，大家各执一词、各自为政根本行不通，各民主党派之间必须团结一致、众志成城，形成一股巨大的凝聚力，这在客观上就促进了民主党派之间的团结合作。

第四章 参政党民主监督取得的成就

2012年12月,习近平在与各民主党派成员见面时提出:"中共中央将坚定不移坚持和完善中国共产党领导的多党合作和政治协商制度,坚定不移贯彻长期共存、互相监督、肝胆相照、荣辱与共的方针,加强同民主党派合作共事,支持民主党派更好履行参政议政、民主监督职能。"可以说,参政党近年来在有关国计民生的重大问题上,已经越来越多地参与和影响着国家的决策,民主监督职能发挥的成效明显。主要体现在三个方面:第一,参政党民主监督的范围有所扩大。民主党派通过调查研究,建言献策,在构建社会主义和谐社会过程中提出了很多真知灼见,为国家大政方针的科学制定发挥了重要作用,特别是针对很多重要的民生问题以及生态文明建设的问题提出重要意见和建议。第二,参政党民主监督的环境有所改善。各民主党派的知情权和参与权得以保证,更多的民主党派、无党派人士走上行政领导岗位,包括公检法等单位,他们有职、有权、有责,直接行使着监督权。一些地方共产党党委还出台专门文件,对参政党民主监督的主要内容、基本原则、主要形式和工作机制做出了明确规定,为参政党民主监督营造宽松的履职环境;第三,参政党民主监督的渠道有所拓展。民主监督形式呈现多样化并日趋规范,民主监督组织化的成效比较明显,逐步推进监督由被动向主动、分散向集中、个体向组织的转变。比如,各级政府和司法机关聘请的特约监察员、检察员、审计员、督导员、监督员等各类"特约人员",广泛参与反腐、环保、教育等专项监督检查活动，也直接对相关部门的工作进行了颇有成效的监督，还有参政党通过人民政协的平台，发挥参政党整体优势，更好地发挥政协民主监督的职能，使得参政党民主监督的效果越来越好。

第一节 参政党的民主监督内容日益广泛

近年来，参政党民主监督的覆盖面有所扩大，关注重心和监督重点有所转移，除了对国家宪法和法律法规实施情况的监督，对中国共产党和政府重要方针政策的制定和贯彻执行情况的监督之外，参政党开始更多地关注中国现代化过程中重要的民生问题、生态文明建设问题，还有涉及司法公正、民主执政以及执政党腐败等领域的问题。监督重点的转移也说明，各民主党派的民主监督更加注重社会主义公平正义的实现。

一、对事关国家建设的重大问题的监督

参政党围绕科学发展、可持续发展的理念，对涉及国家的重大战略性问题，提出相应的意见和建议。比如，陕西省各民主党派的提案紧扣"科学发展、富民强省"主题，突出调整经济结构、保障和改善民生、促进社会和谐稳定三大重点，质量普遍较高，充分体现了参政党为建设"三强一富一美"新陕西建言献策的政治责任感和参政议政水平。例如，组织住陕全国政协委员在全国政协会议上提出《关于促进陕北国家能源化工基地可持续发展》、《关于进一步加快渭河流域综合治理》、《关于将西咸新区设为国家创新城市发展方式试验区》等一批提案，有力推动了省重要产业、重点区域的发展与建设。此外，围绕关中—天水经济区建设、引汉济渭工程进展、西安世园会筹办等党委重视、政府关切、群众关心的重要问题，省政协组织开展视

察 60 多次，提交视察报告 50 多份。一批具有较强针对性和操作性的意见建议，被有关部门及时采纳落实。

又如，山西省政协把听政、问政、资政作为民主监督的重要手段，近年来，山西省政协认真贯彻《中共中央关于加强人民政协工作的意见》，紧紧围绕党和国家工作大局认真履行职能，在民主监督方面取得一定成效，为促进山西转型跨越科学发展、加快全面小康社会建设进程发挥了积极作用。为增强全省"十二五"规划的科学性，省政协组织委员分专题就规划的制定展开深入调研，面对面与省领导和相关职能部门负责同志沟通讨论，使规划更加契合山西实际、符合群众意愿，为协调推进全省国民经济和社会各项事业科学发展奠定了基础。2010 年底国务院批准山西为国家资源型经济转型综合配套改革试验区后，山西省政协围绕这一关系全局的重大战略部署的贯彻实施，紧扣顶层设计和产业转型等重点，组织委员深入调研，先后召开六次专题会议，就试验区总体方案的制定完善与推进煤炭资源整合、改造提升传统产业、做强做大现代装备制造、煤化工业和加快发展文化、物流等新型产业献良策、建诤言，为推动山西发展转型和体制转轨积极贡献力量。山西省政协围绕省委、省政府这方面的工作要求，组织相关专委会和委员深入调研、建言资政，提出许多有价值的意见建议，增强了考评内容、考评标准、考评方式、考评体系的科学性，为山西经济社会科学发展提供了制度保障。

二、对事关百姓切身利益的民生问题的监督

近年来，各地政协不断推进民主监督各项工作，各民主党派以政协为平台，通过对政府职能部门工作进行民主评议、围绕民生热点问题积极开展检查监督等多种形式，增强监督实效。参政党民主监督的重点有所转移，监督内容更多地关注民生问题，包括教育、医疗、城

市基础设施建设以及环境保护等。

比如，江苏省和安徽省政协开展对学前教育的民主监督。各民主党派代表在听取省委、市委教育部门等的情况通报之后，提出很多质疑，并针对存在的问题进行批评，提出建议要重视学前教育，坚持办学的公益性原则，形成政府主导，多渠道办学的格局，加大对从事学前教育教职工培训力度，提高幼儿教师的福利待遇等。特别是江苏省，为推进学前教育的科学发展，省政协连续3年组织教育界委员和幼教专家，赴苏北、苏中、苏南城乡幼儿园，开展"加快发展学前教育"专题调研。为推动调研成果落实，省政协组织委员就《江苏省学前教育条例》等法规政策的贯彻实施情况，进行专项民主监督。通过认真考察，民主党派批评："一些基层政府对新开发楼盘配套建设注重不够，不是将产权丢给开发商，造成幼儿园租赁费用高而转嫁幼儿家庭；就是听任开发商把缺少阳光的边角地带建成幼儿园。"民主党派发现："同为省优质幼儿园，苏南市区的幼儿园生员数、师生比以及教师合格率、师资条件相对较好，而苏北的一个县实验幼儿园小班、中班、大班的员额均在70个儿童左右，且只有教师，没有保育员"。"学前教育事业发展还未进入常态。区域、城乡、园际之间的差距很大"。根据了解的情况，民主党派建议：数量与质量并重，加速推进幼儿园普惠性布局。要着眼于公益而非效益，以县（市、区）为单位，加快公办优质幼儿园布局建设。尽快出台民办普惠性幼儿园的认定标准。通过政府购买服务的方式，鼓励并支持符合认定标准的民办园的举办和发展。以公办幼儿园为主、普惠性民办幼儿园为辅，构建高质量、全覆盖的学前教育网络，满足适龄儿童就近入园的需求。

在专题调研中，政协委员们还发现："苏中、苏北地区聘用教职工月收入一般在1000元左右，个别地区甚至只有800元左右，大批聘用教职工月收入低于当地最低工资标准。由于收入低下，很多应聘人员素质和业务水平不高，保教工作质量难以保障。幼儿教师队伍整体素质偏低极大地制约着学前教育的科学发展"。为此，民主党派建议：适当扩大现有幼儿师范教育机构的办学规模，在数量上解决合格学前教育师资匮乏的难题。实行师范院校（幼师专业）提前面试招生，扩大"免费师范生"政策涵盖范围，引导名牌大学相关专业毕业生到幼儿园任教，为学前教育广泛吸纳优质生源。加大培训力度，不断提升在职幼儿教师业务水平。大幅提高非在编教职工的工资待遇，努力实现"同岗同酬"。加强对临时聘用人员入职和岗前培训。制定并实施非事业编制在职幼儿教师考编时的优惠政策。

再比如，宁波市政协于2013年5月，组织市各民主党派、工商联和总工会等9个界别组成的民主监督组，就"文明交通"、"文明餐桌"、"环境清洁"3个主题、9个方面内容，以明察暗访等方式开展民主监督活动。自2008年开始，宁波市政协主动配合全国文明城市的创建工作，积极开展专项民主监督活动，既有利于推进文明城市的创建工作，又有效地拓展了民主监督的渠道和途径。2013年7月，在创建新一轮全国文明城市民主监督活动交流会上，宁波市政协各民主监督小组就明察暗访活动内容向市领导和相关部门负责人面对面地通报交流。

民盟界别小组的部分政协委员就广告发布管理中的广告设置、内容和破损情况，公益广告的数量情况进行监督检查。在实地调查过程中，委员们发现公益广告的数量过少、城市门户广告设置还需进一步规范、自设广告比较杂乱、主干道上的LED大屏幕存在亮度过亮等问题。民盟成员代表在交流会上建议："应将城市户外广告设置纳入城市景观形象整体规划之中；抓紧修改《宁波市户外广告管理条例》；较大幅度提高公益广告的数量；全面整治户外广告。"工商联界别民主监督小组在暗访检查了宁波市的大排档经营现状之后，提出建议：

"加强监管巡查力度，进行规范管理，杜绝'来查则管，不查不管'现象，奖惩结合，建立长效机制，让大排档成为宁波城市独特的饮食文化。"

按照全国城市文明程度指数测评体系要求，宁波市政协各界别小组纷纷亮出监督成果，对宁波市文明城市创建工作提出了真知灼见。各民主党派针对实际问题提出可操作性强的具体建议。宁波市政府相关部门充分吸纳了参政党提出的意见和建议，制定了整改方案并抓紧落实。监督、建议、理解、支持让整个民主监督活动交流会的民主氛围变得更浓。

三、对权力机关依法执政民主执政的监督

我国各民主党派在建国后得以保留并不断壮大发展的重要原因就在于它的民主监督职能，这种监督的主要作用之一就是为共产党员以及共产党所掌权的政府机关提出意见和建议。目前，参政党民主监督的重点更多地体现在"对权力集中、自由裁量权大、群众关注的关键部门、重点岗位、重要环节和关键问题，进行监督；对执政党以及政府部门制定的廉洁从政预防制度，完善党风廉政建设预防细则政策等提出意见"。参政党在此方面的监督取得实效，有力地推动了各地方政府完善行政决策程序规则，将政协委员参与、专家论证、风险评估、合法性审查、集体讨论决定作为重大决策的必经程序，进而增强公共政策制定的透明度。

2013年，山西省政协开展民主监督评议活动，让政风行风在阳光下进行。山西省政协副主席朱先奇、王宁带着部分政协委员与省监察厅配合，就"如何严格执行中央关于改进工作作风、密切联系群众的八项规定，如何摒弃政治庸俗、工作平庸、作风漂浮、奢侈浪费"等政风行风突出问题展开民主评议，并对评议单位给出整改建议。

2013年1至6月,山西省各级纪检监察机关严肃查办了一批违反"八项规定"和严重违纪违法案件,共处分违纪党员干部4314人。伴随着"群众路线教育实践活动"的号角在三晋大地嘹亮吹响,省政协协助党政开展了此次以"优化政务环境,提升行政效能"为主题的民主评议活动。此次民主监督评议活动中,省政协加大了明察暗访工作力度,有组织、有计划地对部分基层单位和办事窗口进行民主监督。在此基础上,省政协与省监察厅组织政协委员、行风监督员、媒体工作人员对政府部门工作平庸、懒政怠政、自由散漫、奢侈浪费等突出问题进行了集中测评和领导直评,以达到规范政府部门执法行为、完善执法程序、强化队伍管理的目标。

近年来,山西省政协始终坚持把民主评议政风行风作为民主监督的重要方面,积极为创优全省发展环境、推动山西转型跨越提供助力。针对少数部门和干部工作中存在的不作为和乱作为等问题,各民主党派与纪检监察等部门联合,选派成员担任执法执纪特约监督员,组织成员深入一些与人民群众关系密切的公共服务行业和单位,以"暗访视察、问卷调查、民主测评"等方式全面搜集和掌握被评单位的服务质量与办事效率、行政作为与社会效果、政务公开与依法行政、公正与廉洁、作风与纪律等情况,以翔实资料、鲜活事例、实在数据对被评单位作出客观公正的评价,并提出积极建议,促进了相关问题解决、政风行风进一步好转。

同时,山西省政协民主监督的关注点还放在了山西省各级司法部门,省政协主席薛延忠在今年年初的主席会议上多次部署,提出将"开展对司法机关的行风政风实行民主监督"工作纳入今年重点工作。山西省政协副主席张茂才带领部分委员赴省高级人民法院就"审判机关如何实现公正司法、公正执法"开展民主监督,并提出诸多审判机关依法正确履行职责的建议。"建议山西省高院和各中院紧盯审判工作运行的重要环节和重要部位，强化全方位、全过程的监督和管理，确保审判权、执行权的正确行使；制定并落实以审判流程管理、审判运行态势分析、干警业绩档案、绩效考核等审判管理相关制度规定，杜绝对过去案件流转不明、久拖不结、暗箱操作等弊端，实现'铁案、精品案、和谐案'的办案目标"。

参与此次民主监督活动的各民主党派针对"审判机关践行公正司法、公正执法"还建议："网络监督是畅达民意、维护权益、鞭挞腐败的便捷而有效的手段，各级法院应提升网络舆情监测机制和引导应对机制，主动回应社会关切"；"对于个别案件'案结事不了'现象，建议在民事审判中贯彻'调解优先、调判结合'的原则，推动构建多元纠纷解决机制，最大限度化解社会矛盾"；"法院应畅通外界监督的渠道，在接受人大代表和政协委员监督，并旁听案件审理的基础上，主动接受新闻媒体和社会各界的监督，收集群众意见建议，完善民意沟通机制"。

这些建议被山西省检察院积极采纳并逐步安排落实。可见，参政党民主监督在促进执政党以及权力机关依法执政民主执政的效果有所提升。

第二节 参政党的民主监督环境逐步改善

为了适应社会主义民主政治建设的需要，执政党越来越注重参政党民主监督的作用，各级政府和政协积极拓展民主监督的内容和途径、创新民主监督的载体和机制、提升民主监督的层次和实效。首先，民主党派参政渠道方式增多。各地政府和政协组织全委会、常委会和专题议政会，更加注重主题的集中、程序的完善、党政领导与政协委员的沟通互动；开展调研、视察等活动，更加注重工作的针对性和委的参与面；提出建议案和组织委员提案、大会发言、反映社情民意信息，更加注重吃透实情、剖析问题、科学策论。其次，共产党更加注重与各民主党派协商沟通。实践中，中共各级党政积极为政协和各民主党派开展民主监督提供政治保障、创造环境条件；注意发挥政协工作的整体优势，统筹全省各党派、各界别、各专委会和广大委员的力量，加强省市县三级政协组织的沟通联系，特别是在组织开展一些全省性的重大活动中，步调协调、上下联动，有效扩大了活动的覆盖面和影响力，增强了民主监督的实效性。再次，参政党民主监督积极性提升。各民主党派通过政协平台凝聚各方资源，汇聚监督合力，注重政协民主监督与党内监督、法律监督、行政监督、舆论监督、群众监督的有机结合，组织开展和积极参与决策听证、执法检查、民主评议、督查巡视等活动，立足工作实践，不断完善民主监督知情、沟通、反馈等制度，积极探索新形势下民主监督的内容、程序和方式，努力使民主监督机制更趋科学、规范，为民主监督的顺利开展提供了制度保障。

一、参政党的参与、知情程度不断加深

参政党要更好地履行民主监督的职能，首先要有知政权，不了解政策，就会导致盲目监督；其次要有知情权，不了解实情，就会导致胡乱监督；再次，要有畅通的监督渠道，渠道不畅通，就会使监督无处着力。

民主党派的知政权，最多的是通过与执政党的政治协商实现的。坚持把政治协商纳入公共政策程序，不断完善政治协商的内容、形式和程序，就重大问题在决策前和政策执行过程中同民主党派进行协商。据统计，自2005年以来，济南市委、市政府先后召开协商会、通报会和座谈会38次。从协商内容上看，有重要会议报告，如党代会工作报告、政府工作报告；经济社会发展规划和重大政策措施；人大、

政府、政协和司法机关等方面重要人事安排事项；先进性教育、解放思想大讨论和学习实践科学发展观等重要活动。坚持通报协商、征求意见，从而使政治协商的内容不断丰富和拓展。从协商形式上看，在坚持召开民主协商会、座谈会和小范围谈心会进行会议协商的同时，支持民主党派市委会采取书面建议的形式，反映他们的意见建议和愿望要求。从协商程序上看，市委、市政府注意做到需要征求社会各方面的意见时，首先征求民主党派、无党派人士的意见；需要进行协商时，首先将有关资料和议题提前送达，对民主党派、无党派人士的意见建议认真研究后及时进行反馈。

比如，近年来内蒙古包头市各民主党派通过不断实践，已经较充分地实现了履行监督职能的必备条件。从知政层面看，民主党派参与了全市的一些重大政策措施的协商讨论，这在某种程度上还优先于政府有关部门。有关政策意见制定后，各民主党派市委会是必须寄送的部门。这样，就为各民主党派市委会履行监督职能提供了政策依据。从知情的层面分析，目前包头市政府部门已全面推行政务公开，行政运行的透明度很大，同时，对于重大改革措施和重大监督项目，各民主党派市委会可通过人大、政协和市委统战部组织的各类视察、考察活动，了解进展情况和存在问题，实行即时监督。从监督渠道层面总结，实践中，包头市各民主党派民主监督的渠道基本是畅通的，而且对于民主党派成员的监督意见，包头市市委、市政府更是予以特别重视，对其提出的批评建议及时采纳，认真回复。

二、执政党加强与参政党的沟通协商

在中共中央、国务院、全国人大、全国政协和地方中共党委、政协、政府召开的各种协商会、座谈会、情况通报会上，参政党各级领导同志就国家和地方的大政方针和重大问题认真听取情况通报，积极发表意见、提出建议，坦诚献策，真诚协商，认真发挥参政议政、民主监督的作用。胡锦涛在庆祝人民政协成立60周年大会重要讲话中指出："要积极探索和完善民主监督机制，畅通民主监督渠道，建立健全制度，寓民主监督于政协委员提案、进行视察、参与工作检查等活动之中，提高民主监督质量和成效。"① 政协提案建议既是提案建议者贡献才智、发挥专长的一个重要载体，也是履行民主监督的好形式、好渠道。

近年来，中国共产党始终坚持重大问题协商于决策之前，在协商中监督，在决策中监督。例如，1997年至2002年，农工党中央领导人出席中共中央、国务院召开的民主协商会、座谈会50余次，分别就国家领导人选、政府工作以及大政方针，积极发表意见和建议。2002年9月，在中共中央召开的座谈会上，农工党中央提出加强西藏、新疆等边远地区广播电视工作的建议，受到中共中央和国务院的高度重视。为此，国家先后投资几十亿元，启动实施了"西新工程"，这对确保国家安全具有重大意义。中国共产党十五届、十六届历次中央全会召开之前，九三学社中央领导人出席中央召开的座谈会，代表九三学社分别就农业和农村工作、国有企业改革和发展、"十五"和"十一五"规划的制定、加强执政党执政能力建设等重大问题，提出意见和建议。之后每一年中共中央、国务院或者委托有关部门召开的各种协商会、座谈会和通报会的次数逐步增多，仅2004年一年就有18次，胡锦涛亲自主持的协商座谈会达7次。各民主党派中央先后就三峡工程、浦东开发、西部大开发、三农、可持续发展等重大问题进行考察调研，向中央、国务院及有关方面提出重大建议180多件，各民主党派地方组织提出各项建议8.8万余件，其中许多意见和建议

---

① 庆祝人民政协成立60周年 胡锦涛发表重要讲话，人民网—中国政协新闻网，http://cppcc.people.com.cn/GB/34962/35021/10284794.html

被采纳，收到了积极的监督效果。

地方政协也同样如此。比如青岛市政协在实践探索中就真切体会到，发挥人民政协联系广泛、位置超脱、渠道畅通的优势，以提案建议为载体，通过提案中的批评和意见、办理中的督促落实和办理后的跟踪视察调研等，实现经常性监督，加大了民主监督力度，强化了民主监督效果，也有利于更好地履行政治协商参政议政职能。

三、参政党自觉履行职能的积极性提升

现在，随着我国社会主义各项事业的发展和民主进程的推进，参政党的政党意识不断加强，思想更加活跃，通过党派的自身建设，参政党逐渐走向成熟，更加与时俱进。因此，各民主党派更加积极地履行参政议政、民主监督的职能，敢于直言和发出不同声音，从而更加适应多党合作的需要。参政党各级组织大兴调查研究之风，深入实际了解情况，针对经济、社会发展中的重大问题，向中共党委和政府部门提出建设性意见，充分展示参政党的整体能力和水平。在各级人大和政协会议上，各党派所提的议案、提案和大会发言，数量大幅增加，质量明显提高。例如，在全国政协九届会议期间，民盟各界别的盟员委员提交的大会提案多达6500多件，民建的多达3990件。这些提案内容涉及面广，针对性强，其中许多建议被中央和地方政府有关部门采纳，有的还受到国家领导人和地方党政领导人的重视。

各民主党派积极反映社情民意，各党派中央设立信息中心，负责收集、处理来自地方组织和党员的社情民意信息。各省级组织也做到了有专人负责信息工作，建立了信息网络，制定了信息工作条例，规范了信息工作的形势和程序，反映社情民意的工作逐步走向经常化和规范化，所反映的社情民意达2000多条，其中多项信息直达中共中央和国家领导人。民进中央的信息工作曾连续三年获全国政协信息工

作一等奖。台盟中央创办《台盟情况反映》，集中反映了广大盟员和台胞岛内政经局势的动态，已出刊几百期，为决策部门掌握情况和改进工作提供了重要参考。

各党派中央积极与地方组织和中共党政部门合作，开展区域经济和社会发展战略研究活动，参加有关部门组织的"党委出题、党派调研"活动，加强与对口单位协作，组织专家就本地区经济和社会发展的重大课题进行调研。例如，民盟中央与各地组织就实施西部大开发战略、"三农"问题、西点东送、三峡库区生态经济区建设、人文奥运和文化建设、历史文化名城保护、京津地区大城市郊区农业结构调整、苏南乡镇企业改制、长江流域蓄滞洪区建设保险等问题进行调研，提出建议，受到当地中共党委和政府的重视。民建中央将环境保护和生态建设作为参政议政工作新拓展的领域，在北方沙尘暴治理、南方石漠化治理、城市垃圾污水处理和农村新能源开发等方面，积极开展调研，向政府提出建议。民进中央抓准切入点，锲而不舍，开展系列调研，继1998年对长江的综合治理和开发利用进行调研后，1999年又提出了建立流域性管理体制的建议。2000年至2002年，又先后就长江上游治理水土流失、中游实地保护和下游环境保护等问题持续开展调研，提出建议，得到中共中央及有关部门的充分肯定和采纳。台盟中央在"突出重点、服务大局、求实进取、注重实效"工作思路的指导下，以经济建设为中心，以对台工作为重点，共组织12次重要调研活动，形成了《闽台农业合作与福建农业结构调整》等调研报告28份，为促进海峡两岸经济共同发展献计献策。

第三节 参政党的民主监督渠道不断拓宽

参政党民主监督的渠道有了较大拓展，主要表现在三个方面：一是各民主党派成员通过政协行使监督职能,政协吸纳民主党派政协委员参与民主评议、政务咨询、参观视察等活动,为参政党行使民主监督职能提供了有效平台;二是各民主党派的成员越来越多地进入各级权力部门中,通过与执政党的领导举办谈心会、座谈会,直接向各级机关部门提出建议和意见,同时,民主党派成员中的人大代表通过各级人大履行监督职能,更多的民主党派成员参与到了人大组织的专项执法检查活动中;三是,各级政府和司法机关聘请的特约监察员、检察员、审计员、督导员、监督员等各类"特约人员",广泛参与反腐、食品安全、环保、教育等专项监督检查活动。

一、参政党在人民政协中的民主监督

人民政协越来越成为参政党发挥民主监督职能的主阵地,不管是全国政协还是地方政协,都已经成为各级参政党民主监督的重要场所。民主党派是人民政协的重要界别。在人民政协的组织构成中,民主党派成员在各级政协委员、常务委员和政协领导成员中占有较大比例,在政协各专门委员会负责人和委员中,在政协机关中,均占有一定数量。如全国政协十届一次会议时,民主党派成员、无党派人士担任政协委员的有1343人,占委员总数的60%;担任政协常委的有195人,占常委总数的65.2%;担任全国政协副主席的有13人,占副主席总数的54.2%。在省、市、县各级人民政协中,共有33.6万名民主党派成员、无党派人士担任政协委员。各民主党派在政协的各种会议上以本党派名义发表意见,开展视察、提出提案、举报、反映社情民意以及参与调查和检查活动的权利得到充分尊重和保障。

20世纪90年代以来,中共中央加强同各民主党派的协商,内容不断充实,程序逐步规范。1990年至2006年底,中共中央、国务院及委托有关部门召开的协商会、座谈会、情况通报会达230多次,其中中共中央总书记主持召开 74 次。2005 年至 2007 年，各民主党派、无党派人士在协商中就《中共中央关于加强党的执政能力建设的决定》《中共中央关于构建社会主义和谐社会若干重大问题的决定》《中共中央关于进一步加强中国共产党领导的多党合作和政治协商制度建设的意见》等许多重要文件的征求意见稿，全国人大、全国政协领导人选，宪法修改以及立法法、反分裂国家法、监督法、物权法等多部法律文件草案，《中华人民共和国国民经济和社会发展第十一个五年规划纲要》等国民经济和社会发展的中长期规划，社会主义新农村建设、国家金融体制改革、卫生体制改革和教育体制改革等关系国计民生的重大问题，提出意见和建议，其中许多被中共中央、国务院及有关部门所采纳。1990 年至 2006 年，各民主党派和民主党派成员的政协委员，在全国政协会议上共提交提案 2400 余件，如农村税费改革、大力营造非公有制经济良好发展环境、建立社保基金监督机制、创建中国农村社会保障体系等。其中许多提案得到采纳实施，或促成了相关法律的制定，或成为制定政策的重要参考依据。

此外，各民主党派中央、无党派代表人士还向中共中央提出重大的书面意见建议 200 多项，内容涵盖了经济、政治、社会、教育、科技、文化、卫生、国防、外交、港澳台侨等诸多方面，如长江三角洲地区、环渤海地区、海峡西岸经济区、北部湾地区等区域经济社会发展问题，三江（长江、黄河、澜沧江）源地区、欠发达地区资源开发补偿机制改革等问题，深化文化体制改革、弘扬中国传统文化等问题。这些意见建议得到中共中央、国务院的重视和采纳，并产生了良好的社会效果。

在地方，以山西省政协为例，各民主党派根据全省科学发展的重点工作和群众关注的热点问题，从 2008 年开始，每年都要确定热点专题，组织委员和各级政协联合开展视察、检查和督办，为执政党全面掌握情况、科学民主决策、推进工作落实提供依据。第一，围绕全省重点工程建设和重大项目落地开展专项督查。连续三年组织精干力量分赴全省11市70多个县，对全省重点工程建设和重大项目落地情况展开专项系列督查，并针对发现的问题，就加强项目储备、优化项目结构、抓好工程配套、完善投融资体系等提出了一系列意见建议，不少转化为政府职能部门推进工作的具体举措，有力促进了转型项目落地和投产达效。第二，围绕安全生产措施落实开展专项检查。针对一段时期全省安全事故频发的严峻形势，为了促进省委、省政府关于加强安全生产一系列决策部署的贯彻落实，政协组织各民主党派成员对全省煤矿、非煤矿山等重点行业和重点领域开展集中视察检查，并针对一些地方和企业工作中的薄弱环节和突出问题，提出具体改进建议，促进了相关问题的解决，为全省安全生产形势好转发挥了积极作用。在全省共同努力下，2011年山西省实现了特别重大事故"零发生"，煤矿百万吨死亡率降到0.085，居国内领先水平。第三，围绕提案、建议的落实转化开展督办。各民主党派通过政协这个平台与党委政府联合督办、主席会议集体督办、政协领导牵头督办、与相关部门共同跟踪督办等形式，努力把这些成果和资源转化为有关方面推动科学发展的具体举措。从2008年至2013年，省政协报送专题建议案和调研报告50余件，均得到有关方面高度重视和及时办理；提案立案3118件，有关部门办复率达100%、采纳率达87.34%；编报社情民意信息专刊746期、中央和省领导批办306件。

　　各民主党派充分运用人民政协的各种协商方式，对国家和地方的大政方针以及政治、经济、文化和社会生活中的重要问题，对各民主党派参加人民政协工作的共同性事务、政协内部的重要事务以及有关爱国统一战线的其他重要问题，进行协商讨论，提出意见和建议。中共中央主要领导人每年元旦和全国政协全体会议期间都要同各民主党派共商国是；担任政协委员的民主党派成员与其他政协委员一起列席人民代表大会的主要会议，参加国家重大问题的协商讨论，就事关国计民生的大政方针和重大问题提出意见建议；政协的常务委员会会议、主席会议、秘书长会议、专门委员会会议内容不断丰富，为各民主党派更加广泛地进行民主监督创造了条件。

二、参政党成员更多地担任国家地方行政职务

中国共产党是执政党，坚持科学执政、民主执政、依法执政；各民主党派是参政党，参加国家政权。中国共产党同各民主党派在国家政权中团结合作，支持他们发挥参政党作用，履行参政议政、民主监督职能，推动国家政权建设。大力举荐参政党党员担任人大代表、政协委员和到政府、司法部门担任领导职务或各种特约人员，是发挥参政议政、民主监督作用的一种重要形式。近年来，各民主党派成员在人大、政协、政府中的人数不断增加，且有职、有权、有责，在参与中实施监督。目前在全国各级人大代表中的人数约有17.6万人，担任各级政协委员33.7万人，担任各级政府和司法部门县处级以上职务3.2万人。31个省区市政府中，绝大多数由民主党派成员或无党派人士担任副省长、副主席或副市长。有了参与，就能更细、更深入地掌握情况，也就能更好地监督。

人民代表大会是中国人民行使国家权力的机关，也是民主党派成员发挥作用的重要机构。民主党派成员在各级人大代表、人大常委会委员及专门委员会委员中，均占有一定数量。2003年第十届全国人民代表大会第一次会议以来，民主党派成员、无党派人士共有17.7万人当选各级人大代表。其中，全国人大常委会副委员长7人，全国人大常委会委员50人；省级人大常委会副主任41人，省级人大常委会委员462人；市级人大常委会副主任357人，市级人大常委会委员

2084人。他们履行人民代表的职责，参与宪法、法律和地方性法规的制定和修改，参与选举、决定和罢免国家和政府领导人，参与审查和批准国民经济和社会发展计划和计划执行情况的报告、国家预算和预算执行情况的报告，反映人民意愿，提出议案和质询案，参与视察和执法检查工作，发挥了重要作用。

民主党派成员担任政府和司法机关领导职务，是实现中国共产党领导的多党合作的一项重要内容。截至2006年底，担任县处级以上职务的民主党派成员、无党派人士共有3.1万人，他们对分管的工作享有行政管理的指挥权、处理问题的决定权和人事任免的建议权。其中最高人民法院、最高人民检察院和国务院部委办、直属局担任领导职务副职18人；全国31个省、自治区、直辖市中，有副省长、副主席、副市长24人；全国397个市（州、盟、区）人民政府中有356人担任副市（州、盟、区）长；有35人担任省级法院副院长和检察院副检察长，有141人担任地市级法院副院长和检察院副检察长。还有许多民主党派成员、无党派人士在高等院校、人民团体、科研院所和国有企业中担任领导职务，如中国科学院所属93个研究所中有69人，教育部直属72所高等院校中有38人。2007年，民主党派成员、无党派人士2人分别担任国务院科技部、卫生部部长职务。

三、参政党成员担任特约监察员制度日益完善

十几年来，我国政府实行的人民监察员制度得到了广泛的发展，各级政府部门和司法机关聘请的特约监察员、检察员、审计员、教育督导员、党风监督员等各类"特约人员"近17万人，特约人员工作领域逐步扩大，新增加了国土资源监察员、税务监察员等，他们广泛参与反腐倡廉、环境保护、土地管理等专项监督检查活动，积极建言献策，有力地推动了党政部门思想作风和工作作风的转变，密切了党

群关系,对加强和改善中国共产党的领导发挥了积极作用。

国务院和地方各级人民政府重视加强与民主党派的联系,为民主党派发挥参政议政作用开辟了新渠道。联系的方式主要是:国务院召开有民主党派负责人参加的座谈会,就拟提交全国人民代表大会审议的政府工作报告、有关重大政策措施征求意见,通报国民经济和社会发展的有关情况;根据需要邀请民主党派负责人列席政府全体会议和有关会议;政府组织有关廉政建设、社会治安综合治理和规范市场经济秩序等检查工作,邀请民主党派成员参加;政府有关部门根据工作业务范围同相关民主党派建立和加强联系,重要专业性会议和重要政策、规划的制定,根据需要邀请相关的民主党派负责人参加。目前,各民主党派根据各自特点,与国务院有关部门建立了联系,就推进素质教育、建设"星火"科技产业带、发展现代农业、推广生态家园富民计划、加强海洋资源保护与开发、完善鼓励科技自主创新的财税政策、改革科技奖励制度、实施国家知识产权战略、解决水资源短缺等课题进行合作和共同研究。国务院和各级地方政府还聘请民主党派成员、无党派人士767人担任政府参事室参事,1393人担任中央和地方文史馆馆员。

当前,民主党派成员担任特约人员的领域进一步扩大。政府有关部门和司法机关聘请民主党派成员担任特约人员,是发挥民主党派民主监督作用的一项重要举措和制度安排。目前,最高人民检察院、教育部、监察部、国土资源部、审计署、税务总局共聘请民主党派成员、无党派人士87人担任特约检察员、教育督导员、特约监察员、特约国土资源监察专员、特约审计员、特约税务监察员。地方各级政府部门也聘请民主党派成员、无党派人士1.7万人担任特约人员。特约人员参加有关执法检查和执法监督工作,参与有关法律法规制定的研究,参加对重大案情的调查,发挥参谋咨询作用和联系人民群众的桥梁纽带作用，充分履行民主监督职责。如审计署组织特约审计员直接参与中央预算执行、三峡库区移民资金、农业综合开发资金、投资项目资金、世界银行贷款资金、全国粮食挂账资金等重大项目的审计工作和调研。近五年来，全国各级监察机关特约监察员共转呈群众来信13600余件次，接待群众来访23800余人次，在监察机关加强同人民群众的联系中发挥了独特作用。

  政协委员中的民主党派成员还通过参加中共党委和政府有关部门组织的调查和检查活动或应邀担任司法机关和政府部门特邀监督人员等开展民主监督。1997年至2006年，各民主党派中央在全国政协会议上作大会发言（包括书面发言）370余次（份），内容涉及改革、发展、稳定等一系列重大问题，如加快产业结构优化升级、大力推行循环经济发展、重视灾害的社会管理和加紧应急体系建设、维护和保障农民工的合法权益、完善社会保障体系、加强农村文化建设、保障教育特别是基础教育的投入、积极推进民办教育、加强公共卫生体系建设、坚决反对分裂和促进祖国统一、发展两岸经贸交流等。民主党派在人民政协的大会发言，充分体现了集体力量和智慧，他们运用政协大会的政治讲坛，纵论国是，许多意见建议被采纳。

第五章　制约参政党民主监督的因素

自从1956年中国共产党明确提出与各民主党派"互相监督"以来,参政党对执政党的民主监督已经持续半个多世纪,越来越显示出强大的生命力。然而,参政党民主监督仍然存在着许多不足之处,比如,监督主体和客体的不对等性、监督资源没有被充分利用、一些地方甚至出现参政党的意见和建议提了也白提的现象。可见,现代政党政治体制下的中国参政党民主监督整体上缺乏政党监督意识和政党监督力度。因此,我们只有充分找出制约参政党民主监督的各种因素并做深入分析,才能进一步提出完善参政党民主监督的措施。

第一节　中国传统政治文化的影响

马克思指出:"人们自己创造自己的历史,但是他们并不是随心所欲地创造,并不是在他们自己选定的条件下创造,而是在直接碰到的、既定的、从过去继承下来的条件下创造"。① 因此,中国特色的政党制度必然受中国自己的历史条件决定,中国的多党合作制度不同于西方的多党制,它是一种合作型的政党体制,中国共产党是国家的领导者和执政党,参政党对执政党的执政地位不构成竞争威胁。在这样的政党体制下,参政党与执政党之间很容易产生"协商有余、监督不

---

① 《马克思恩格斯选集》第1卷,人民出版社1995年版,第585页。

足"的问题,而造成这一问题的深层原因就在于中国传统政治文化中的消极因素,同时它也制约着参政党民主监督的继续完善。

一、政治文化对政治制度的作用

1. 政治文化的内涵

"政治文化"这一概念首先是由美国政治学家阿尔蒙德提出,之后被广泛运用于行为主义政治学的研究中,用来解释政治体系中的政治行为。目前,关于政治文化的定义,国内外学者各执己见,大体可以归纳为三种观点:第一种,把政治文化限定在政治体系的心理方面,包括一个民族在特定时期所共有的政治态度、信仰、情感、价值等。第二种,从整个社会文化的角度出发,认为政治文化不仅包括政治态度、信仰、情感等心理方面,还应包括政治理论和政治制度及体系。第三种,介于前两种政治文化概念之间,把政治文化理解为政治活动中的一种主观意识,主要包括政治理论、政治心理和政治价值等方面,以国内学者王沪宁为代表。本文趋向于第三种观点,认为第一种观点过于狭窄,仅从心理层面定义政治文化是不全面的;第二种观点又过于宽泛,这样定义容易将政治泛文化化,忽视了政治文化的特殊性和相对独立性。根据以上观点,本文尝试着把政治文化定义为:一个民族和国家在历史的和当前的经济、政治和社会发展的进程中,逐步形成的反映人们政治心理,指导人们政治行为的特定的政治态度、政治思想和政治价值,属于人类政治生活的主观意识范畴。政治文化一旦形成,就具有相对的独立性和稳定性,并在很长一段时期内影响一个民族和国家的政治发展。

2. 政治文化对政治制度的作用

按照马克思的观点,社会存在决定社会意识,政治文化的产生和发展主要是由政治制度决定,正如美国学者鲍尔所说:"政治文化是由与政治制度和政治问题有关的社会态度、信念、情感和价值构成的",可以说政治制度是一个民族政治文化的客观基础。不同的社会政治制度,决定了不同的政治文化。在中国古代,经济上一直是以自给自足的小农经济为基础,政治上形成了中央集权的君主专制制度,再加上中国社会中根深蒂固的血缘关系,因此中国的政治文化中长期保留了专制思想和家长观念。

政治制度决定政治文化,同样,政治文化也反作用于政治制度。人类社会的政治实践表明,政治文化产生的影响是深远的。政治文化对政党体制的构建、运行和政治决策的制定、实施,以及对公民政治素质的培养、发展,都有其重要作用,它作为影响政治群体政治行为的重要因素,几乎作用于政治体系的各个方面。政治文化对政治制度的作用具有二重性:一方面,政治文化对与之相适应的政治制度起着积极的推动作用;另一方面"政治文化并不与一个给定的政治体系或社会完全一致,对政治的导向类型可能或一般的总是超越于政治体系的界限之外"。① 这是由政治文化所具有的相对独立性和稳定性决定的,政治文化很难在短时期内实现更新,必然造成它与社会政治制度一定程度上的分离,因此,政治文化也会对政治制度的发展起到阻碍作用。

政党监督作为政治体系和政治行为的一个方面,是一定政治文化环境蕴育而成的,离开相应的政治文化环境,政党制度和政党监督就有不一样的效果。因此,作为一个产生于中国土壤的参政党,它对执政党的监督实践必然受中国传统政治文化的影响。中国传统政治文化主要是指鸦片战争以前在中国占主导地位的政治文化,从时间范围上来说,应是从周秦到清朝末期三千多年所形成的政治文化,其主体就是封建时代的政治文化。中国传统的封建主义政治文化,就是以自然

---

① G. Almond, "Comparative Political System". *The Joural of Politics*, Vol.18.

经济和专制政治为特征的历史传统,再加上以牢固的血缘关系为基础的社会组织结构,两者在主观意识领域均有比较顽强的表现。由于中国传统政治文化形成于封建主义的历史中并长期发展,因而它所产生的影响是久远的。即使是在社会主义制度建立以后,邓小平还指出:"肃清思想政治方面的封建主义残余影响这个任务,因为我们对它的重要性估计不足,以后很快转入社会主义革命,所以没有能够完成。现在应该明确提出继续肃清思想政治方面的封建主义残余影响的任务,并在制度上做一系列切实的改革,否则国家和人民还要遭受损失"。① 当然我们不能把中国传统政治文化完全等同于封建主义糟粕,邓小平这里所说的封建主义残余主要是指中国传统政治文化中的消极因素,比如官本位思想、家长制作风、臣民意识、等级观念以及"不在其位不谋其政"等有悖于现代政治文化的理念。中国传统政治文化中的这些消极因素不仅严重影响了社会主义民主政治的发展,而且也不利于中国参政党民主监督的开展。

二、法治传统的缺失对政党体制的影响

中国传统政治文化中强调的是以礼治大夫,以刑治庶人,至于君主帝王,则不受任何法规的约束,"王"就代表"法"。由于缺乏一个社会全体共同遵守的普遍法律规范体系,整个政治文化表现出一种极强的人治特征。这种重"人治"而轻"法治"及"制度"的文化传统,与现代政治的法制化进程、政党制度的发展要求背道而驰。

1. 中国传统政治文化中的"人治"思想

中国古代传统的治国思想主要是"人治",所谓"人治"就是指要依靠统治者个人的贤明来治理国家,其核心是"为政在人"。儒家

---

① 《邓小平文选》第2卷,人民出版社1994年版,第335页。

思想中的性善论，决定了以道德的完善作为人类追求的最高价值，凝结在政治文化中就是把道德与政治相结合，主张通过"德治"和"礼治"维护社会秩序。因此，中国古代将政治的清明廉洁完全寄托在道德完善化了的人身上，奉行修身、齐家、治国、平天下的贯通为一，主要强调统治者的自我修养，自我约束。人治的中国，由拥有道德最高权的领导者依据其判断力来作决策，并非受法律规章的限制，正如其代表荀子在《君道篇》中明确提出的"有治人、无治法"，也就是治理国家关键在人而不在法。

当然，中国传统政治文化中并不是没有"以法治国"的思想，法家很多代表如管仲、韩非就曾主张以法为治，而他们所谓的"法治"本质上不过是特定时代道德体系的附庸，它的作用是以国家强制力来维护政治伦理体系。这里的"法"只是为皇权服务的工具，法自君言，言出法随，法家的以法治国无非是君主的意志治国。可见，"法治"在中国传统政治文化中始终处于人治政治体制和德治治国方略的辅助枝节地位。外国学者汤森和沃马克在评析中国古代政治中的"人治"思想时，指出："坚持从道义上赢得政治权威并通过捍卫道德学说来表现这种权威，这对帝国制度的运作是个根本的因素。由于缺乏对政府权力的制度上的牵制，那么用什么来阻止权力的滥用并保证政府将真正为社会服务？儒家意识形态提供了答案：好人，而不是制度化的限制，才是好政府的保证。……为了确保政治决策的公正和明智，中国的传统依靠为官者的个人素质，而不是依靠规则或体制结构"。[①]

2. 法治传统的缺失对中国政党体制的影响

由于长期受"人治"思想的影响，人们觉得利益的取得和维护无

---

① [美]詹姆斯·R.汤森、布兰克利·沃马克：《中国政治》，顾速、董方译，江苏人民出版社1994年版，第42页。

需靠法律制度来实现，认为拥有道德最高权的统治者有能力解决所有问题，并对自己提供应有的保障，所以表现在政治生活中，人们对中国当代政党体制法制化建设的要求就十分微弱。

因为法治意识的淡薄，加之新中国建立后长期实行的计划经济体制的原因，直到改革开放之前，中国共产党的领导与执政并不以法律作保障，更多的是靠共产党领导革命胜利的功绩和重要领导人的威望作支撑，靠中央文件与政策来强化。可以说，长期以来共产党并不重视法制建设，比如在1957年的共产党整风运动中，民主党派中的一些法学专家提出的要实现"法治"的正确观点被中共领导人批判为右派言论。1958年毛泽东在中共中央政治局扩大会议上指出："法律这个东西没有也不行，但我们有我们这一套"，"不能靠法律治多数人。多数人要养成习惯。军队靠军法治人治不了，实际上是1400人的大会治了人。民法、刑法那样多的条文谁记得住？宪法是我参加制定的，我也记不得"，"我们每个决议都是法，开会也是法"，"主要靠决议、开会，一年搞几次，不靠民法、刑法来维持秩序"。刘少奇还补充说："到底是法治还是人治实际靠人，法律只能作办事的参考"。[①] 正是由于长期受"人治"传统思想的影响，中国当代政党体制没有严格全面的法律制度保障，最终酿成"文化大革命"中政党体制被随意破坏的局面。

与西方发达国家相比，中国一直缺乏良好的法治传统，所以无视甚至破坏法律制度的事情频繁发生。中国共产党在吸取"文化大革命"的教训之后，逐渐开始推动中国当代政党体制的法制化进程。1993年的宪法修正案第一次将中国共产党领导的多党合作和政治协商制度纳入国家根本大法，从此中国政党制度才成为受宪法保护的重要政治

---

① 郭道晖：《法治：从蒙昧到觉醒的五十年》，载《苏州大学学报》2000年特刊。

制度。但同为中国的基本政治制度，中国的政党制度与人民代表大会制度和民族区域自治制度的法制化建设相比，却有明显不足。人民代表大会制度和民族区域自治制度，除了宪法中有专章规定外，关于它们具体的操作与运行还制定了专门法律予以保障，比如《中华人民共和国人民代表大会组织法》以及《中华人民共和国民族区域自治法》等。而对于多党合作和政治协商制度，除了宪法序言中的一句话外，目前没有出台一部有关它的法律。由于中国政党体制法制化建设不足，民主党派民主监督受到的关注与重视自然受其影响，如根据南京铁道医学院法律系的学者们做的一份社会调查，其中一项是按重要程度排列监督机制，民主党派监督被排在最后一位。

三、民主传统的缺失对政党体制的影响

"文化大革命"以后，邓小平在总结中国政党制度曲折发展的历史教训时指出："旧中国留给我们的，封建专制传统比较多，民主法制传统很少"，① 中国缺少现代民主政治发展的政治文化土壤，传统政治文化中的特权思想、官僚主义、家长制作风以及公民权利观念薄弱等弊端不适应甚至阻碍当代中国政党制度的进一步发展，这是导致参政党民主监督难以充分发挥的深层次原因。

中国传统政治文化中"民主"一词意思是"人民的主人"，并非指"人民的权力"，可以说，中国古代数千年来一直受封建宗法传统的影响，形成了以家长制为基础的专制主义政治体系，从没出现过真正意义上的民主政治。中国传统政治文化的显著特征就在于专制主义和宗法伦理的紧密结合，专制主义和宗法伦理的最直接体现就是官本位意识和家长制作风。"所谓'官本位'，就是'以官为本'，一切

---

① 《邓小平文选》第2卷，人民出版社1994年版，第332页。

为了做官,有了官位,就什么东西都有了,'一人得道,鸡犬升天'。这种'官本位'意识,流传了几千年,至今在我国社会生活中有着很深影响"。① 目前一些共产党的领导干部脱离群众、当官做老爷的官僚主义作风,很大程度上源于官本位意识。所谓家长制作风,就是强调个人独断、凌驾于组织之上的专权思想。中国传统政治文化中的这种官本位意识和家长制作风对中国政党体制的影响必然是执政者集中权力、强化权力,而轻视公民权利对国家权力的制约,缺少责任感和接受监督的意识,具体表现在:

第一,执政党与国家权力高度融合。执政党权力过分集中,一方面表现在共产党内部,"在加强党的一元化领导的口号下,不适当地、不加分析地把一切权力集中于党委,党委的权力又往往集中于几个书记,特别是集中于第一书记,什么事都要第一书记挂帅、拍板。党的一元化领导,往往因此变成了个人领导"。② 个人权力过分集中,个人决定重大问题,个人凌驾于组织之上,这都是家长制作风在作怪,它破坏了国家的民主政治生活。各级政府部门中都有大权独揽的家长式人物,他们同下级的关系形同旧社会中的君臣父子关系,他们说一不二,别人都要唯命是从,甚至还要对其阿谀奉承,无原则地服从。由于他们的权力不受限制,因此对于大多数担任副职的民主党派成员对共产党领导干部的民主监督只能是一种形式而已。另一方面表现在共产党与民主党派之间,执政党与参政党相比,在阶级基础上,中国共产党是无产阶级和中华民族的先锋队,代表各族人们的利益,党员人数超过八个民主党派成员总数的 100 倍,从地方到中央都有健全完善的组织;在政治地位上,虽然执政党与参政党都是政党体制的政治主

---

① 江泽民:《论党的建设》,中央文献出版社 2001 年版,第 446 页。
② 《邓小平文选》第 2 卷,人民出版社 1994 年版,第 329 页。

体,但共产党始终处于领导和执政地位,能够最大限度地靠近和掌握公共权力。作为社会主义事业的领导核心,共产党的领导应是对政治方向、政治原则的领导,在现实生活中发挥总揽全局、协调各方的作用,但由于权力的过分集中,共产党的领导变成了片面地去追求"统领一切"、"决定一切",变成了对公共权力的完全主导。因此,由于权力分配的严重倾斜,参政党在国家政治生活中所发挥的作用因为所掌握权力的有限而受到很大局限,参政党对执政党的民主监督也因为力量悬殊而变得软弱无力。

第二,执政党对参政党的排斥心理。由于民主传统的缺失,中国共产党长期受家长制作风的影响,缺乏民主意识,更不了解民主政治的规则。井冈山时期,毛泽东指出:"封建时代独裁专断的恶习惯深入于群众乃至于一般党员的头脑中,一时扫除不净,遇事贪图便利,不喜欢麻烦的民主制度"。[①] 抗日战争时期,刘少奇在宣扬民主精神时说:"中国是一个缺乏民主传统的国家,一般人没有经过民主训练,不懂民主。而我们党内,也有很多党员不了解民主"。[②] 新中国建立后,彭真强调:"我国经历了几千年的封建社会,封建残余思想至今影响着我们。有的人没有当'长'的时候对民主和法制还觉得重要一点,当了什么首长就对民主和法制不那么热心了,甚至有点嫌麻烦了"。[③] 正是因为民主意识的淡薄,没有按照民主规则行事的习惯,所以中国共产党对民主党派的认识存在偏差以至于在心理上出现排斥,这种排斥从当代中国政党体制建立之始,就一直存在着。

建国初期,中国共产党党内一部分同志产生以功臣自居的思想,认为民主党派的作用只是"一根头发的功劳",不应该在国家政权中

---

① 《毛泽东选集》第1卷,人民出版社1991年版,第72页。
② 《刘少奇论党的建设》,中央文献出版社1991年版,第316页。
③ 《彭真文选》,人民出版社1991年版,第534页。

担任领导职务，还有的认为与民主党派进行民主协商很"麻烦"，主张取消或者合并民主党派。可见，虽然多党合作和政治协商制度已经建立，但共产党内部很多同志并没有把民主党派看做是民主政治的一部分，看做是政党体制中的政治主体，这正是中国传统政治文化中独断专权的意识在作怪，而这种意识对共产党的影响一直延续到了现在。目前，在共产党和民主党派的监督问题上，共产党的很多领导干部官气十足，听不得批评建议，容不得民主监督，要么将政党间的相互监督错误地理解为只能是共产党监督民主党派，要么就一些重大问题只有在决策之后才象征性地征求民主党派的意见，把民主党派的民主监督当做一种形式"走过场"。还有更严重的是给民主监督设置障碍，想方设法阻挠党外监督，并对提批评意见的民主党派成员给予打击报复，比如，李宝善事件就很典型。1986年1月，九三学社成员、中国唱片公司上海分公司副总经理李宝善，用具体事实向上级领导部门揭发了该公司总经理孙立功以权谋私、搞不正之风的问题，结果却遭到打击报复，李宝善因此不仅丢掉领导职务，被撤销区政协委员资格，而且个人名誉受到严重损害，终于在1987年愤而出国。如果共产党轻视了民主党派的民主监督，长此以往，民主党派很容易产生"说和不说一个样"的想法，就会失去监督共产党的积极性。

总之，传统政治文化中的一些消极因素制约着中国特色参政党民主监督制度的完善，严重影响了社会主义政治文明的建设，我们必须高度重视现代政治文化的养成以及传统政治文化的改造，尽可能减少传统政治文化中一些消极因素对民主政治发展的不利影响。

第二节 参政党自身建设相对滞后

作为民主监督的主体，民主党派自身建设的局限性在很大程度上影响着民主监督的质量和效果。首先,民主党派不能充分认识自己的政治地位和政治权利,导致政党监督意识不强。民主监督意识不强是思想上深层次的问题,这与中国缺乏民主意识传统有关。其次,与共产党相比,民主党派的力量比较薄弱,组织不够健全。再次,民主党派成员缺乏必要的政治理论水平和政治实践锻炼,政治素质不高必然影响其政治协商、参政议政、民主监督职能的发挥。以上因素决定了民主党派很难进行有力有效的民主监督。

一、参政党的臣民意识占主导

目前,民主党派自觉履行民主监督职能的意识不强,缺乏监督的主动性和积极性,在思想认识上主要表现为两种情况:一种不敢监督,害怕监督;另一种是不愿监督,不想监督。造成参政党民主监督意识不强的深层次原因是中国传统政治文化中的臣民意识。中国古代的臣民意识在政治关系上的表现就是各级官员对皇权的崇拜与依附,下级对上级权力的崇拜与依附。

第一,臣民意识长期潜藏滋长于中国当代政党体制中,在参政党身上就以政党意识不强的形式表现出来。参政党政党意识不强又表现在独立意识与平等意识的缺乏上。政党是拥有政治纲领和政治目标的独立的政治组织,独立意识和平等意识是政党自由表达所代表阶层利益要求、进行政党监督的重要保证。在中国当代政党体制中,由于长期臣民意识的侵蚀,民主党派虽作为与共产党平等的政治主体,但它的独立性却在不断淡化。从建国初期开始很长的一段时间里,民主党派多次表示自己的历史使命已经完成,作为人民的政治性的组织已经没有存在的必要,如民盟、民进以及九三学社都曾经酝酿解散,最终是在中共领导的努力劝说下得以保留下来。之后,各民主党派在成员发展、机关建设以及活动经费筹集等方面同样需要共产党的大力支持和帮助,可以说,共产党无论在政治上还是在经济上都做了周到的安排,这就从客观上形成了民主党派对共产党的依附心理,从而影响了民主党派对共产党监督的信心和勇气。因此,民主党派在履行民主监督职能时在思想上就会出现第一种情况:不敢监督、害怕监督,因为他们认为共产党说了算、权力大,对共产党进行监督害怕超越权位,害怕共产党对其打击报复,从而不敢冒这个政治风险。常表现为,在非正式场合,民主党派就国家重要问题畅所欲言,但在形成意见提交和建议时,却存在畏惧心理,不敢承当相应的政治责任,更难以对重大问题提出大胆真实的有效方案。尽管有时一些民主党派代表敢于说真话,讲实情,也是因为被监督者的肚量大,可谓被监督者的肚量和监督者的胆量是成正比的。

第二,臣民意识的渗透导致参政党部分成员中存在清官思想和不在其位不谋其政的观念。清官思想和不在其位不谋其政的观念其实就是中国传统政治文化中民众臣服的价值取向,这同样影响了参政党民主监督的积极性。正如一位外国记者所说:"怎么确保这些民主党派的积极性,因为他们不管做得多好,都没有办法执政,他们做得多坏都不能退出这个统一战线"。① 民主党派成员中很多都有这样类似的想法,他们认为是共产党请自己来监督的,虽然是监督主体,但在目前的政党体制框架下,自己仍然是"客人",哪有"客人"监督"主人"的道理,于是在思想意识上就表现出另一种情况:不愿监督、不想监督。与其"说了白说",倒不如不说装糊涂,或者抱着走走过场的心态应付了事,提一些无关痛痒的意见和建议,不去追究监督的实际效果和被监督部门对监督的反馈意见等等。

同时,民主党派缺乏监督的主动性和积极性,对民主监督存有顾

---

① 《国新办中央统战部副部长陈喜庆记者招待会》,载《人民政协报》,2004年12月5日。

忌，也是因为共产党历史上多次大规模的政治运动对民主党派造成的伤害。上世纪 50 年代后期的反右派斗争扩大化以及后来的"文化大革命"中，民主党派就是因为对共产党提出真心实意的批评和建议而付出惨痛代价的。因此，民主党派担心民主监督得罪人，多一事不如少一事，更多地追求与被监督者之间相安无事的关系。从自身安全角度考虑，民主党派成员也不愿意对共产党进行尖锐严厉的批评，这样导致的监督结果是：赞扬肯定的多，批评建议的少；讲社会现象的多，说党政问题的少；监督基层单位多，监督领导机关少。

二、参政党组织队伍建设薄弱

参政党民主监督在现实中出现很多不尽如人意的地方，与参政党自身队伍建设薄弱有关。与执政党相比，参政党的力量比较弱小，不论是从成员人数、成员政治理论素质和政治实践能力方面，还是从各级组织机关的建设方面，都存在相对滞后的现象，参政党与执政党力量的不对称性，必然导致参政党对执政党的民主监督力不从心。

第一，从民主党派的成员人数上来看，据统计，到 2007 年 6 月，中国共产党全部党员人数已经达到 7336.3 万人，而各民主党派的全部党员人数总和也只不过是 71 万人。二者相比，民主党派成员人数不及共产党党员人数的 1%。让 1 名民主党派成员去监督 100 多名共产党员，当然显得相当无力。虽然从建国到现在，八个民主党派的成员人数不断显著增长，从 1949 年的 1 万人，到 1989 年的 33 万人，再到 2007 年的 71 万人，不到 60 年的时间里整整增长了 71 倍，但是这个速度和规模与共产党党员人数的发展相比仍小得多。特别是在中共十六大上江泽民提出要把承认中国共产党的纲领和章程、自觉为其路线和纲领而奋斗、经过长期考验、符合中共党员条件的其他社会阶层的先进分子吸收到中共党内来之后，又有很多新的社会阶层加入中国共产党，从而造成执政党的阶级构成和社会基础不断扩大，力量不断增强，而参政党的力量则相对弱小，这就必然影响到参政党所代表阶层的广泛性，很大程度上限制了参政党的利益表达以及监督职能的发挥。

第二，从民主党派成员的政治素养上来看，民主党派的性质决定了民主党派成员的主要构成是中高级知识分子，他们几乎都是各个领域的专家学者，有较高的文化学历和技术职称，在国内外学术研究领域有较突出的业务成就和学术声誉。这就像一把双刃剑，既有有利的一面，也有不利的一面。民主党派成员虽然在自己专业的领域成绩斐然，但由于缺乏必要的政治理论水平和政治实践能力，参政议政、民主监督对于他们来说有些像"业余闹革命"。新世纪新阶段，在民主党派领导班子新旧交接的转化过程中，老一辈民主党派重要领导逐渐退出历史舞台，对民主党派的民主监督产生一定影响。这是因为，新中国建立初期时的民主党派绝大多数成员，不仅拥有渊博的知识和一定的社会知名度，而且他们大多是著名的政治家和社会活动家，以张澜、黄炎培、李济深、沈钧儒、马叙伦等为代表，他们都经过民国初年议会多党政治的熏陶，体验了多党制在中国的坎坷命运，并对当代中国政党制度的发展有着自己独特的思考，可以说这一代民主党派重要领导有着丰富的参政议政和民主监督的经验。但目前年轻一代的民主党派成员缺乏类似的政治历练，缺乏为实现民主政治而奋斗终生的坚定的政治信念，再加上知识分子固有的"穷则独善其身"的特质，因此，他们在对共产党进行民主监督的过程中，稍微遇到些困难，就无从下手，最后干脆返回去继续搞自己的本职工作，不愿为民主监督、参政议政投入更多时间和精力。

第三，从民主党派的组织机关建设方面来看，当前，民主党派的组织不够健全，仍有相当部分的基层组织处于较弱甚至涣散状态，组织活动内容单调，缺少经费，组织机关无专职领导，在个别地市级的党派组织中仅仅只有一名成员，既担任主委，又担任秘书长，同时还是工作人员，甚至当一些地区的人大、政府、政协换届时，很难在这一级别的民主党派组织中选拔到领导干部。由于基层组织建设不完善，分散在各个具体业务领域中的民主党派成员，基本脱离组织活动，很多成员认为政治协商、民主监督只是上级领导们的事情，这就使得民主党派潜在的巨大能量难以凝聚起来，更难形成民主党派的监督合力，因而出现民主党派监督冷热不均的现象。同时，中国各民主党派作为政治协商的主体，由于他们自身组织建设的薄弱性，直接导致其利益表达范围有限，不能深刻反映中国社会基层群体的利益和诉求。虽然当前中国各民主党派成员的数量已发展到约 80 万人，但从全国范围看，民主党派人数仍十分有限，分布也不均衡。一些地方本没有民主党派的成员，但由于政协组织需要包含民主党派成员，就匆忙发展一些党派成员，使这些成员跳跃式地进入政协组织，并在其中扮演重要角色。在中国还有相当多的政协组织，特别是地区、县级的政协组织，没有或很少含有民主党派成员，很难设想这些跳跃式进入政协组织的成员能够很好地行使民主监督的职责。

　　第四，从民主党派发挥监督职能的重要机构政协来看，由于政协委员经常游离于政协组织之外，使政协难以充分发挥政党监督的整体作用。目前政协组织运行方式中缺少方便的日常组织联络机制，政协委员每年参加完政协大会之后，大多数委员与政协组织基本处于隔绝状态，联系甚少，这就不利于各地方民主党派成员通过政协组织发挥其民主监督职能。同时，政协组织与政协委员、委员与所代表的政党成员群体之间，缺乏广泛及时的信息互动交流渠道。"从政协委员的数量构成分析，目前全国各级政协委员约有 61 万人数之多，其中，有 37.7 万名民主党派成员、无党派人士担任各级政协委员。各民主党派和无党派人士占了其中的60%之多。全国政协十一届一次会议时，民主党派成员、无党派人士1345人担任全国政协委员，占60.1%；195人担任全国政协常委，占65.4%；13人担任全国政协副主席，占52%。上述这些比例安排实际是2005年中共中央'5号文件'的要求。如果这一比例大致不变或略低一些，在全国各级政协组织中，各民主党派成员占全国各级政协委员总数的20%左右。这也就意味着，在中国政治舞台上影响力有限且影响力呈下降趋势的各民主党派，其成员总人数只有中共的1%。"① 政协组织运行方式的缺陷导致民主党派以政党名义监督共产党的实效大打折扣，影响参政党民主监督作用的发挥。

三、政治协商参政议政职能发挥有限

中国共产党领导的多党合作和政治协商制度，把政党监督寓于政治协商之中，而参政党的参政议政，单从议政这个方面讲，就是参政党对执政党以及政府的工作提出自己的意见、批评和建议。所以说，参政党的民主监督职能始终贯穿于政治协商和参政议政过程当中，如果参政党的政治协商和参政议政职能不能充分发挥，那么势必影响到民主监督的质量。

第一，参政党政治协商职能发挥不充分。所谓政治协商，主要是指参政党和执政党对国家和地方的大政方针以及政治、经济、文化和社会生活中的重要问题在决策之前进行协商和就决策执行过程中的重要问题进行协商。参政党与执政党的政治协商主要是通过人民政治协商会议这一机构以及双方定期召开的座谈会等形式实现的。关于政治

---

① 李羚：《政党监督视角下人民政协民主监督有效性思考》，载《人民政协报》，2013年4月19日。

协商的作用,邓小平曾指出:"共产党总是从一个角度看问题,民主党派可以从另一个角度看问题出主意。这样,反映的问题更多,处理问题会更全面,对下决心会更有利,制定的方针政策会比较恰当,即使发生了问题也比较容易得到纠正"。[①] 可见,有效的政治协商有利于制定正确的决策,保证民主监督真正起作用。但在实际运作中,由于政协章程仅就政治协商的形式和内容作出明确规定,对于协商结果应该怎样处理和执行并没有作出规范,所以,民主党派与共产党政治协商的结果是否有效,往往取决于中共各级党组织和领导人的意志是否得以实现。当协商结果符合共产党自身利益时,中共各级党组织和领导人就按协商的内容办事,表明协商的结果是有效的,反之则是无效的。这样就使人们把政治协商看成是无关紧要的环节,甚至认为人民政治协商会议就是个举手的机构,开会时轰轰烈烈,闭会后冷冷清清,是个"清谈馆"。民主党派在与共产党就国家重大事务以及国家重要领导人选的决定上,往往都会支持和配合实现共产党的"意图",很难真实表达自己的意见,而这样的民主监督实际上只是形式而已。总之,目前的政治协商在很多方面和环节,没有形成相互配套的制度规范,缺乏运作的程序性,因此参政党政治协商职能发挥受限,从而影响民主监督的质量。

第二,参政党参政议政职能发挥不充分。参政议政是参政党的基本职能之一,参政党参政议政职能的履行,不仅有利于帮助执政党以及政府部门制定科学的决策,有利于推动和检验决策的贯彻与执行,而且还有利于监督重大措施计划的实施情况。可见,参政党的参政议政也是在发挥民主监督的作用。目前,民主党派的参政议政还存在很多问题,参政议政工作机制尚不够健全,没有完全形成一套成熟的运

[①] 《邓小平文选》第 1 卷,人民出版社 1994 年版,第 273 页。

行机制,普遍缺少可操作的制度性规范。首先,从保障机制方面来看,民主党派的基层组织中由于人员、经费的缺乏,绝大多数没有设置参政议政的专门机构,从而限制了参政议政工作的开展,并且共产党对民主党派的参政议政不够重视,主要表现在政府权力部门中安排民主党派代表任职的情况,与建国初期相比,出现了"倒退"现象,目前各级权力部门中的民主党派干部无论在数量上还是职务级别上都呈下降趋势。其次,从参政议政的内容上来说,很大程度上受到中共党委和政府意图的限制,更多是关注经济建设的政策建议,很少涉及政治层面的监督,比如对执政党和政府的重大决策的制定和实施情况,中共党委和各级领导干部依法执政等方面的情况。再次,从参政议政的渠道上来说,目前,民主党派的参政议政主要是通过听取情况通报会、参加人民政治协商会议和人民代表大会等渠道来参与政治运作,再加上他们在政府部门的任职数量相对减少,因此民主党派很难对政治过程进行深度参与,对共产党的监督也觉得无从下手。

第三节 参政党监督机制存在缺陷

"机制"一词最早广泛应用在物理学、医学、生物学等自然学科中。英文中的"机制"为"mechanism",有"构造"的含义。在《现代汉语词典》中,对"机制"一词的解释包括四个方面,概括起来的就是指某些要素相互作用的规律性模式。社会科学引用"机制"这一概念所表达的含义相当复杂,各个学科、各派学者都从自己的研究领域和研究内容进行多种角度的定义。本文更倾向于将"机制"定义为"建立在结构之上的,与构成制度体系有关的各个组成部分和环节,通过彼此之间的相互推动和制约,促使系统获得良好功能输出的具体作用方式"。① 从这一角度，我们给参政党监督机制下一个定义，参政党监督机制是指建立在当代中国政党体制框架上，参政党履行民主监督职能所需要的制度法规、组织机构、程序渠道等要件以及这些环节之间的相互关系，大体上可以分为参政党监督保障机制和参政党监督运行机制两个方面。参政党监督机制的不完备，一直制约着民主监督的发展。

一、参政党监督保障机制不健全

在社会主义监督体系中，司法监督有程序、行政监督有规章、舆论监督有阵地、共产党党内监督有纪律，可以说这些监督基本上都能名副其实，而唯独民主监督是"软监督"或"虚监督"。现实中参政党的民主监督存在很大的随意性，这与参政党监督保障机制不健全有很大关系，主要表现在：

第一，参政党民主监督缺乏制度法规保障。中国从20世纪80年代末起，才开始逐步将参政党民主监督纳入制度化的轨道。1989年出台了全国政协委员会《关于政治协商、民主监督的暂行规定》，颁布了中共中央《关于坚持和完善中国共产党领导的多党合作和政治协商制度的意见》；1995年全国政协委员会修改了《关于政治协商、民主监督、参政议政的规定》；2004年通过了《中国人民政治协商会议章程修正案》；2005年中共中央颁发了《关于进一步加强中国共产党领导的多党合作和政治协商制度建设的意见》等。这些文件中除了执政党的党内文件，就是人民政协的内部文件，它们虽然具有很高的规格，但都毕竟不是法律。在现代国家制度中，任何政治组织在国家权力运行链条中的地位和作用，其自我定义都是没有法定效力的，

---

① 吴忠民、谢志强：《社会学理论和方法》，中央党校出版社2003年版，第75页。

这也正是参政党民主监督的"软肋"。尽管,早在1993年的宪法修正案中就将中国政党制度写入宪法,中国共产党领导的多党合作和政治协商制度受到法律保护,但直到现在,关于参政党民主监督的具体的法律规定仍没有出台。同时,现有的不论是执政党的党内文件也好,还是人民政协的内部文件也好,关于参政党的民主监督只是在总的原则、监督内容与方式上作出相关规定,而没有实施细则,比如监督程序、监督职责等都缺少可操作性的规范、章程。

长期以来,关于民主监督,共产党领导人要求"各级党委和领导干部要主动接受民主党派的监督,闻过则喜,从善如流,特别是要听得进逆耳之言,容得下尖锐批评,有则改之,无则加勉。广纳群言,以收众益,这应成为我们党各级领导干部的座右铭"[①]。而民主党派领导人也曾提出:"民主监督,我看就八个字:你有肚量,我有胆量"。[②] 致使参政党民主监督的实现程度,基本取决于共产党各级党组织和党员领导干部的虚心接受程度。如果中共各级党组织及其领导人愿意听取批评建议,民主党派的民主监督作用就发挥得好,反之则不然。参政党民主监督的实现居然要依赖共产党的自律性和"肚量",这恰恰就反映出参政党监督缺乏制度法规的保障。

第二,参政党民主监督缺乏组织保障。尽管参政党的民主监督职能早已产生,但直到现在,参政党都没有建立以民主监督为基本任务的专门监督机构。参政党的三项基本职能中,政治协商、参政议政工作的展开之所以要比民主监督顺利得多,原因之一就在于它们有组织保障。很多民主党派组织中都设有调研处和参政议政委员会,负责定期的参政议政课题和提案准备工作,政协和人大中也都设有相关的工

---

① 《江泽民文选》第3卷,人民出版社2006年版,第146页。
② 吴美华:《当代中国的多党合作制》,中共党史出版社2005年版,第205—206页。

作委员会，比如政协中的提案工作委员会。可民主监督，却没有专门的工作机构，更没有专职人员去处理参政党向执政党和政府提意见和建议的相关事项，而参政党民主监督的主要渠道人民政协和人民代表大会中也唯独没有建立专门行使监督的委员会。同时参政党发挥民主监督作用的另一重要途径——特约监督人员的拟聘单位，也缺少能够管理整合好特约监督人员的机构和相关部门。"特约人员"统一性、组织性不强，很多部门甚至直接聘任自己部门内部的民主党派成员为"特约人员"，出现自己监督自己的局面。这就使得参政党监督缺乏身份和组织保障，从而影响民主监督职能的充分发挥。

二、参政党监督运行机制不完善

从实践来看，民主监督一直缺少必要的程序建设，理论上的指针难以转化为实践中的行动。德国学者哈贝马斯在论述民主政治时说，在民主政治这个旋转的陀螺中，"程序的作用是至关重要的"。民主监督也是同样，没有一种配套的、具体的、完备的运行机制，再好的理论也只能是一纸空文。改革开放以来，尽管我们已经意识到民主监督制度化建设的重要性，但对具体的运行机制则缺乏更多的探讨，这就使得民主监督总是停留在理念和原则的层面上，难有实质性的发展。

所谓程序，通常是指人们为了完成某项工作或达到某项目标而设定好的顺序和步骤。根据这一概念，我们把参政党监督运行过程分为民主监督前、民主监督中和民主监督结果三步走，那么参政党监督运行机制不完善就在于这三个步骤有缺陷。

第一，参政党民主监督前，知情渠道狭窄，政治信息流通不畅。知情是民主监督的先决条件。目前，参政党获得关于执政党和国家重大事务信息的主要渠道是双方定期召开的协商座谈会，但仅仅就这一渠道，信息流通也有明显的逐层递减趋势。在中央层面，执政党与参政党相互交流的次数多并且有保证，而在基层，双方的协商讨论却不够。同时一些职能部门，对重大决策和重要人事任免，通常是在方案已定即将公布之时，才拿出来向民主党派负责人征求意见，这种带有突发性的告知方式，就使参政党监督只能处于被动的应付状态。参政党对执政党和政府的重大方针政策的知情范围有限，参与决策的机会不够，了解情况不真，掌握材料不实，必然影响民主监督的效果。

第二，参政党监督过程中，监督手段单一，缺乏与其他类型监督的结合，从而无法形成监督合力。从理论上讲，参政党监督的形式是多样的，它可以通过人大、政协、各级政府部门等途径对执政党和权力机关实施民主监督，但在实际运行中，却有很大差距，比如缺乏与人大、司法等权力性监督形式的结合，使民主监督失去权力支撑，没有刚性；缺乏与共产党党内监督的结合，削弱民主监督的政治性；缺乏与社会舆论监督的结合，不能真正并广泛地反映社情民意，失去足够的社会影响力。总之，参政党监督由于缺乏与权力监督和社会监督的横向合作，从而影响了参政党民主监督的制约力和民意支持。

第三，参政党监督结果得不到反馈，同时对民主监督自身也缺乏评估考核。由于参政党民主监督属于非权力性监督，缺乏制约力，各民主党派只能以发言提案、反映社情民意等方式对共产党及其政府履行监督职能，因而在实际运行过程中，对于参政党的提案，提出的意见、批评和建议等，一些职能部门及其领导要么置之不理，要么拖着不办，这样的监督结果得不到及时反馈和跟踪调查，监督最终只能是不了了之。同时，因为任何权力都需要监督，包括民主监督自身也需要监督，但目前还没有形成对参政党监督效果和作用的评价标准，对监督绩效即没有外部评估，也没有内部考核，因而无法激发参政党自身的监督积极性。

第六章　完善参政党民主监督的途径

　　通过梳理参政党民主监督的历史发展过程，分析制约参政党民主监督的因素，我们可以总结出进一步完善参政党民主监督的途径：首先，建设社会主义政治文明是基础，参政党民主监督是中国特色政党制度不可分割的一部分，也是中国社会主义民主政治建设的重要内容，因此参政党民主监督职能要想充分发挥，就必须营造一种自由、民主、平等的政治环境和建立一个合理健全的政党政治结构作保障。其次，加快推进参政党建设是前提。作为参政党民主监督的主体，参政党自身的建设和发展势必会影响到监督作用的发挥，所以要完善参政党监督必须先要加强参政党自身建设。再次，完善参政党监督机制是关键。良好的运行机制是参政党监督具有长期性和稳定性的保证，如何在现有的监督制度框架下，充分挖掘和利用有限的监督资源，使各监督要素配套有效运转，对提高参政党民主监督水平非常重要。最后，注重与其他类型监督相结合形成监督合力。作为中国社会主义监督体系的重要组成部分，参政党民主监督只有和其他监督形式互相配合、互相补充，从而形成整个监督体系的合力，才能有效增强参政党民主监督的力度。为了适应新世纪新阶段对参政党民主监督提出的更高要求，我们必须从以上四个方面加强民主监督建设。

第一节 建设社会主义政治文明

进入新世纪新阶段，随着国际国内形势的不断变化，中国共产党领导的多党合作和政治协商制度面临着许多新情况新问题，民主党派民主监督对于中国特色社会主义政治发展的重要性也日益凸显。因而，我们必须站在建设社会主义政治文明、发展社会主义民主政治的战略高度，努力营造有利于参政党民主监督的宽松和谐、公平正义的政治环境，形成知无不言、言无不尽、广开言路、广纳群言的民主氛围。

一、保障人民民主权利

参政党民主监督制度设计的初衷就是扩大人民民主，民主监督是人民民主的一个重要表现，人民民主是一个内容丰富的大系统，它的内在性价值要求必须对公共权力进行切实有效的监督，以保证人民当家做主的尊严与权利。所以中共十七大提出，要扩大人民民主，保证人民当家做主，依法实行民主选举、民主决策、民主管理和民主监督。因此，参政党民主监督的进一步完善，从根本上说离不开社会主义民主的发展，民主的发展为民主监督的存在和完善奠定了基础。人类社会在不断追求民主的同时也伴随着对权力制约和监督的探索，政党政治、政党监督正是作为民主政治的范畴产生和发展起来的。随着生产力的发展，人民的民主意识和民主要求也越来越强烈，政党政治体现的民主原则和民主精神就越加丰富，这就使人们获得越来越多的民主权利，只有真正保障了监督主体的民主权利，监督才有威慑力，制约权力才会有效。反之，当民主发展不足时，监督活动就失去了根基。

从权利与权力的关系角度看，参政党对执政党的监督属于以权利监督权力，能够对国家公共权力产生积极制约作用的权利包括选举权、言论自由权、参与权、知情权以及对政府机构或官员滥用权力等违法行为进行检举和控告的权利等。所以，保障人民的参与权、知情权、表达权等民主权利是完善参政党民主监督的必要条件。那么如何保障人民民主权利？

第一，扩大公民的有序政治参与。民主的本性就是公民有权利参与国家政治生活，实现社会决定国家，这就客观要求公民必须自觉树立政治参与意识。增强公民有序参与政治的意识，树立民主法治、自由平等、公平正义的理念正是扩大公民有序政治参与、发展社会主义民主政治的重要支撑。因此，新世纪新阶段需要不断加强现代民主政治理念的社会化，建构参与型政治文化，从而使社会成员形成健全的公民意识，民主意识和参与意识，真正自觉地意识到自己主人翁地位，意识到自己有选举、监督、罢免国家官员的各项权利，体现社会主义民主的内在要求。

第二，健全民主制度，扩大基层民主。长期以来，我国公民直接参与国家政治生活的主要形式和渠道一直局限于三项基本政治制度，即人民代表大会制度、中国共产党领导的多党合作和政治协商制度以及民族区域自治制度。这些制度在新的历史时期已不能完全保障人民民主权利的广泛实现，因此，新世纪新阶段必须强化基层民主制度建设。邓小平曾提出要扩大基层民主，保障人民群众直接行使民主权利与参与管理和监督。他认为，要搞好民主监督，还必须使人民具有更多的民主权利，使广大群众通过行使知情权、选举权、参政权等民主权利来制约公共权力。2007年中共十七大明确提出要"发展基层民主，保障人民享有更多更切实的民主权利。人民依法直接行使民主权利，管理基层公共事务……对干部实行民主监督，是人民当家做主最有效、最广泛的途径"。①

二、落实依法治国方略

从反右派扩大化到"文化大革命"的十年浩劫，中国社会主义民主遭到严重破坏，参政党民主监督历经曲折，名存实亡。邓小平在总结这段历史的经验教训时指出："为了保障人民民主，必须加强法制。必须使民主制度化、法律化"，②"民主和法制，这两个方面都应该加强，过去我们都不足。要加强民主就要加强法制。没有广泛的民主是不行的，没有健全的法制也是不行的。……民主要坚持下去，法制要坚持下去。这好像两只手，任何一只手削弱都不行"。③可以说，依法治国既是社会主义民主政治建设的基本要求，也是其基本保障，因为只有法律才是扩大社会主义民主、维护社会安定秩序和保障人民民主权利的最有力武器。所以，新世纪新阶段必须按照中共十七大的要求，全面落实依法治国的基本方略，加快建设社会主义法治国家，为参政党民主监督营造良好的法制环境，促进参政党民主监督法律化的尽早实现。

第一，落实依法治国方略首先是要树立社会主义法治理念，尊重和保障人权。社会主义法治理念是根据中国实际和时代特征，赋予了中国鲜明特色的当代法治理念，它是中国立法、执法、司法、守法、法律监督等工作的根本指导思想。为此，中共十七大提出要把社会主义法治理念和国家各项工作法治化以及保障公民合法权益紧密结合起来。一方面，通过深入开展法制宣传教育，弘扬法治精神，使得全社会每一个成员都自觉学法守法，懂得用法律保护自己的权益；另一方

---

① 《中国共产党第十七次全国代表大会文件汇编》，人民出版社 2007 年版，第 29 页。
② 《邓小平文选》第 2 卷，人民出版社 1994 年版，第 146 页。
③ 《邓小平文选》第 2 卷，人民出版社 1994 年版，第 189 页。

面，尊重和保障人权，依法保证全体社会成员平等参与、平等发展的权利。对于中国这样一个几千年来缺少人权传统的国家来说，切实维护宪法赋予的各项人权，是建设社会主义法治国家的基础，更是以人为本的科学发展观的内在要求。把法治和人权保障紧密结合起来，有利于实现社会的公平正义。

第二，落实依法治国方略的重点是加强宪法和法律的实施。依法治国是共产党领导人民治理国家的基本方略，主要是指广大人民群众依照宪法和法律的规定，通过各种途径和形式管理国家事务，管理经济文化事业，管理社会事务，保证国家各项工作都依法进行。保证国家各项活动都依法进行，实质上就是在强调要全面贯彻宪法以及实施各项法律。亚里士多德关于法治的经典论述经常提醒人们关注法律实施问题，"我们应该注意到邦国虽有良法，要是人民不能全部遵循，仍然不能实现法治。法治应包含两重意义：已成立的法律获得普遍的服从，而大家所服从的法律又应该本身是制定的良好的法律"。[①] 可见，要实现加快建设社会主义法治国家的目标，除了要坚持科学立法、民主立法，做到有法可依，还要更加注重宪法和法律的实施，做到有法必依。

三、改善执政党执政方式

在中国特色的政党体制下，作为民主监督客体的中国共产党既处于领导地位，也处于执政地位，因此，民主党派民主监督作用发挥得如何，在一定程度上取决于共产党的领导方式和执政方式。执政方式是同社会环境、执政条件密切联系在一起的。现在的社会环境和条件既不同于民主革命时期，也不同于计划经济时代，执政的社会环境和

---

① ［古希腊］亚里士多德：《政治学》，吴寿彭译，商务印书馆1965年版，第199页。

条件改变了，执政党的执政方式必然需要改变。改革开放以来，随着社会主义市场经济体制和执政党执政经验的不断成熟，执政方式也有所改善，但现行执政方式一直受传统执政方式的影响很深，比如人治色彩较浓，权力集中的现象仍然存在等等。所以，新世纪新阶段，我们应该根据中国的国情和党情，继续改善执政党的领导方式和执政方式，这将涉及很多很复杂的内容，不过当前最需要做的就是要正确处理好两方面的关系：

第一，必须正确处理好执政党与国家政权的关系。我们提出要解决党政不分、以党代政的问题已经很久了，但一直以来这个问题都没有很好地解决。至今一些地方，仍然存在执政党党委代替立法机关、行政机关以及司法机关行权权力的现象。这主要是因为执政党党委与国家机关的权责不明晰。首先，关于执政党与人大的关系。执政党对人大的领导应该只表现在提建议和推荐候选干部上，共产党在宪法和法律范围内的活动必须接受人大的监督，人大也有权对执政党的重大决策提供咨询和意见。其次，关于执政党与政府部门的关系。执政党与政府部门的职责权限必须明确规范，凡是关系全局的重要决策，由执政党党委讨论决定后，交由政府部门组织实施，执政党不得直接干预政府的施政过程，执政党的领导要由过去的直接发号施令改变为通过国家权力机关对政府行政机关进行间接领导。正确处理好执政党与国家政权的关系，实质上就是二者适度的分权，执政党与人大、政府划分不同的权力范围和活动领域，客观上也是对全面参与国家政权的民主党派的一种分权，这样，参政党通过人大权力机关、政府各职能部门对执政党实施监督的力度就会大大增强。

第二，必须正确处理好执政党与参政党的关系。正确处理社会主义政党关系，是发展社会主义民主政治、建设社会主义政治文明的重要内容。新世纪新阶段要继续巩固和发展中国社会主义政党关系，实现政党关系长期和谐，就必须"既要坚持中国共产党的领导，又要促进多党派合作；既要提高党的执政能力，又要发挥民主党派参政议政的作用；既要重视做好民主党派的思想引导工作，又要真诚接受他们的民主监督；既要全面推进党的建设新的伟大工程，又要积极支持民主党派加强自身建设"。① 中国共产党对民主党派的领导，主要是在政治原则、政治方向和重大方针政策上的政治领导。这种领导的基本方式是把共产党的政治领导寓于团结合作和民主协商之中，在进一步做好对民主党派思想引导工作的基础上，共产党要充分尊重民主党派的政治地位和法律地位，视民主党派为组织独立的政党，支持民主党派独立开展和处理自己内部的事务，绝不能包办代替。另外，共产党自身要不断强化统战意识和多党合作意识，照顾民主党派的政治利益和经济利益，积极调动民主党派参政议政的积极性，真正把民主党派当做自己的诤友，对于民主党派提出的批评建议，要认真听取，择善而从。可见，共产党通过提高对多党合作事业的领导水平，进一步改善其执政方式。

第三，改进执政党作风建设，强化党内监督带动人民监督。1986年1月9日，胡耀邦在中央机关干部大会上的讲话中提出："应当增强党性。中央机关的党组织，首先是各部门的党委、党组，必须健全党内生活，克服软弱涣散，开展健康的批评和自我批评，注意倾听广大人民群众的呼声，接受人民群众包括下级机关的监督。凡属纪律松弛，工作涣散，不正之风畅行无阻，而又得不到切实纠正的单位，一定要严肃追究领导责任。我还代表中共中央宣布。按照我们的党规党法，一切忠诚正直的党内外同志，对于我们党的任何一级组织直至中央的负责人的严重渎职行为和违法乱纪行为，有权如实地向党中央报

---

① 《胡锦涛同志在第20次全国统战工作会议上的讲话》，载《人民日报》，2006年7月13日。

告。"习仲勋曾指出:"各级党委和政府的主要负责同志要带头做好统战工作,模范地贯彻'长期共存、互相监督、肝胆相照、荣辱与共'的方针。要广交、深交党外朋友,包括老朋友、新朋友,经常听取他们对本地区政治、经济、文化发展以及党风与社会风气等重大问题的意见和建议,真诚对待他们的批评和监督"。"要真正贯彻'双百'方针,充分尊重人们发表意见的民主权利。要让人家讲话,要听取各种意见,特别是不同的意见。即使有不妥当的意见,也不要大惊小怪,要采取民主的方法、谈心的方法共同讨论解决"。

综上所述,中国社会主义政治文明建设实现了人民当家做主、依法治国和共产党的领导三方面的有机统一,这三个方面的发展相辅相成,有利于推动中国民主政治的进步,为完善参政党民主监督提供了良好的外部环境。

第二节 加快推进参政党建设

全面加强参政党建设,不仅是坚持和发展中国共产党领导的多党合作和政治协商制度的要求,也是完善参政党民主监督的要求。因为作为民主党派监督的主体,参政党只有不断加强自身建设,包括提高政党意识,健全各级组织以及培养参政能力等,才能更有效地发挥对执政党的监督作用。同时,中国社会主义民主政治的不断进步,多党合作制度的不断完善,共产党领导水平和执政水平的不断提高以及中国特色政党关系的和谐发展,为加快推进参政党建设带来了前所未有的机遇。

一、增强参政党的政党意识

"参政党"这一独具中国特色的政党概念,是一个充分体现政党共性和个性的辩证统一的概念。它既体现了任何政党都必然与国家政权有密切关系的这一共性，又表现出区别于竞争性政党体制下政党为夺取国家政权而相互竞争的个性特点。在当代中国，参政党虽然已经认同执政党的意识形态，接受执政党的领导，但这并不意味就要丧失自己的政党功能和政党意识。

参政党政党意识，主要指参政党的一切言论和行为从民族、国家、人民的根本利益出发，在参与国家政治生活和发挥政党作用的过程中所表现出来的历史使命感、政治责任感和积极主动的精神。在民主革命时期，民主党派以追求民族独立，实现民主政治、国家富强为本党派的宗旨与目标，在与共产党合作共事的过程中表现中极大的使命感与责任感。在新中国成立初期，民主党派依赖其主要领导人物的政治理想和个人威望形成很强的感召力和凝聚力，政党意识表现明显。进入社会主义阶段，随着民主党派自身性质的变化和社会环境的变化，民主党派的政党功能一直不够完备，这就使得参政党的部分成员政党意识不强，政治主动性不够，从而在一定程度上影响了参政党职能作用的发挥。因此，民主党派当前必须认清自己在中国特色政党制度中的角色定位，增强政党意识，改变它在人们心中只是一个政治摆设的误解。

增强参政党政党意识，就要正确认识自己在国家政权生活中的政治地位、政治权利、政治责任，以高度的政治责任感，发挥积极主动的精神。1989年的《中共中央关于坚持和完善中国共产党领导的多党合作和政治协商制度的意见》中将民主党派确定为"参政党"，1993年宪法修正案中明确了参政党是中国特色政党制度中的有机组成部分，这些充分证明参政党享有在宪法和法律规定范围内的政治自由、组织独立和法律上的平等地位。它的一切正当活动和权益都受到宪法和法律的保护，同时也必须承担作为政党的政治义务。参政党拥有以建设社会主义现代化为宗旨的政治纲领，拥有广泛的社会联系和坚实的群众基础，拥有自己的领导核心、组织和纪律，它与执政党在政治权利上是平等的。所以，参政党应该明确自己姓"政"名"党"，作为全面参加国家政权建设的政党组织，绝不能把自己降低为经济组织、文化团体，一定要树立"立党为公"、"参政为民"的理想，应当看得大些远些，看到国家的命运、民族的前途、人民的利益，这样才敢于并善于维护自己政党独立及其成员组织的合法权益，为实现本党的政治纲领而勇于承担更大的政治责任。民主党派只有真正形成自己是作为一个政党而存在的观念，才会自觉履行作为参政党的各项职能，主动积极地参政议政和民主监督，对共产党的监督才能摆脱"怕越位"的心理束缚，敢于坚持自己正确的意见，真正做到知无不言，言无不尽。这也正是参政党政党意识的灵魂所在。

二、激发参政党的组织活力

参政党要顺利实现自己的政治任务，充分发挥自己的职能作用，不仅要依赖于正确的理论、纲领和路线，而且还要有牢固健全的组织作保证。因此，在新世纪新阶段，为了进一步完善参政党的民主监督，参政党必须重视自己的组织建设，加强整合领导集体，着重夯实参政基础，大力培养参政骨干，从而保证行使民主监督的载体——参政党组织不断焕发出生机和活力。

第一，加强参政党领导班子的建设。参政党的领导班子是它各级组织的领导核心，其工作能力、社会影响力等直接决定了参政党职能作用的发挥。所以，必须把建设高素质的领导班子放在参政党组织建设的首位。首先，各级领导干部要善于学习政治理论知识，增强政党意识，努力提高政治理论水平，参政议政能力以及党务工作的管理能力，尽快形成一支新时期参政党的专职政治家、社会活动家和党务管理专门人才队伍。其次,增强领导班子的内在凝聚力和社会影响力,加强民主集中制建设,坚持实行集体领导和个人分工相结合的原则,凡是遇到分歧的重大问题,必须从全局出发,集体讨论,加强协调,同时各党派重要领导人要通过自己渊博的学识、丰富的政治经验和较高的社会地位不断扩大参政党的社会影响力。再次,加大后备干部队伍建设力度,为参政党长远发展夯实基础。完善后备干部的选拔、培养和任用机制,为优秀的党派成员能尽快地走上领导岗位创造条件,注意吸收政治素质好、参政能力强,拥有多学科知识的中青年人才,建立一支专业结构合理、知识结构合理和年龄结构合理的后备干部队伍。

第二,增强参政党基层组织的活力。针对参政党政治协商、民主监督上热下冷的局面,我们必须重视参政党基层组织建设,调动各级党委成员参政议政积极性,使基层组织成为参政党充分发挥各项职能的重要阵地。首先,力争使每一个基层组织都能建立起一个好的领导班子,带好一批骨干分子,把发展组织同巩固健全组织以及后备干部队伍的建设相结合,有计划地发展教育成员和锻炼干部。其次,注重与共产党的基层组织合作共事,主动联系沟通,选择能够发挥参政党基层组织优势的课题,积极组织成员开展调查研究,整合资源,有效发挥基层组织的群体优势,为共产党及其政府提出来自社会基层的、操作性强的、真实客观的意见和建议。

三、提升参政党的参政能力

中共十六届四中全会通过的《中共中央关于加强党的执政能力建设的决定》明确提出了要加强执政党执政能力建设的目标和主要任务。作为与执政党合作共事的参政党,在新世纪新阶段同样必须加强自身建设,提升参政能力,以更好地对执政党实施监督。参政议政、民主监督是参政党在国家政治生活中发挥作用的基本途径，是参政党存在价值的重要体现方式。所以，大力提升参政党的参政能力，不仅是实现中国多党合作事业可持续发展的必然要求，也是民主党派切实履行参政党职能、充分发挥作用的必然要求。

第一，提高参政党的政治把握能力。由于西方国家的民主和政党制度的渗透，国内经济结构调整带来社会关系的变化，参政党及其成员的价值取向和思维方式受到了冲击和影响，所以在新世纪新阶段，参政党要认真学习中国特色社会主义政治理论，提高政治鉴别力和政治敏感性。首先要以中国特色社会主义理论体系为指导，正确认识和把握时代发展的方向，在错综复杂的国际国内形势面前保持政治上的清醒和坚定；其次，要加深了解多党合作和统一战线理论，坚定与共产党一起为实现全面建设小康社会目标而共同奋斗的信念。

第二，提高参政党的民主监督能力。首先要提高对民主监督的认识，参政党要非常明确民主监督的性质、目的、坚持的原则以及所起的作用等等，从而树立自觉监督的意识；其次，密切所联系群众的关系，主动加强调查研究，力争做到既对问题作批评、揭露，又积极探索改进工作的建设性意见和建议；既要及时反映成员和所联系群众的意见和批评，又要分析、综合和提高。参政党所提出的各项意见、批评和建议，都要持之有据，言之成理，保证监督的质量和水平。

第三，提高参政党的合作共事能力。参政党与执政党在国家政权中以民主协商的方式合作共事，合作共事的结果既反映了广大人民群众的意志，又照顾到参政党所联系群众的具体利益。合作共事能力主要包括协商能力和团结能力。协商能力是指参政党与执政党要推心置腹地协商，提出自己的意见，交换不同的意见，最终取得共识。团结能力是指各级党委和政权机关中的领导干部都要平易近人，虚心听取群众意见。

第三节 完善参政党监督机制

我国现行参政党民主监督在机制建设方面,既缺乏纵向监督的具体机制和程序,又缺乏政党监督与权力监督和社会监督或其他监督形式的横向合作的机制和体制。要加强党委对民主监督工作的领导;推动参政党的民主监督理论进党校教材和干部培训课堂,以及中心组学习计划;出台相关文件,推进民主监督制度建设。因为只有进一步加强民主监督制度建设,才能将参政党的民主监督变得更加主动和积极。

早在1956年,中国共产党与民主党派讨论"互相监督、长期共存"的方针时,针对民主党派怎样监督共产党的问题,民主党派代表章伯钧等人就曾建议,首先,民主监督应有法律的保障,民主党派对相关政府部门应有质询权;其次,民主党派应在人民代表大会中设立类似资本主义国家的"议会党团",每个党派的"议会党团"有权单独向中外记者发表主张;再次,政府部门和政协对民主党派所提出的批评建议,应认真处理,不得敷衍应付。这几条建议,虽然因为一些不合理的因素,在当时没有得到共产党的认同,但随着中国民主政治的不断发展,在今天看来,这些建议对完善参政党监督机制很有帮助。

西方国家的竞争性政党体制决定了政党监督是一种被动选择,而在中国的合作性政党体制下,民主党派从一开始就是共产党的拥护者,并不是反对制约力量,民主党派的民主监督是共产党的自觉选择。就是这种"自觉选择"使得中国的参政党监督带有很强的随意性,要避免"随意性",就应从监督机制上寻求参政党监督的突破口,进一步推进参政党监督的制度化、程序化、规范化。如在民主监督的知情、沟通、反馈等环节上建立健全制度,规范监督主客体在各阶段的权利和义务;在每年政协全会期间,对民主监督成果办理落实情况进行通报；明确民主监督责任追究要求。

一、参政党监督法规的明确

加强参政党监督的法律化、制度化建设,这是完善民主监督机制的重要保障。没有法律制度保障的民主监督很难长久,在政治活动中也很容易被权力控制。江泽民提出:"发展民主必须同健全法制紧密结合,实行依法治国……逐步实现社会主义民主的制度化、法律化,使这种制度和法律不因领导人的改变而改变,不因领导人看法和注意力的改变而改变",①而参政党民主监督正是社会主义民主的表现形式,因此,随着社会主义民主水平的不断提高,参政党民主监督制度化、法律化建设的要求也会越来越高。

第一,在法制建设方面,全国人大应该制定并通过一部《政党法》或重新修订《监督法》。在《政党法》中可以对民主党派的参政党地位,民主党派的政治协商、参政议政和民主监督职能的法定效力等作出规定。而重新修订后的《监督法》不应该只定位于人大常委会的监督工作,而是要为各监督主体的监督工作提供法律依据和法律保护。当然,这其中也应该包括民主监督,从法律层面对民主党派的民主监督性质、内容、形式、程序、效力等作出具体规定。但在现有条件下,参政党民主监督是否应该法律化,对此问题很多学者有不同的态度。持否定观点的学者认为,如果将民主监督法律化,就会破坏执政党与参政党长期形成的友好合作关系,就等于也赋予了人民政协法律监督的权力,人民政协就不再是统一战线的性质,而是同人大一样成为权力机关,从而出现类似于西方议会的两院制,这样就会影响到我国政治体制的改变。因此,目前想要通过立法来保障民主监督的权利是非常困难的,

---

① 《江泽民文选》第2卷,人民出版社2006年版,第28—29页。

但从长远来说,实现民主党派民主监督的法律化是大势所趋。

第二,在制度建设方面,一定要坚持以理论创新、制度创新为目标,进一步提高民主监督的规范化、程序化水平。目前对其制定出台相关的法律也许不太可能,但并不意味着不可以制定出台更多的相关规定和条例,使参政党民主监督变得具体化、经常化,让更多的人了解和重视起来。

首先,要进一步充实和修改完善原有的制度。目前,关于参政党的民主监督,只有中共中央分别于1989年和2005年颁布的《关于坚持和完善中国共产党领导的多党合作和政治协商制度的意见》和《关于进一步加强中国共产党领导的多党合作和政治协商制度建设的意见》,以及人民政协1995年修改的《关于政治协商、民主监督、参政议政的规定》中提及。在这些文件中只是对参政党监督总的原则、内容、形式以及性质作出一些规定,而对于监督的具体程序、监督结果和效力等都没有详细规定。所以,下一步应该出台《民主党派民主监督补充条例》或《民主党派民主监督补充办法》,在明确参政党监督权责的基础上,进一步细化参政党监督的对象、时间、目的、作用、范围、内容、形式以及效力等等。这一有关参政党民主监督的专门条例或办法,可为参政党的监督工作提供可兹操作的行为规范,突出了参政党民主监督的重要性和约束力,保证了各级组织和部门有章可循、有据可依。同时,为了明确共产党各级党组织和政府职能部门主动接受监督并对监督作出反馈的责任,应该对已经出台了的《党员领导干部联系党外人士的制度》、《双月座谈会制度》等作进一步的完善。比如,在这些制度章程中加入《关于做好政党互相监督工作的实施意见》或者《关于对民主监督意见的反馈办法》等,对中共各级党委和政府机关如何对待民主党派的民主监督等作出职责与程序上的明确规定。

其次,要充分学习和借鉴国外的权力监督制度。人类政治文明的成果是不分国界的，更不应该受社会意识形态的制约，所以中国的参政党民主监督制度建设，在考虑本国国情的基础上，也应该更多地借鉴国外一切行之有效的民主政治、权利保障的经验和方法以达到进一步完善。比如，美国的宪法中并没有对在野党监督给予正式合法的授权，但美国是一个法制化相当成熟的国家，它有着健全的法律体系和众多的法律条文。它于1976年通过的《阳光政府法》要求政务活动必须公开，以便于民众监督；于1987年通过的《从政道德法》要求政府官员必须严格申报私人财产和收受礼品等行为。有了这些法律的硬性规定，在野党就可以据此向执政党发难，更加有效地监督权力不被滥用。

再次，要着重分项制定新的配套制度。随着中国民主政治的发展和社会主义政治文明的进步，民主党派民主监督也必将随之不断向前发展，所以要与时俱进，根据实际情况的需要，逐渐完备民主监督的配套制度。目前一些地方政府已经出台了相关制度，比如上海市就于2004年制定了《上海市市级特邀监督员工联席会议制度》，以解决特约监督人员工作缺乏统一管理，组织涣散的问题。可以把地方的一些好想法，推广到全国，按照民主监督的形式和内容，制定《特约监督人员工作条例》、《重大决策监督实施办法》、《人民政协和政府机关对口联系规程》等等。此外，还可以建立一套《民主党派民主监督的考核办法》，使民主党派民主监督做到赏罚分明，避免民主党派成员有监督也好，没监督也罢的吃"大锅饭"现象。

二、参政党监督机构的建立

参政党三大职能中，政治协商和参政议政职能的发挥相对较好，都与其设立了提案工作委员会和参政议政工作委员会有很大关系，因此，建立专门的参政党民主监督机构和工作部门，选拔培养专门的监督人员，对参政党监督工作的加强显得尤为重要。

目前，值得借鉴的经验就是，在人民政协中通过成立专项民主监督小组，开展专项监督调研工作。这是浙江省政协的一个创新之处。从2001年开始，浙江省政协每年都组织一部分政协委员，组成若干个专项民主监督小组，专门针对某一领域或某一问题进行监督检查。比如2001年专门针对政府各级部门的作风建设开展监督，2005年又针对城乡居民的生活环境建设问题进行调研检查。但这样的监督小组，并不是固定的监督机构。我们可以据此经验，再参照参政议政工作委员会的具体模式，在各民主党派中分别设立民主监督工作委员会，该委员会设有固定编制并选出专门领导负责，主要工作包括本党派民主监督的组织、领导以及监督人员的管理培训等。同时，我们也可以考虑在人民政协中设立各民主党派民主监督的联合机构，在基层政协中分设监督小组。主要负责制定监督规划，包括选定监督课题，明确监督范围，考核监督结果等，并沟通与共产党党委、人大、政府的关系，指导各民主党派的监督活动。

关于人民政协民主监督的组织化工作，湖南省政协主席陈求发认为，贯彻落实中共十八大对社会主义民主政治建设所作的全新部署，适应湖南推进科学发展和新时期人民政协事业发展的现实需要，如何以提高组织化程度为突破口，切实加强和推进民主监督工作显得尤为重要。于是，2013年十一届湖南省政协第二次主席会议在确定本年度三大重点调研课题时，将"提高政协民主监督组织化程度"列入其中。3月至5月，调研组制定详尽的调研方案，并向全省14个市州政协下发通知，要求各地政协认真总结民主监督工作的情况、经验、问题并提出改进意见。6月至7月，省政协调研组赴长沙、岳阳、郴州、永州等市县开展实地调研。随后，省政协召开民主监督工作座谈会，邀请统战部门、民主党派负责人，有关专家学者，市县政协有丰富工作经验的负责同志和不同界别的政协委员参加,广泛听取各方意见。同时,调研组还从其他省(区市)收集整理了大量相关经验和做法。调研组认为,近年来,在各级党委、政府的重视和支持下,大家对民主监督的重要性认识虽有待提高,但民主监督制度建设仍是薄弱环节,民主监督的组织优势尚未充分发挥。调研组提出,政协组织内部监督力量比较分散,缺乏进行监督工作的专门机构。民主监督工作大多没有整体、明确的计划和方案,监督的随意性较大,组织效能有待提高。为此,调研组建议,在政协组织机构中明确专门工作部门,具体负责民主监督的协调服务工作,提升民主监督的组织效能和科学水平,要加强横向合作,注重发挥多种监督的协同效应。

三、参政党监督程序的规范

参政党监督程序是民主监督制度的载体和保证,要完善参政党监督机制,畅通下情上达的渠道,加大监督力度,关键是建立可操作性强的参政党监督工作程序,根据宪法和相关文件的规定要求,规范已有的做法,使参政党民主监督有序开展。参政党监督程序应包括监督前的知情环节、监督中的沟通环节和监督结果的反馈环节等,这些环节构成了参政党民主监督工作的全过程。因此,要规范经常性督查工作,进一步完善委员大会发言、提案、专项视察、持证视察、反映社情民意等民主监督方式,明确组织方式、实施方法、具体程序,建立工作台账,量化、细化、实化工作要求。应突出推进性监督、建设性监督和参与性监督;要完善民主评议、民主测评和委派民主监督小组等行之有效的监督形式。要完善监督程序,在落实反馈方面,党委、政府及其有关部门应当认真研究、及时办理政协民主监督意见和建议,并将办理结果在规定时限内以书面形式向政协反馈,不能采纳或一时难以采纳的,要认真负责地做出说明。政协还应加强跟踪督办,促进成果转化。

　　第一，知情是参政党对执政党实施有效监督的先决条件，所以必须扩大各民主党派的知情度。首先，要从机制上扩大参政党在国家政治生活中的参与程度。通过选拔和安排更多优秀民主党派干部担任各级政府部门的领导职务，使更多的民主党派成员直接加入到国家政权当中，置身于具体管理事务之中，加强与执政党干部的合作共事。只有全方位地参与权力活动的全过程，才能对执政党和国家各项工作"知情"较多较深。其次，要在制度上保证政务信息及时向民众公开。西方国家监督机制的有效性，从一定程度上讲与其政务完全公开是有很大关系的。如果监督主体对监督客观运作状况缺乏真实的了解，监督是不可能取得较好效果的。通过建立公示制度，强化政务信息公开的"刚性约束"，正如美国在1976年通过的《阳光政府法》那样，对政务信息公开的目的、原则、范围以及不公开的责任等进行明确规定，执政党及政府机关对于参政党在履行民主监督过程中提出的要公开的政务信息，一般情况下必须予以满足，否则将承担相应的法律责任。同时规范重大情况和重大问题的通报制度，有关会议、重大内外事活动必须邀请民主党派参加，重要情况和重大问题及时向民主党派通报，并要改变通报程序，变事后告知为重大决策前征求意见，坚持在重大问题上先协商后决策，为的是监督主体更多地了解决策内容和相关的信息。再次，要在方法上增加信息获取的主动性。目前参政党获取信息的途径主要是靠执政党的提供，这样就比较被动，因此参政党要创新信息获取方法，主动拓宽自己的知情领域，比如通过问卷调查、上门走访、建立民意调查网络和热线电话，也可以自己组织社会跟踪调查，主动收集信息。

　　第二，参政党民主监督过程中的沟通环节非常重要，它能够切实保障参政党对执政党的批评意见和建议等信息在传递过程中上通下达，及时真实。为此，可以充分发挥人民政协在执政党、政府和各阶层群众之间的枢纽作用，由人民政协出面组织各民主党派及无党派人士，依照政协职能，针对人民群众普遍关心的热点、难点和重点问题，对执政党和政府机关的工作及作风进行民主评议，并把相关批评意见和建议，直接提供给相关部门参考。这样就通过人民政协这一高层、制度化的表达渠道，使各阶层群众的利益和愿望真实地反映在公共政策之中，使执政党和政府的工作更贴近老百姓的实际。另一方面，要定期或不定期地举办听证会议，针对社会中反映强烈和人民群众关心的问题，以民主党派为主，邀请群众代表参加，请政府相关部门就特定问题进行专项说明，并直接答复，当面提出相关意见、批评和建议。

第三，注重参政党监督结果的反馈评估。参政党监督是一个相互影响、相互作用的互动过程。只有监督而没有反馈，民主监督就缺乏活力和动力，监督功能就不能充分发挥。要建立和健全民主监督的反馈机制，对参政党的意见、批评和建议，有关单位和部门要有专门机构和人员负责；执政党各级组织及其政府有关部门要认真研究，充分吸纳，并切实改进，对不能采纳的部分也要作出回复，并讲明不予接受的原因；参政党对回复不满意的，可再次向有关部门和人员提出，有关部门和人员应进一步解释和说明；对不能认真接受民主监督的部门和人员，上级领导要进行批评和纠正。通过建立和完善反馈机制，促进对参政党所提意见和建议及时、认真、负责地回应，以增强民主监督的约束力和有效性。同时，为了能够合理客观地考核评估参政党民主监督的效果，还要定期向社会发布参政党对一段时期内的国家重大事务和重大问题的监督情况，公布参政党在履行民主监督职能过程中的程序、结果等，以便接受社会的监督。

四、参政党监督内容的突破

政协全国委员会在《关于政治协商、民主监督、参政议政的规定》中明确提出人民政协民主监督的内容包括：一是监督国家宪法、法律与法规的实施情况；二是监督执政党和政府制定的重要方针政策的贯彻执行情况；三是监督国民经济和社会发展计划及财政预算的执行情况；四是监督国家机关及其工作人员履行职责、遵纪守法、为政清廉等方面的情况；五是监督参加政协的各单位和个人遵守政协章程和执行政协决议的情况。由于人民政协是参政党对执政党实施监督的一个重要平台，所以，实践当中很容易错误地把人民政协民主监督等同于参政党民主监督，却不知二者在监督内容上有很大的不同。民主党派作为参政党，对共产党的监督属于政党之间的政治监督，是一种党际监督。它不应该过多地陷入具体事务监督之中，比如集中对医疗卫生、教育就业、环境交通等主要涉及民众生活的情况进行监督，这样就会抹杀参政党监督的政治性。参政党民主监督的主要内容应当是上述《规定》中的第一、二和四方面的内容，主要是针对国家立法、政府决策、执政党及其领导干部执政行为方面的监督。

参政党民主监督应该在内容上更多地体现自己党际监督、政治监督的特质。一个完善的参政党监督机制，必须要在内容上实现突破，保证参政党监督的重点从具体事务监督向法律实施监督、政策制定和执行监督以及执政党依法执政和为政清廉监督方面转移。首先，要尝试着监督国家法律、法规的制定和执行。以党派的名义就修改宪法或立法问题提出意见和建议；以党派的名义提出立法建议，促进国家法律的具体落实和法律体系的逐步完善；以党派的名义出席有关部门就法律草案举办的座谈会、听证会或论证会；以党派的名义检举共产党领导干部违法违纪的行为。其次，要加强对执政党和政府的决策监督。执政党及其政府要更好地实现科学决策、民主决策，就必须依赖于政府之外的第三者的力量，参政党正好抓住这一契机，更多地参与到政府决策的过程当中。在决策前提供"不可行性"研究报告，对执政党和政府决策部门的不理性行为和对策进行技术分析，专门针对可行性研究报告提出反对意见。在决策执行中提供相关情况的评估意见，对决策绩效进行广泛的民意调查和详细的专家考核，为决策的改进和完善提供有价值的参考。

第四节 注重与其他监督形式相结合

到目前为止，中国已经逐步建立起包括共产党党内监督、人大监督、行政监督、司法监督、人民政协监督、民主党派监督、群众监督和舆论监督等形式的中国特色的社会主义监督体系。这一监督体系，不仅包括以执政党监督为主的各种权力性监督，还包括人民群众对公共权力的非权力性监督。参政党的民主监督作为这一体系中不可或缺的重要组成部分，理应与其他监督形式相互补充、相互结合，共同发挥作用。按照江泽民的要求，"加强人民群众、各民主党派和无党派人士对我们党的监督，建立健全党内和党外自上而下和自下而上相结合的监督制度"，[①] 势在必行。只有把参政党的民主监督与其他类型监督有机结合起来，形成监督整体合力，民主监督才能真正发挥效力。

一、参政党监督与权力性监督相结合

参政党民主监督属于非权力性的监督，本身缺乏刚性的约束力，反过来，如果将参政党民主监督改造成具有强制性的权力监督，又不

---

① 江泽民：《论党的建设》，中央文献出版社2001年版，第70页。

符合中国共产党领导的多党合作和政治协商制度，所以，要想在实际操作中使参政党民主监督具有一定的监督力度和效能，我们可以加强参政党民主监督与人大监督、行政监督、司法监督以及执政党党内监督等权力性监督的相互配合。这一合作的过程既能使参政党民主监督形式具备某些权力监督的形式，也能保证参政党民主监督的本质属性不会改变，因为参政党民主监督的"刚性"不是自身具备的，而是那些权力性监督形式参与带来的结果。

参政党民主监督的形式和途径多种多样，民主党派不仅可以通过人民代表大会这一权力机关履行民主监督的职能，而且还可以利用人民代表大会这一平台经常地、有序地被举荐到各级政府部门和司法机关担任领导职务，这就为参政党民主监督与权力性监督形式的结合提供了便利条件。在加强民主党派与政府部门对口联系制度以及特约监督员制度的基础上，建立起规范的参政党监督机构与人大、行政监察机关和司法机关的联系通道，定期进行专题性的联合监督。对于特约监督员的聘任，不仅要向各级政府部门扩展，还要向执政党各级党委部门延伸，不断加强同执政党纪检部门和组织部门的沟通与合作，通过开座谈会、共同研究确定监督的课题、对象和范围，并进行有组织、有计划的联合调研，各有分工地实施联合监督。

目前，这样的联合监督已经在一些地方开始实践。早在2005年，南京市按照由市纪委和监察局出台的《关于进一步发挥民主党派在党风廉政建设中民主监督作用的意见》的规定，建立了纪检监察机关与民主党派联合监督的制度，民主党派通过和南京市纪检监察部门不定期地沟通联系，参加了有关案件的检查和审理工作以及执政党党风廉政建设责任制检查工作等。针对执政党的腐败要案的监督，参政党民主监督通过与执政党党内监督、人大监督、行政监督的结合，产生出综合效力。比如，参政党对腐败行为可以向执政党提出警示，就反腐败的法律、法规和政策的制定可以向人大提出意见和建议，就所了解的腐败问题可以向有关的行政职能部门及时反映并督促其尽快地解决。

可见，参政党民主监督与权力性监督相结合，使得参政党的意见、建议顺利地转化为权力部门的"刚"性措施，这不仅有助于权力监督质量的提高，客观上也增强了民主监督的威慑力。

二、参政党监督与舆论监督相结合

在社会主义监督体系中，舆论监督同参政党监督一样都属于非权力性监督，舆论监督的主体（人民大众与新闻媒体）凭借的不是法定的强制力，而是依仗着人民大众的"知情权"、"议政权"和新闻媒体的"采访权"、"评论权"等民主权利。虽然舆论监督不具有刚性的约束力，但它以较强的时效性、较宽的覆盖面、较高的透明度、较广的影响力等独特优势，成为监督权力的最有力武器。因此，参政党应该充分利用报纸、广播、电视、网络等舆论媒介，就国家重大事务和重大问题进行联合性监督，这是完善参政党民主监督的有效途径。

加强参政党监督与舆论监督的结合应该做好两方面的工作。一方面，要依靠新闻媒体加大对各民主党派的宣传力度。目前，社会公众对于中国政党体制下的另一政治主体——参政党的认识和了解相当不够，社会中有很多人包括一些新闻工作者直到现在都不知道中国有哪八个民主党派，主要原因就在于新闻媒体对参政党的宣传少而又少。我们可以发现，除了在每年的"两会"期间新闻媒体会关注一下各民主党派的参政议政活动，平时很难在媒体上看到他们的踪影。这不仅造成了社会公众对民主党派的陌生感，而且对民主党派的民主监督更是知之甚少，从而使监督工作失去群众基础和舆论支持。因此，我们需要利用多种舆论媒介，包括扶持各民主党派的机关报和刊物，创办政协网络论坛，与电台合办政协之声等栏目，开发出固定的、长期运作的宣传平台,大力宣传统战理论和各民主党派的政治活动。比如,由民盟于1949年创办《光明日报》,虽然在1957年反右斗争扩大化中改由共产党主办,但它一直在参政党唱"对台戏"中发挥重要作用。还有洛阳市委统战部联合洛阳市电台在2005年10月开播的"空中统战之声",向全社会专门介绍统一战线中民主党派各方面的工作成果。再比如,甘肃交通广播电台制作播出的新闻舆论监督节目《政风行风热线》,它是由甘肃省纪委、监察厅、纠风办与甘肃广电总台共同创办的,节目从创办到2008年,已有省直98个厅、局、委、办和65个重点窗口行业及3个地级市的376名厅、局级领导和重点行业负责人进入直播间,接听群众热线。参与直播节目的负责人有3876名,共接听来自14个市州的79个县区的热线4662条。其中受理的投诉3178条,处理2939条,投诉办结率为94%,为全省广大人民群众解决了大量的实际问题,成为家喻户晓的知名品牌节目。各民主党派代表以特约检察员的身份加入其中,节目把新闻舆论监督、社会群众监督、民主监督、专门机关监督通过现场直播的形式有机统一起来,形成了"四位一体"的监督机制,畅通了倾听群众呼声、解决群众反映的具体问题、接受群众监督的渠道,有力地推进了全省政风行风建设。节目的开办,使纪检监察机关对干部作风的监督,对政府职能部门、行业作风的监督,通过与新闻媒体、群众的交流和沟通,变成了公开的、透明的监督,丰富了民主监督形式,拓宽了民主监督渠道,是一个新的有益尝试和创新,也是民主监督形式发展的一个重要途径。

另一方面,要依靠新闻媒体,向公众快速反映参政党心声,扩大参政党监督的社会影响力。为此,各民主党派需要在监督前,通过媒体告诉社会大众民主监督的有关课题和范围,需要群众反映哪方面的情况;在监督后,尝试现场直播各民主党派在各级人大会议、政协会议上的监督性发言,实时报道民主党派对监督课题所提出的批评和建议，并公开监督结果。这样做不仅增强了参政党的监督使命感，而且提高了社会公众对参政党监督的支持和认同。

三、善于运用政协民主监督的平台

人民政协是参政党在中国多党合作政党制度中开展建设的重要场所，是我国政治生活中发扬社会主义民主的重要形式。人民政协的突出特点就是它的党派性，从第一届到第十二届全国政协，中国共产党和各民主党派一直都是政协的主体，各民主党派在人民政协组织中都单独作为一个界别，合起来占政协界别总数的四分之一左右。此外，各民主党派还有许多成员在政协各界别中担任政协委员，在政协的各个专门委员会和政协机关中担任专职领导工作。人民政协以"长期共存、互相监督、肝胆相照、荣辱与共"的十六字方针作为履职的指导方针，人民政协主要通过提交议案、大会发言等方式，就国家重大问题发表意见和建议等等，这些都与民主党派的民主监督是相同的。

与此同时，在人民政协，各民主党派可以党派为单位进行活动，以党派名义发表政见，这体现了各民主党派组织独立和作为政治主体的重要作用。人民政协也可以受中共党委的委托，以政协党组的名义召开各民主党派、无党派人士参加的座谈会、通报会，传达重要精神，听取批评意见或建议。人民政协还组织各民主党派开展调查研究、特约工作、组织视察等活动，履行政协政治协商、民主监督和参政议政的职能。由此可见，民主党派民主监督职能的发挥与人民政协建设有着极为密切的关系。

作为多党合作的重要机构，人民政协对民主党派参政能力的建设给予了积极支持和配合，为各民主党派发挥民主监督作用积极创造条件。除了保证民主党派成员在政协委员、政协常委、政协各专委会委员、政协机关干部和政协领导成员中占有一定比例以外，人民政协还不断加强同各民主党派的联系，吸收民主党派成员参加各种社会考察和调研活动，支持各民主党派以本党名义发表意见、提出议案，重视并认真处理参政党及其成员的提案、信息和举报，帮助各民主党派解决参政议政过程中遇到的问题和困难，支持协助各民主党派更好地履行政治协商和民主监督的职能。

因此，各民主党派更应该积极参加和密切配合人民政协的工作，高度重视在人民政协中发挥参政党的整体功能，积极推荐自己的骨干参加人民政协，通过人民政协这个高层次的平台积极向共产党多提意见和建议，注重提出高质量的政协提案，对执政党和行政机关以党派的名义有针对性地进行监督，进而提升各民主党派参政议政的能力。

总之，中国共产党多次提出要把各种监督形式结合起来，共同发挥作用。党的十四届四中全会《关于加强党的建设各个重大问题的决定》明确指出，要把共产党党内监督同群众监督、舆论监督、民主党派和无党派人士的监督结合起来，把自上而下和自下而上的监督结合起来，逐步形成强有力的监督体系。2003年12月，中国共产党颁布了《中国共产党党内监督条例》，其中，第五条明确规定，党内监督要与党外监督相结合，第一次以党内法规的形式确立了党外监督的地位。党外监督，当然包括参政党的民主监督，这就为建立健全参政党民主监督的工作机制，不断提升参政党民主监督能力提供了政策导向。中共第十七次代表大会又强调，要完善制约和监督机制，就要落实执政党党内监督条例，加强民主监督，发挥好舆论监督作用，增强监督合力和实效。因此，将参政党民主监督与权力性监督、舆论监督结合起来，互相配合，优势互补，形成监督"合力"，不仅有利于促进中国特色社会主义监督体系的完善和政党监督资源的开发，而且有利于增强参政党民主监督的影响力和实效性。

第七章 参政党民主监督创新的案例

第一节 参政党民主监督制度创新的案例

创新是工作推进、事业发展的动力之源。参政党民主监督也要注重创新性，努力拓展民主监督的新途径新渠道。当前，各地方政协的成功探索和实践，证明了统一选派政协委员担任民主监督员的制度，在很大程度上可以改善民主监督工作中现存的某些薄弱环节，健全和完善参政党民主监督机制，促进民主监督员既"会"监督，也"敢"监督，从而增强民主监督的实效。

一、民主监督由"聘任制"变为"委派制"

1. 萍乡市政协创新民主监督员制度成效凸显

民主监督员由"聘任制"变为"委派制"，委员的个人监督行为上升为政协的组织监督行为，分散的监督活动整合为集体的监督行动，零散的批评意见上升为系统的监督建议。

江西省萍乡市政协召开统一委派政协委员担任民主监督员工作调度会。委员们强烈的共同感受就是，民主监督员由"聘任"变"委派"，方式一变，履职成效明显不一样。而派驻单位的反映是由衷欢迎、全力支持、积极配合。

一直以来，萍乡市政协委员担任民主监督员主要是由相关部门和单位自行聘请，政协组织对民主监督员的履职情况难以全面掌握，对担任监督员的委员难以实施统一管理和服务，监督工作难免流于形式；监督比较零散，监督的意见也是委员个人的意见，效果难免会打折扣。为进一步加强政协民主监督工作，市政协决定建立向政府部门和司法机关统一委派民主监督员制度，得到市委高度重视。市委下发了《关于进一步加强人民政协民主监督工作的意见》，转发了政协萍乡市委员会《关于统一委派政协委员担任民主监督员的实施意见》。两个文件对民主监督的主要原则、内容形式、工作机制等作出了刚性规定，并对民主监督员具备条件、委派程序、工作职责、管理方式以及派驻单位工作要求都提出了明确要求，从而为加强和改进民主监督工作提供了制度保障。

2012年底，萍乡市政协首批60位民主监督员经过集中培训学习后，在市委的统一动员和部署下，被分组派驻到15个政府部门（含中央、省驻萍单位）和法院、检察院等司法机关，拉开了统一委派市政协委员担任民主监督员工作的序幕。

民主监督员由"聘任制"变为"委派制"，委员的个人监督行为上升为政协的组织监督行为，分散的监督活动整合为集体的监督行动，零散的批评意见上升为系统的监督建议。民主监督小组盯住全市社会普遍关注的热点、难点问题进行监督。将市政协全会中委员大会发言、提案以及社情民意反映中的热点问题进行筛选分类，及时督促相关派驻单位解决。与往年比，热点问题的解决率大大提升，办结时间明显缩短。市"四大公园"建设与管理滞后，民主监督员通过翔实调查，以大会发言的形式指出存在的突出问题，并提出意见和建议。有关单位及时主动找民主监督员约谈，并决定立即制定整改措施。目前，整改工作正在抓紧实施。针对消费者投诉案的办理问题，民主监督小组既积极参与"3·15"消费者权益日活动，又对消费者投诉案的办理进行为期一个多月的跟踪督办。到4月底，全市消协受理的62件投诉案全部办结，获得了投诉者的高度评价。民主监督员协调小组还以简报的形式不定期通报各小组的工作开展情况和各派驻单位的工作落实情况，有效地激发了民主监督小组和派驻单位的工作积极性。

据悉，萍乡市政协第二批民主监督员委派工作正在酝酿之中，民主监督的面将进一步拓宽。政协民主监督的创新实践将进一步丰富和发展。①

2. 达州市政协派驻民主监督员显成效

"我们先后3次租船沿着州河和明月江查看水污染情况，向市级有关部门反映了州河罗江口电站内漂浮物多的问题。市水务局领导现场办公，电站组织人力和机具在两天内打捞完毕……"四川省达州市政协举行的民主监督小组组长工作座谈会上，市环保局民主监督小组组长刘伟谈起自己的履职经历，十分自豪。在达州市政协，委员担任民主监督员，监督政府职能部门工作，已成为一项"必修课"。

2011年，达州市政协集中向28个执纪执法部门和窗口单位派驻了28个民主监督小组、84名民主监督员，改变了民主监督工作从被动向主动转变，实现了民主监督员由个人行为上升到组织行为，并规范了监督的内容和形式。年初，每个民主监督小组根据被监督单位工作特点制定监督工作计划，罗列工作要点。每次"出行"监督，民主监督员都要集中起来学习被监督单位的有关法律法规，了解业务，做到懂行、知情，不说外行话、不做"门外汉"。

"监督就是服务，监督就是支持。"这是达州市政协向民主监督员提出的工作要求。2013年6月，达州市中级人民法院民主监督小组在没有与法院联系的情况下，采取暗访方式，到基层法庭调研视察，并就干警在窗口和庭审未着制服、个别法庭值班制度不严和节假日警

---

① 《萍乡市政府创新民主监督员制度成效凸显》，载《人民政协报》，2013年5月31日。

车未能入库封存的问题向市中级人民法院及时反映。市中级人民法院立即整改，落实民主监督员建议，还采取暗访方式加强督查。8月，市交警支队民主监督小组调研发现，全市交通民警负责线路长、任务重，长期战斗在粉尘、尾气、噪声污染严重的道路环境中，患各种疾病几率高，于是他们及时以提案和社情民意形式，建议恢复全市交通民警污染防尘保健津贴。市财政局明确表示，在政策规定的范围内，适当提高交通民警待遇。

"监督不是开开会，见见面，听汇报，而要通过督促，取得实效。"达州市政协主席康莲英对委派民主监督员工作如是说。①

3. 深圳市南山区政协实施委派民主监督员制度显成效

2013年以来，深圳市南山区政协各民主监督小组共对183件立案的提案进行督办，先后召开提案督办面商会195场次，有力提高了提案办理的成效和满意度。"让人需要、让人支持、让人欣赏，让民主监督员充分发挥自身作用，促进政府权力阳光运行，提高政府工作质量和工作效率。"区政协主席陈章联告诉记者，区政协实施委派民主监督员制度，向19个政府职能部门委派了80名民主监督员，提出各类意见建议195条，推动解决民生实事53件。

为确保民主监督工作的顺利开展，南山区政协首先开展制度化建设，制定了《中共南山区政协党组关于委派民主监督员工作制度的意见（试行）》、《政协民主监督员工作手册》等。不仅如此，受派单位也制定了相关的对接工作制度，保证委派民主监督员工作的顺利开展，并指定专人与民主监督员定期沟通、反馈。

为形成监督合力，增强监督效果，南山区政协采取"多管齐下"、虚实结合的办法。民主监督员通过走访、听取工作通报、实地调研等

---

① 《达州市政协派驻民主监督员工作成效》，载《人民政协报》，2013年12月4日。

"实"的形式对受派单位开展监督。民主监督小组先后到前海管理局、中集集团等该区近10个有代表性的公司及工业园区开展专题调研12场次,参与调研的委员达300多人次;组织民主监督员就交通畅顺等专题开展实地视察8次,提出各类意见建议195条;组织开展委员问政会,听取有关政府部门的工作通报,对政府推进有关经济社会发展情况进行问政;以提案督办面商会的形式,监督提案的办理落实情况。

同时,民主监督员通过向受派单位提出相关工作建议、意见、批评等"虚"的方式开展监督。

南山区政协注意突出重点,将民主督办常态化。各监督小组围绕区委、区政府关于建设宜居宜业的国际化海滨城区这一中心工作开展监督。其中,派驻区科创局的民主监督小组针对该区产业发展和创新驱动体系建设等情况进行4次调研、走访,并提出意见建议20多条;派驻区城管局的民主监督小组就该局今年重点推进的垃圾分类管理工程给予了极大关注,提出合理化意见建议。同时,围绕群众关注的民生问题开展监督,2013年以来已解决民生实事53件。其中,区政协对近3年来涉及交通问题的提案进行梳理,开展专题监督,促进了交通拥堵问题的整治工作,18条道路得到改造升级、14条断头路成功打通。围绕受派单位重点工作开展监督:派驻区审计局民主监督小组瞄准南方科技大学和深圳大学新校区的拆迁安置工作审计问题进行专项监督;派驻区采购招标中心民主监督小组针对采购招标流程进行长期监督等。结合提案工作开展监督:区城管局2013年承办的提案有21件,民主监督小组多次开展提案督办工作,对个别在办理中遇到困难的提案,民主监督员积极发挥自身的专业优势和群众桥梁作用,有效提高提案的办理质量和效果。①

---

① 《深圳市南山区政协实施委派民主监督员制度成效显著》,载《人民政协报》,2013年9月24日。

二、民主党派组织开创内部监督机制

长期以来，民主党派组织基本上缺乏自我监督意识，也没有监督机构。随着各民主党派成员更多地参与到国家政权当中，为防止一些民主党派领导失职渎职现象的出现，尤其是一些党派代表人物直接担任政府部门领导职务，有了机会和条件以权谋私，民主党派内部建立监督机构就显得尤为重要。

最近几年，各民主党派中央已经开始意识到这一问题及其重要性，分别修改了自己的章程，增加了加强党派内部监督的条款，但还没有具体的实施细则和监督机构的出台。例如，2007年12月召开的九三学社第九次全国代表大会通过的社章修正案增加了建立内部监督机制的内容。《九三学社章程》第四十二条规定："建立对社的各级领导干部的考核和评议制度，健全社内自我约束和自我监督机制。"2007年12月召开的中国民主同盟第十次全国代表大会部分修改并通过的《中国民主同盟章程》，其中的第三十二条规定："设立中央监督委员会。中央监督委员会对各级领导班子及其成员和各级组织遵守民盟章程的情况进行监督。监督的重点是各级领导班子及其成员履行盟的领导职务的情况"。第四十条规定："省委员会、自治区委员会、直辖市委员会可设立监督委员会"。 2007年12月5日召开的中国民主促进会第十次全国代表大会通过的《中国民主促进会章程》第四十七条规定："本会建立健全监督制度和机制，逐步设立中央和省级组织监督机构，对领导班子成员遵守本会章程和履行领导职责的情况，对会员遵守本会章程的情况进行监督。"各民主党派章程的修改，尤其是增加了加强党派内部监督的条款，实际上意味着各民主党派开始意识到党派内部民主监督已经成为必要。这在客观上为浙江省各民主党派省级组织建立健全的决策权、执行权、监督权既相互制约又相互协调的权力结构和运行机制创造了制度条件。在此影响下，浙江省各民主党派省级组织加强集体领导和集体决策意识,强化常委会在决策中的地位和作用,设立了监督机构,构建决策权、执行权、监督权之间,既相互制约又相互协调的权力结构和运行机制。①

三、创新民主评议工作,提高民主监督实效

民主评议是有计划、有步骤地组织政协委员,集中对同级政府及其有关职能部门开展的一种专项集体民主监督。这种方法成为人民政协在新形势下发挥作用的重要平台,也成为各地政协积极实践的履职举措。

1. 石河子市政协创建提案办理民主评议制度

新疆维吾尔自治区石河子市政协近日创新机制,建立提案评议、选派民主监督员两项制度,推动政协监督工作规范化、制度化。

提案办理情况怎么样,民主评议说了算。石河子市政协从2012年起,建立提案办理民主评议制度。对政府各部门各单位提案办理情况,不听书面报告,不看文字回复,而是深入实际,通过现场听、看、查了解真实情况。在掌握第一手资料基础上,请政协委员和有关专家学者,对提案办理情况进行面对面民主评议,对办理提案的好方法、好经验及存在的问题进行打分测评。测评情况汇总后,市政协形成文字材料,召开市政协常委会议,邀请测评部门、单位主要领导,反馈测评意见。民主评议做到政协、评议单位和提案委员三满意,提高了提案办理的效率和办理能力。2012年市政协对市建设局民主评议取得良好效果。2013年,市政协从9月开始对市交通局、教育局提案办理工作进行民主评议,促进了相关提案的办理。②

---

① 郁建栋:《改革开放以来浙江民主党派的建设与发展》,http://www.zjsy.org.cn/news.
② 《石河子市政协探索民主监督新形式》,载《人民政协报》,2013年12月23日。

2. 新乡市政协探索政协委员现场评议机制

"这种形式客观公正,排名靠后的单位震动很大、压力很大、触动很大,一定要认真整改,查找不足,奋起直追,尽职尽责地为企业、公众提供优质高效的服务。"在河南省新乡市政协对政府部门服务企业工作情况的评议中,排名后10位的重点科室和机构负责人表态。

近年来,新乡市经济社会保持持续、快速、健康的发展,各方面都呈现出良好的发展态势。但是,在服务、支持企业发展中,个别职能部门仍存在推诿、扯皮、乱收费的现象,办事效率较低,服务意识不强。为改善这种状况,优化企业发展环境,推动新乡经济发展,7月以来,市政协组织113名来自企业界或从事经济工作的委员对44个政府职能部门的122个重点科室、机构服务企业情况进行了现场评议,对评价满意度居前10位的科室(机构)及其负责人,提请市政府予以通报表扬,对满意度居后10位的科室(机构),提请市政府予以公示批评。这也是市政协积极发挥民主监督职能的又一重大举措。

此次评议,新乡市政协提出对评价满意度居前10位的科室(机构)及其负责人,提请市政府进行通报表扬。对满意度居后10位的科室(机构),给予效能告诫并实施半年时间的重点监督。[①]

第二节 参政党民主监督形式创新的案例

如何创新民主监督形式,提高民主监督实效,始终是各民主党派及其各级政协组织思考和推进的问题。近几年,参政党组织和很多地方政协在创新民主监督形式,拓展民主监督渠道方面坚持探索尝试,不断发展。

---

① 《新乡市政协民主监督亮实招》,载《人民政协报》,2011年11月1日。

一、针对专项问题成立民主监督组

1. 北京市政协成立城市管理民主监督组

2013年8月29日，北京市政协城市管理民主监督组召开第一次全体会议，这是市政协继财政预算民主监督组、新闻舆论民主监督组之后，成立的又一个民主监督组。2013年，城市管理民主监督组将围绕北京生态文明和城乡环境建设工作开展民主监督，这也是北京市政协在拓宽民主监督渠道上迈出的新步伐。

2013年以来，首都雾霾天气频发，人口资源环境矛盾愈加突出，城市管理面临巨大挑战。为此，北京市政协探索成立了城市管理民主监督组。民主监督组分为四个小组，分别负责大气污染治理、污水治理、环境整治和垃圾处理、打击违法建设等四方面的监督工作，采取情况通报、专项视察、日常监督等多种工作方式，并就政府部门对监督意见的反馈情况及时和委员沟通，并向常委会议或全体会议作年度专题报告。监督组依托市政协城建环保委员会产生，汇集了城市规划、城市管理、生态文明等相关领域的专家，同时，考虑到委员的广泛性和代表性，还从不同党派、界别及各专委会选取了参政议政积极性高的部分委员。

民主监督是政协的三大职能之一。北京市政协主席吉林说，针对专项内容成立监督组填补了政协民主监督形式上的空白，是拓宽政协民主监督渠道的一次尝试，希望各监督组积极发挥作用，针对政府中心工作的重点和难点问题，为首都城市发展提出务实的真知灼见。①

2. 江西省政协开展计划生育专题民主监督调研

2011年7月至8月，江西省政协组织6个调研组对全省计划生育政策贯彻落实情况开展了专题民主监督调研。调研结束之后，江西省政协十届二十次常委（扩大）会议就调研情况进行了反馈。

---

① 《北京市政府成立城市管理民主监督组》，载《人民政协报》，2013年8月30日。

调研组认为，江西省紧紧围绕贯彻落实《江西省人口与计划生育条例》，不断加大工作力度，强化工作措施，增加工作投入，改善工作环境，脚踏实地推进人口和计划生育工作，取得了显著成绩。但委员们强调，江西省人口结构不尽合理，人口素质有待提高。因此，必须进一步深入贯彻落实好《江西省人口与计划生育条例》，及时发现和解决工作中存在的问题和不足，不断提高人口计生工作水平，为建设富裕和谐秀美江西创造良好的人口环境。对此，委员们建议：要坚持和完善现行生育政策，切实稳定低生育水平，完善人口和计划生育利益导向政策体系。要着力提高人口素质，完善人口发展政策体系，促进人的全面发展。要综合治理出生人口性别比问题，切实促进社会性别平等，推动妇女儿童事业全面发展。要引导人口有序迁移和合理分布，切实加强流动人口管理和服务，为人口流动迁移创造良好政策和制度环境。要完善社会保障和养老服务体系，切实应对人口老龄化问题。

江西省政协还表示要继续把人口计划生育问题列为履行职能的一个重要课题，综合运用提案、调研、视察、反映社情民意等各种形式，提出科学合理的意见建议，为省委、省政府提供决策参考，以实际行动支持和推进人口和计划生育工作。江西省副省长姚木根以及有关部门负责人到会听取意见，表示将认真吸纳政协建议，更好地推动计划生育政策的贯彻落实。①

二、与其他监督部门开展联合监督

1. 长春市努力提高政协民主监督水平和实效新举措

第一，与群众监督相结合。深入基层联系群众。在各城区选择

---

① 《江西省政协开展计划生育专题民主监督调研》，载《人民政协报》，2011年12月5日。

39个社区建立社情民意征集站、设立委员信箱,实现联系群众常态化、监督机制长效化。扩大群众有序参与,通过邀请市民代表参与调研座谈、旁听常委会、民主评议大会并在会上发言等形式,使政协的民主监督让群众看得见、摸得着、进得来、用得上。

第二,借助网络平台进行监督。在市政协门户网站开设"市民建言"窗口广纳民意,并结合政协重点工作和市民关注的热点问题有针对性地征集群众意见建议,定期梳理、及时反映。广泛搭建民意直通平台。每年市政协全体会议期间举行市长网上接待,利用网络平台"现场办公","倾听"网民呼声。

第三,与法律监督相结合。选派政协委员担任司法机关和相关行业特约监督员。通过行风评议、专项检查、案件陪审、咨询听证等形式履行监督职责。2011年,30名担任市法院人民陪审员的政协委员,参加陪审案件和信访听证110次,为维护司法民主、促进司法公正发挥了积极作用。

第四,与舆论监督相结合。与长春电视台合作开办了"政协论坛"电视专栏,延伸了民主监督的触角。与长春日报合作开办了"提案追踪"专栏,扩大了提案工作的透明度,增强了提案监督的实效。①

2. 江西省政协探索民主监督与其他监督形式的协调与配合

江西省政协在着力发挥政协民主监督的作用方面进行了有益探索,积极创新民主监督形式方式,取得了明显效果。

在充分利用传统的会议监督、提案监督、调研视察监督、反映社情民意监督、参与督查与调查活动监督等形式实施民主监督的同时,江西省政协积极探索民主监督与法律监督、行政监督、司法监督、舆论监督等监督形式的协调与配合。去年,省政协由社会和法制委员会

---

① 《努力提高民主监督水平和成效》,载《人民政协报》,2012年8月24日。

牵头，组织调研组对《中共江西省委、江西省人民政府关于加强和创新社会管理做好新形势下群众工作的意见》贯彻落实情况进行了专题调研。省政协根据省委部署，对省委《关于进一步加强几个重点领域预防腐败工作的决定》贯彻落实情况进行专题民主监督，这是将党委的纪律监督与人民政协的民主监督有机结合的探索。

江西省政协注意发挥各民主党派、界别、职能部门、基层政协的作用，实现联合互动。如在开展"新型农村合作医疗制度建设"专题民主监督时，联合农工党江西省委和社会科学、医卫界别的委员，商请11个设区市政协配合，以内外互动、上下联动的方式，在全省开展百村大调研，形成了省政协《关于促进我省新型农村合作医疗制度建设健康稳步发展的建议案》，促成有关部门出台了加大村卫生室建设扶持力度、全面开展新农合直补工作等13条措施，促进了新型农村合作医疗制度健康稳步发展。

跟踪整改，提高实效，是江西省政协民主监督的重要工作。在江西食品安全保障体系建设中，江西省政协通过专题民主监督提出建议意见，为省政府出台《关于进一步加强食品安全工作的决定》提供参考。之后，组织政协委员对食品安全管理的整改情况又进行了明察暗访，将发现的问题及时反馈省政府有关部门，督促整改，使委员的意见建议落到实处。①

---

① 《江西省政协民主走新路》，载《人民政协报》，2013年1月23日。

结　论

政党监督是民主政治的重要表现，也是政党制度的重要组成部分。因此，中国参政党对执政党的民主监督作为独具中国特色的政党监督，既是中国社会主义民主政治的重要体现，也是中国共产党领导的多党合作和政治协商制度的重要内容之一。参政党民主监督是在坚持四项基本原则的基础上，民主党派通过提出意见、批评和建议的方式对共产党及其公共权力的一种政治监督。

参政党民主监督的提出，是在马克思主义统一战线理论和人民民主理论的指导下，中国共产党人从本国国情出发，经过长期探索得出的结论。它一经提出就显示出对社会主义民主建设的重要作用。尽管在"左"倾错误长期干扰的年代中其作用没能得到充分发挥，但从中共十一届三中全会以后，随着中国特色政党制度的发展和完善，参政党民主监督的作用也日益凸显。可以说，无论是对保证现在、未来执政党及其政府工作的良性循环，还是对执政党和参政党自身的建设与发展，参政党民主监督都会起到显著作用。

同时，我们必须清醒地认识到，当前的参政党民主监督还面临很多困难。因此，通过深入分析制约其发展的各方面因素，针对中国传统政治文化中的弊端、参政党建设中的不足和参政党监督机制的缺陷，本书总结出进一步发展和完善参政党民主监督的途径对策，尤其是建议在坚持中国特色政党体制的框架下，大胆地借鉴西方发达国家政党监督理论和制度中的优秀成果，以积极推动参政党民主监督朝着制度化、规范化、程序化的方向前进。这也正是深入研究这一论题的宗旨和追求。

总结历史，展望未来。未来社会里，人们在不懈追求民主的过程中必然继续伴随着对权力监督制约的探索，因此，参政党民主监督的不断发展与完善必然对于中国社会主义民主政治的进步有着重要意义。

附录一

中共中央文件中关于"民主监督"的论述摘要

1. 1977年10月中共中央批转了中共中央统战部《关于爱国民主党派问题的请示报告》。报告指出,党对当前民主党派工作的方针是"长期共存,互相监督",民主党派可以逐步整顿组织,健全领导机构。

2. 1979年4月中共中央统战部向中共中央提出了《关于爱国民主党派当前工作中几个问题的请示报告》,提出要充分调动民主党派参与社会主义现代化建设的积极性,吸收其中的代表人物参与国家大政方针的协商,恢复民主党派基层组织和民主监督职能。

3. 1979年6月,邓小平在全国政协五届二次会议上指出:"中国的社会主义现代化建设事业,继续需要政协就有关国家的大政方针、政治生活和四个现代化建设中的各项社会经济问题,进行协商、讨论,实现互相监督,发挥宪法和法律实施的监督作用。"

4. 1982年11月,五届全国政协五次会议通过的《中国人民政治协商会议章程》规定:中国人民政治协商会议全国委员会和地方委员会的主要职能是政治协商和民主监督,组织参加本会的各党派、团体和各族各界人士参政议政。民主监督是对国家宪法、法律和法规的实施,重大方针政策的贯彻执行,国家机关及其工作人员的工作,通过建议和批评进行监督。

5. 1986年7月,中共中央批转的中央统战部《关于新时期党对民主党派工作的方针任务的报告》指出:"支持各民主党派发挥监督作用,是推动社会民主建设的一个重要方面。应当看到,我们党处于执政党的地位,很容易使一些党员滋长骄傲自满、主观主义、官僚主义和特殊化的思想作风,使党的某些组织脱离群众,产生这样那样的错误。我们这么一个大党,领导着一个拥有十亿人口的国家政权,失去了人民有效的监督,滥用权力,此然脱离人民群众。因此,我们党非常需要听到各种不同的意见和批评,接受来自人民群众包括各民主党派的监督。各民主党派是反映人民群众意见的一条重要渠道,他们提出的意见具有相当的代表性。发展和完善多党派合作的政治制度,充分发挥民主党派的监督作用,是我国政治体制改革的重要内容之一。今后要积极支持民主党派行使其民主监督权力,鼓励他们为着国家和人民的利益,积极反映各方面群众的批评和建议,做我们党的亲密诤友。"同时也指出:"要积极支持民主党派对党和政府各级领导干部实行民主监督。要创造条件,进一步沟通民主渠道,使他们能够行使这一民主权利,充分反映各方面群众的意见,做到知无不言,言无不尽。要支持他们据实揭发干部的错误,并且敢于坚持正确的意见,敢于把尖锐的意见讲出来。胡耀邦同志代表党中央明确宣布:'一切忠诚正直的党内外同志,对于我们党的任何一级组织直至中央的负责人的严重渎职行为和违法乱纪行为,有权如实地向党中央报告。'党和政府的任何一级组织和任何干部都不得干涉民主党派形式这种民主权利,更不容许对他们进行打击报复。"

6. 1986年12月,习仲勋《在全国统战工会议上的讲话》中指出:"十一届三中全会以来,党中央一直十分重视民主党派和人民政协在国家政治生活中的重要地位和作用,许多大政方针的决策,都同他们认真协商,征求意见,并在贯彻过程中不断听取他们的建议和批评,为全党作出了榜样。各界党委和政府、特别是领导同志,要认真贯彻'长期共存、互相监督、肝胆相照、荣辱与共'的方针,大力支持他们独立自主地开展工作,积极为他们参与国家大事创造条件,充分发挥他们的监督作用。第一,要制定相应的制度和措施,经常向政协、民主党派、有关人民团体和党外人士通报情况,定期召开座谈会或协商会,发扬民主,广开言路,使政治协商经常化、制度化。第二,有关的重大决策要主动征求党外人士的意见,共同磋商,接受他们的咨询,并在执行中不断听取他们的意见,加以改进和完善。第三,对德才兼备的党外中青年干部,要大胆提拔和使用,并使他们在各自的领导岗位上真正有职有权有责,以利于充分发挥他们的聪明才智。对老一辈的党外人士要分别不同情况作出妥善的安排,使他们各得其所,继续发挥作用。第四,我们党内的领导同志要自觉接受党外同志的监督,对他们提出的批评和建议,都要认真研究,从善如流,闻过则改,并给予真诚的答复。实践证明,自觉接受党外同志的监督,虚心听取他们的意见,是防止官僚主义、端正党风、提高工作效率的重要途径。第五,要为各民主党派创造必要的工作条件,积极主动地为他们解决一些实际问题。""要真正贯彻'双百'方针,充分尊重人们发表意见的民主权利。要让人家讲话,要听取各种意见,特别是不同的意见。即使有不妥当的意见,也不要大惊小怪,要采取民主的方法、谈心的方法共同讨论解决。"

7. 1987年10月,中国共产党第十三次全国代表大会上的报告《沿着中国特色的社会主义道路前进》中指出:"要加强政协自身的组织建设,逐步使国家大政方针和群众生活重大问题的政治协商和民主监督经常化。要坚持'长期共存、互相监督、肝胆相照、荣辱与共'的方针,完善共产党领导下的多党合作和协商制度,进一步发挥民主党派和无党派爱国人士在国家政治生活中的作用。"

8. 1988年4月，李先念在《中国人民政治协商会议第七届全国委员年会第一次会议闭幕词》中指出："人民政协是我国政治体制中发扬社会主义民主的重要组织形式。我们无论是在困难的时候，还是在顺利的时候，都要始终不渝地坚持'长期共存、互相监督、肝胆相照、荣辱与共'的方针，不断充实与完善共产党领导下的多党合作和政治协商制度，充分发挥民主党派和无党派爱国人士在国家政治生活中的重要作用，对国家大政方针、两个文明建设和人民生活的重大问题进行协商、讨论，实行民主监督。这对于建设社会主义民主政治，改善和加强共产党的领导，改进和支持政府的工作，实现重大决策的民主化、科学化，具有重要的意义。在国家生活中，我们一定要贯彻民主协商的精神。人民政协要采取各种形式，为委员参政议政创造良好的条件，使各方面人士能够直言不讳地把各种意见、要求、批评和建议充分反映出来，并且经过必要的程序，使大家所关心的问题得到合理的解决。同时也欢迎各方面人士对政协的工作提出批评和建议，以利加强政协的自身建设。要以改革的精神，建立和健全各种必要的规章制度，逐步实现政治协商和民主监督的经常化、制度化。"

9. 1989年12月，中国共产党和各民主党派讨论通过的《中共中央关于坚持和完善中国共产党领导的多党合作和政治协商制度的意见》中提出："发挥民主党派监督作用的总原则是：在四项基本原则的基础上，发扬民主，广开言路，鼓励和支持民主党派与无党派人士对党和国家的方针政策、各项工作提出意见、批评、建议，做到知无不言，言无不尽，并且勇于坚持正确的意见"，同时还提出："人民代表大会也是民主党派成员、无党派人士参政议政和发挥监督作用的重要机构"。

10. 1990年7月，中共中央下发的《中共中央关于加强统一战线工作的通知》指出："在我国，关系国计民生的重大问题，广泛听取各民主党派、各人民团体以及各族各界代表人士的意见，进行充分的政治协商和民主监督，体现了我国广泛的人民民主，对于实现决策的民主化、科学化、避免或减少决策失误，保证各项方针政策的贯彻执行，具有重要意义"。同时指出，中国共产党"要继承、发扬党密切联系党外人士的优良传统，到他们中间去，广交朋友，谈心交心，虚心倾听意见，鼓励他们反映真实情况，讲真心话，勇于坚持正确的意见。要听得进逆耳之言，择善而从。要注意创造条件，经常向党外人士通报情况，以利于他们了解党的政策，知情出力。要鼓励民主党派和无党派人士对国家的大政方针和社会生活中的重大问题积极提出建议，发挥他们参政议政和民主监督的作用。"

11. 1992年5月，中共中央统战部的《九十年代统一战线部门工作纲要》中提出："协助有关部门落实中央关于民主党派参政和监督的各项措施。主要有：（1）会同有关部门做好举荐民主党派成员和无党派人士担任政府及司法机关领导职务的工作。（2）举荐民主党派成员和无党派人士担任特约监察员、检察员、审计员和教育督导员等职。（3）协助政府有关部门与民主党派就有关问题建立对口联系，要从实际出发，注重实效。（4）发挥民主党派成员、无党派人士在人大和政协中的作用，鼓励和支持他们在人大、政协中对党和国家的方针政策、各项工作提出意见、批评和建议。（5）推动各民主党派同政府有关部门以及人大、政协各专门委员会相互配合，选好题目，有计划地进行调查研究。"

12. 1992年10月，中国共产党第十四次全国代表大会报告《加快改革开放和现代化建设步伐，夺取有中国特色社会主义事业的更大胜利》中指出："完善共产党领导的多党合作和政治协商制度，巩固和发展新时期的爱国统一战线，充分发挥人民政协在政治协商和民主监督中的作用。"

13. 1993年3月，李瑞环《在全国政协八届一次会议闭幕会上的讲话》中指出："政治协商和民主监督是人民政协的主要职能。民主监督，主要是指对国家的宪法和法律法规实施情况、重大方针政策的贯彻执行情况、国家机关及其工作人员履行职责的情况，进行监督。实践证明，这种协商和监督，有利于广开言路、集思广益，实现决策的科学化、民主化；有利于发现问题、纠正失误，及时有效地改进工作；有利于求得共识、协调步伐，推动各项事业的健康发展。"

14. 1993年11月，王兆国在题为《以邓小平同志建设有中国特色社会主义理论为指导，进一步加强新形势下的统一战线工作》的讲话中指出："在发挥民主党派参政议政、民主监督方面，要着重做好以下工作：扩大民主党派的参与范围，加强民主党派与政府有关部门的对口联系，继续做好特约'四员'（监察员、检察院、审计员、教育督导员）的工作，为民主党派'知情出力'创造更多的条件；推动、引导民主党派立足参政党的基本职能，发挥自身优势，围绕改革开放和现代化建设中的重大问题，开展调查研究、咨询服务等工作；对民主党派提出的重要意见、建议，给予足够的重视，做到有回音、有落实，让人们看得见实际效果。针对目前民主党派的民主监督作用发挥不够的问题，还必须从理论、政策、工作上对建立民主监督机制进行积极探索。民主党派的监督不同于一般人民群众的监督，它主要来自智力密集、思想活跃、政治敏锐的高中级知识分子，具有相当的代表性，这种监督对于加强和改善党的领导大有益处。"

15. 1993年11月，李瑞环《在全国统战工作会议上的讲话》中指出："统一战线中的民主监督是我国监督机制中不可或缺的组成部分。这种民主监督首要的是民主党派和党外人士对我们党的监督。在当前我国历史发展的重要时期，我们特别需要统一战线中那种敢于仗义执言、据理力争的党外诤友，特别需要把民主党派、党外人士的监督作用充分发挥出来。必须看到，在我们的不少党员领导干部中，还严重地存在着听不得批评意见，容不得民主监督的现象。切实解决这一问题，对于推动社会主义民主政治建设，加强和改善共产党的领导，意义及其重大而深远。"

16. 1994年3月，李瑞环《在全国政协八届二次会议闭幕会上的讲话》中指出："参政议政与政治协商、民主监督是一致的。人民政协参政议政的主要内容和基本特征就是政协协商、民主监督。参政议政又不简单等同于政治协商、民主监督，而是它的拓展和延伸。一般说来，政治协商、民主监督以国家和地方的大政方针、重大问题为中心议题，以各级领导机关为具体对象，以会议为主要形式，并依据一定的程序和规则进行。参政议政则不完全受上述条件的局限，对象更加广泛，内容更加丰富，形式更加多样，方法更加灵活。把参政议政列为政协的主要职能，拓宽了政协工作的渠道和领域，为广大政协委员及其所联系的各界人士参与国事、发挥专长提供了更多的机会，同时也为各级政协切实有效地组织政治协商、民主监督，从题目的选择、信息的收集、材料的积累、人员的组织等方面创造了良好的条件。"

17. 1994年7月，王兆国在第三次全国统战工作会议上的讲话中指出："'长期共存、互相监督'也是这样，有监督比没有监督好，一部分人出主意，不如大家出主意，共产党总是从一个角度看问题，民主党派就可以从另一个角度看问题，出主意。这样，反映的问题更多，处理问题会更全面，对下决心会更有利，制定的方针政策会比较恰当，即使发生了问题也比较容易纠正。"

18. 1995年1月，中国人民政治协商会议第八届全国委员会常委会第九次会议通过的《政协全国委员会关于政治协商、民主监督、参政议政的规定》中明确规定："民主监督是对国家宪法、法律和法规的实施，重大方针政策的贯彻执行，国家机关及其工作人员的工作，通过建议和批评进行监督。民主监督的主要内容包括：国家宪法和法律、法规的实施情况，中共中央与国家领导机关制定的重要方针政策的贯彻执行情况，国民经济和社会发展计划及财政预算执行情况，国家机关及其工作人员履行职责、遵纪守法、为政清廉等方面情况，参加政协的各单位和个人遵守政协章程和执行政协决议的情况。民主监督的主要形式有：政协全国委员会的全体会议、常务委员会议或主席会议向中共中央、国务院提出建议案，各专门委员会提出建议或有关报告；委员视察、委员提案、委员举报或以其他形式提出批评和建议；参加中共中央、国务院有关部门组织的调查和检查活动。"

19. 1995年6月，李瑞环在政协第八届全国委员会常委会第十三次会议上作题为《关于人民政协履行职能的若干问题》的讲话，指出："在我国，各种形式的监督本质上都属于人民的监督。人民政协的民主监督是人民监督的重要组成部分，这种监督包括统一战线组织内部中国共产党和各民主党派之间的互相监督，也包括各界代表人士对国家机关及其工作人员进行的有组织的监督。人民政协应当适应形势的要求，加大民主监督的力度。要完善监督方式。运用各种会议，开展各种活动，进行经常性的监督，特别是对一些重大监督事项，应认真研究，郑重提出，以期引起有关方面的重视。要讲究监督的实效。对委员提出的意见批评，应认真整理，积极催办，及时反馈，务使其有答复、有结果。要与其他方面的监督相配合。同党的纪检机关、国家权力机关、司法机关和行政监察机关密切联系，加强协作，使政协的民主监督具体实在地开展起来。要依法保护委员的监督权利。委员有提出批评、发表意见的自由，因履行监督职责受到不公正对待时，政协组织有责任予以保护。"

20. 1997年2月，乔石在全国政协八届五次会议上的讲话《关于同民主党派的关系及台湾问题》中指出："'互相监督'很重要，包括民主党派对共产党的监督和共产党对民主党派的监督。其中更重要的是要更好地发挥民主党派对共产党的兄弟般的监督、帮助作用。当然，要发挥这个作用，首先要共产党自己欢迎监督。共产党是全国最大的政党，而且处在执政的地位、领导的地位。如果处于领导地位而不太欢迎、不太希望、不太重视其他民主党派的监督，那么，这个监督就难搞怪了。所以，关键是我国共产党要有欢迎监督的态度。这种欢迎监督不是表面上的，而是很真诚地坚守批评、帮助和监督，这样才能搞好中国共产党跟各民主党派之间的关系。"

21．2000年3月，《中国人民政治协商会议第九届全国委员会常务委员会工作报告》中指出："人民政协实行以协商讨论和批评建议为主要形式的民主监督，这是发展社会主义民主政治的必然要求和重要内容，具有独特的优势和作用。要在继续发扬政协的民主传统，充分运用并不断完善各种例会、提案、视察、信息等已有形式的同时，积极探索新形势下加强民主监督的有效形式，增强民主监督的实效。要注意选择党和政府关注、人民群众反映强烈的问题进行重点监督。注意加强同其他方面监督的协调配合，如实反映各界人士减轻农村负担、推进国企改革、搞好社会治安、加强反腐倡廉等方面的意见和建议，发挥民主党派的综合效能，逐步建立一种规范有序、切实有效的民主监督工作机制。"

22．2001年3月，叶选平代表政协第九届全国委员会常务委员会作了工作报告，报告中再次强调：要"加强对民主监督的研究，完善民主监督的机制，加大民主监督的力度，鼓励政协委员通过政协会议和其他形式发表意见，积极推进以协商讨论和批评建议为主要形式的监督工作。要认真研究和办理民主监督方面的提案、建议、信息等，使政协的民主监督在国家的政治生活中更加有效地发挥作用"。

23．2004年9月，中国共产党第十六届四中全会上通过的《中共中央关于加强党的执政能力建设的决定》中指出:"健全民主制度,丰富民主形式,扩大公民有序的政治参与,保证人民依法实行民主选举、民主决策、民主管理、民主监督","贯彻长期共存、互相监督、肝胆相照、荣辱与共的方针,加强同民主党派合作共事,健全有关重大问题决策前协商的制度,真诚接受民主党派监督,巩固同党外人士的联盟。选拔和推荐更多优秀党外干部担任领导职务。支持人民政协围绕团结和民主两大主题,履行政治协商、民主监督、参政议政的职能。"

24. 2004年9月,胡锦涛在庆祝中国人民政治协商会议成立55周年大会上的讲话中强调:"中国共产党和各民主党派互相监督,有利于改善中国共产党的领导,有利于加强参政党建设。开展政治协商、民主监督、参政议政,是人民政协的主要职能,也是发展社会主义民主政治、建设社会主义政治文明的重要内容。要积极发挥人民政协通过提出建议和批评,对国家宪法、法律和法规的实施,重大方针政策的贯彻执行、国家机关及其工作人员工作的监督作用。"

25. 2005年2月,中国共产党颁发的《中共中央关于进一步加强中国共产党领导的多党合作和政治协商制度建设的意见》中明确规定:"中国共产党与民主党派实行互相监督。这种监督是在坚持四项基本原则的基础上通过提出意见、批评、建议的方式进行的政治监督,是我国社会主义监督体系的重要组成部分。由于中国共产党处于领导和执政地位,更加需要自觉接受民主党派的监督。""民主党派民主监督的内容主要是:国家宪法和法律法规的实施情况;中国共产党和政府重要方针政策的制定和贯彻执行情况;党委依法执政及党员领导干部履行职责、为政清廉等方面的情况。""民主党派民主监督的形式主要是:在政治协商中提出意见;在深入调查研究的基础上,向党委及其职能部门提出书面意见;人大及其常委会和各专门委员会在组织有关问题的调查研究时,可邀请民主党派成员和无党派人士参加;通过在政协大会发言和提出提案、在视察调研中提出意见或其他形式提出批评和建议;参加有关方面组织的重大问题调查和专项考察等活动;应邀担任司法机关和政府部门的特约人员等。""进一步拓宽民主监督的渠道。党委主要负责人要定期召开会议,听取民主党派负责人和无党派人士对领导班子及其成员的意见;每年就党风廉政建设和反腐败工作向民主党派通报情况,听取意见;进一步完善特约人员工作制度,拓宽政府部门和司法机关聘任特约人员的领域,明确特约人员的职责和权利,切实发挥他们的作用;党委和政府开展的就贯彻执行中央重要方针政策情况和党风廉政建设情况的检查、其他专项检查和执法监督工作,可邀请民主党派负责人参加。""党委要切实完善民主监督机制,自觉接受监督。要在知情环节、沟通环节、反馈环节上建立健全制度,及时通报重要情况和重大问题,畅通民主监督的渠道;对民主党派提出的批评意见要认真研究,及时反馈。党委及其领导干部要真诚接受民主党派的监督,鼓励和支持民主党派做到知无不言、言无不尽,并勇于坚持正确的意见,做中国共产党的诤友;要保护民主党派和无党派人士民主监督的正当权利。"

26. 2006年2月,中共中央颁发的《中共中央关于加强人民政协工作的意见》中明确规定:"人民政协的民主监督是我国社会主义监督体系的重要组成部分,是在坚持四项基本原则的基础上通过提出意见、批评、建议的方式进行的政治监督。它是参加人民政协的各党派团体和各族各界人士通过政协组织对国家机关及其工作人员的工作进行的监督,也是中国共产党在政协中与各民主党派和无党派人士之间进行的互相监督。""人民政协民主监督的主要内容是:国家宪法、法律和法规的实施,重大方针政策的贯彻执行,国家机关及其工作人员的工作,参加政协的单位和个人遵守政协章程和执行政协决议的情况。""人民政协民主监督的主要形式有：政协全体会议、常委会议、主席会议向党委和政府提出建议案；各专门委员会提出建议或有关报告；委员视察、委员提案、委员举报、大会发言、反映社情民意或以其他形式提出批评和建议；参加党委和政府有关部门组织的调查和检查活动；政协委员应邀担任司法机关和政府部门特约监督人员等。""各级党委和政府要认真倾听来自人民政协的批评和建议，自觉接受民主监督。要完善民主监督机制，在知情环节、沟通环节、反馈环节上建立健全制度，畅通民主监督的渠道。党委和政府的监督机构以及新闻媒体要密切与人民政协的联系，加强工作协调和配合，提高民主监督的质量和成效。要切实发挥政协提案、建议案在民主监督方面的作用，对政协的提案和建议案要认真办理，及时给予正式答复。"

27．2006年7月，胡锦涛在第二十次全国统战工作会议上发表重要讲话，指出："巩固和发展我国社会主义政党关系，实现我国政党关系长期和谐，根本在于坚持走中国特色社会主义政治发展道路，关键在于坚持和完善中国共产党领导的多党合作和政治协商制度。既要坚持中国共产党的领导，又要促进多党派团结合作；既要提高党的执政能力，又要发挥民主党派参政议政的作用；既要重视做好民主党派的思想引导工作，又要真诚接受他们的民主监督；既要全面推进党的建设新的伟大工程，又要积极支持民主党派加强自身建设，使执政党建设与参政党建设相互促进，更好地统一于多党合作、共创伟业的历史进程中。"

28．2006年7月，中共中央发布的《中共中央关于巩固和壮大新世纪新阶段统一战线的意见》中明确指出："民主监督是我国社会主义监督体系的重要组成部分，具有独特的优势和作用。中国共产党和各民主党派实行互相监督，主要是民主党派监督共产党。各级党委要健全监督制度，完善监督机制，自觉接受民主党派和无党派人士的民主监督,切实保障党外人士履行民主监督职责,鼓励他们畅所欲言,敢于坚持正确意见。各级纪委和监察部门要定期向民主党派和无党派人士通报党风廉政建设和反腐败工作情况并听取意见,邀请他们参加党风廉政建设有关专项检查工作。政府有关部门和司法机关,凡是有条件的,都可在党外人士中开展聘请特约人员工作,充分发挥各类特约人员在民主监督中的作用。"

29. 2007年10月,中国共产党第十七次代表大会上的报告《高举中国特色社会主义伟大旗帜,为夺取全面建设小康社会新胜利而奋斗》中指出:"支持人民政协围绕团结和民主两大主题履行职能,推进政治协商、民主监督、参政议政制度建设;把政治协商纳入决策程序,完善民主监督机制,提高参政议政实效"。"要贯彻长期共存、互相监督、肝胆相照、荣辱与共的方针,加强同民主党派合作共事,支持民主党派和无党派人士更好履行参政议政、民主监督职能,选拔和推荐更多优秀党外干部担任领导职务"。"要建立健全决策权、执行权、监督权既相互制约又相互协调的权力结构和运行机制。重点加强对领导干部特别是主要领导干部、人财物管理使用、关键岗位的监督,健全质询、问责、经济责任审计、引咎辞职、罢免制度。加强民主监督,发挥好舆论监督作用,增强监督合力和实效"。

30. 2007年11月,中华人民共和国国务院颁布的《中国的政党制度》白皮书中明确指出:"中国共产党与各民主党派相互监督。这种监督是通过提出意见、批评、建议的方式进行的政治监督。由于中国共产党处于领导和执政地位,更需要来自民主党派的监督。民主党派民主监督的内容是:国家宪法和法律法规的实施情况;中国共产党和政府重要方针政策的制定和贯彻执行情况;中国共产党各级党委的工作和中共党员领导干部履行职责、为政清廉等方面的情况。""中国共产党与民主党派互相监督,有利于强化体制内的监督功能,避免由于缺乏监督而导致的种种弊端。各民主党派反映和代表着各自所联系群众的具体利益和要求，能够反映社会上多方面的意见和建议，能够提供一种中国共产党自身监督之外更多方面的监督，有利于执政党决策的科学化、民主化，更加自觉地抵制和克服官僚主义和各种消极腐败现象，加强和改进执政党的工作。"

31. 2008年12月，胡锦涛在纪念十一届三中全会30周年大会上的讲话中指出："我们依法实行民主选举、民主决策、民主管理、民主监督，保障人民的知情权、参与权、表达权、监督权，坚持科学执政、民主执政、依法执政，推进决策科学化、民主化，最广泛地动员和组织人民依法管理国家事务和社会事务、管理经济和文化事业。"

32. 2009年9月，胡锦涛在庆祝中国人民政治协商会议成立60周年大会上的讲话中强调："开展政治协商、民主监督、参政议政是人民政协的主要职能。各级党委要按照党的十七大做出的战略部署，切实支持人民政协围绕团结和民主两大主题履行职能，积极推进政治协商、民主监督、参政议政制度建设。要增强开展政治协商的自觉性和主动性，规范协商内容，丰富协商形式和层次，切实把政治协商纳入决策程序。要积极探索和完善民主监督机制，畅通民主监督渠道，建立健全制度，寓民主监督于政协委员提案、进行视察、参与工作检查等活动之中，提高民主监督质量和成效。要积极采纳人民政协提出的真知灼见，真正使人民政协参政议政成为充分反映民意、广泛集中民智、切实改进工作、提高党的执政能力的有效方式和重要途径。"

33. 2010年3月，贾庆林在政协第十一届全国委员会第三次会议上作《中国人民政治协商会议全国委员会常务委员会工作报告》，指出：要"充分发挥人民政协在扩大公民有序政治参与中的重要渠道和平台作用，广泛吸收各党派、各团体、各民族、各阶层、各界人士参与国事，丰富专题协商、对口协商、界别协商、提案办理协商的内容和形式，寓民主监督于政协委员提案、进行视察、参与工作检查等活动之中，使人民政协参政议政成为充分反映民意、广泛集中民智、切实改进工作、提高党的执政能力的有效方式和重要途径"。

34．2011年3月，贾庆林代表中国人民政治协商会议第十一届全国委员会常务委员会作工作报告，指出"必须牢固树立履职意识，充分认识人民政协是我国政治体制的重要组成部分，是党和政府科学民主决策的重要环节，是扩大公民有序政治参与的重要途径，把履行政治协商、民主监督、参政议政职能作为重大历史使命，积极发挥政治优势、组织优势、智力优势和渠道优势，为促进经济平稳较快发展和社会和谐稳定作出实实在在的贡献"。"要认真总结、充分运用《中共中央关于加强人民政协工作的意见》总结检查活动的成果，推进政治协商、民主监督、参政议政制度化规范化程序化建设，强化委员履职能力建设，完善绩效评估、督查落实等工作机制，提高履职成效"。

35．2012年11月，胡锦涛在中国共产党第十八次全国代表大会上作题为《坚定不移沿着中国特色社会主义道路前进，为全面建成小康社会而奋斗》的报告，指出："健全社会主义协商民主制度。坚持和完善中国共产党领导的多党合作和政治协商制度，充分发挥人民政协作为协商民主重要渠道作用，围绕团结和民主两大主题，推进政治协商、民主监督、参政议政制度建设，更好协调关系、汇聚力量、建言献策、服务大局。""健全权力运行制约和监督体系。要确保决策权、执行权、监督权既相互制约又相互协调，确保国家机关按照法定权限和程序行使权力。推进权力运行公开化、规范化，完善党务公开、政务公开、司法公开和各领域办事公开制度，加强党内监督、民主监督、法律监督、舆论监督，让人民监督权力，让权利在阳光下运行。"

36．2013年2月，习近平在中南海邀请各民主党派中央、全国工商联新老领导人和无党派人士代表座谈时指出："要继续加强民主监督。对中国共产党而言，要容得下尖锐批评，做到有则改之、无则加勉；对党外人士而言，要敢于讲真话，敢于讲逆耳之言，真实反映群众心声，做到知无不言、言无不尽。希望同志们积极建诤言、作批评，帮助我们查找问题、分析问题、解决问题，帮助我们克服工作中的不足。中共各级党委要主动接受、真心欢迎民主党派和无党派人士监督，切实改进工作作风，不断提高工作水平。"

37．2013年11月，中国共产党第十八届中央委员会第三次全体会议通过的《中共中央关于全面深化改革若干重大问题的决定》中指出："发挥人民政协作为协商民主重要渠道作用。重点推进政治协商、民主监督、参政议政制度化、规范化、程序化。各级党委和政府、政协制定并组织实施协商年度工作计划，就一些重要决策听取政协意见。"同时强调："坚持用制度管权管事管人，让人民监督权力，让权力在阳光下运行，是把权力关进制度笼子的根本之策。必须建构决策科学、执行坚决、监督有力的权力运行体系，加强和改进对主要领导干部行使权力的制约和监督，加强行政监察和审计监督。健全民主监督、法律监督、舆论监督机制，运用和规范互联网监督。"

附录二

一、全国政协十届一次会议民主党派中央负责人记者招待会

2003年3月7日下午3时,全国政协十届一次会议举行新闻发布会,邀请民革中央副主席、十届全国政协委员、最高人民法院副院长万鄂湘,民盟中央常务副主席、十届全国政协委员、九届全国政协副秘书长张梅颖,民建中央副主席、十届全国政协委员、监察部副部长陈昌智,民进中央常务副主席、十届全国政协委员张怀西,农工党中央常务副主席、十届全国政协委员李蒙,致公党中央副主席、十届全国政协委员、科技部副部长程津培,九三学社中央主席、十届全国人大代表韩启德,台盟中央常务副主席、十届全国人大代表、北京市人大常委会副主任林文漪就"充分发挥民主党派参政党作用"回答中外记者的提问。

根据人民网的直播内容,本书对各民主党派的回答内容中涉及民主监督职能的介绍进行了总结归纳,具体如下:

(一)CCTV 记者:万鄂湘副主席您好,作为最高法院非常年轻的副院长,您具体分管什么工作?社会中很多人都有这样的想法,民主党派人士在政法部门或者司法机构任职,似乎总有一种摆设的嫌疑在里面。我想请问在您的工作当中是否真的是有职又有权呢?民主党派人士在政法部门和司法机构任职的情况是怎样的呢?

万鄂湘（民革）：我想首先想向大家介绍一下，新中国成立以后我们国家是非常重视民主党派成员在司法机关担任领导职务的。我想举个例子，最高人民法院新中国成立以后第一任院长是由民盟中央副主席沈钧儒先生担任的，同期担任副院长的还有一位非常著名的民主人士张志让先生，他连续任三届副院长。改革开放以后，又先后有民盟中央常委张政教授，致公党中央主席罗豪才教授先后担任过最高法院的副院长。我是新中国成立以来第五位在最高法院担任领导职务的民主党派成员。我们做了一个技术统计，截至去年年底，全国各级法院一共有225名民主党派人士和无党派人士担任各级法院的领导职务。其中，各省的高级法院就有8位，也就是8个省的高级法院的副院长是由民主党派成员或无党派人士担任的。至于我分管的工作范围，因为我是学习和研究国际法的，因此我在最高法院分管民事审判第四庭，也就是涉外、涉港澳台商事审判庭。在宪法和法律规定范围之内，我作为一个副院长所赋予的权利和其他任何副院长没有任何区别，因此凡是我分管范围内的，法律赋予我的职权我都能够拍板定案，当然有些复杂的案件，我自己亲自担任审判员，自己开庭审案子，只要合议庭的意见一致，我签字生效。在最高法院所有会议，如审判委员会、院长办公会、重大的人事任免我都必须参加，并且我的一些建议和提议能够经常成为最高法院的一些重要会议的决议，因此我从来没有感觉到我自己是一个花瓶。

（二）**北京晚报记者**：请问陈昌智先生，刚才我从门口的简历上得知您已经做了五年的监察部副部长，请问陈先生，在监察部这样的要害部门工作，一定涉及中国共产党的局级、部级干部的犯罪情况。您作为民主党派的人士，能否接触到一些大案要案？另外在处理案件过程中是否有党政部门的领导进行干涉？

陈昌智（民建）：这个情况我想用我的工作来说明。我在监察部担任副部长期间，参加所有的重要的会议，这些会议包括大案要案的研究、重大的人事任免以及一些规章制度的制定，我都参加，发生的大案要案没有我不知道的。我分管的工作和其他中共的副部长一样重要，我分管监察一司，就是专门办案件的司，再分管执法监察司，还分管研究所。执法监察一司负责联系国家十多个部委和国家特大型企业40多个。我这四年多来和执法监察一司一共办理了三百多件案件，其中涉及一定数量的省部级干部。执法监察司负责监督国家的行政机关、国家公务员执行法律法规和政府的决定和命令的情况。这项工作涉及面很广，所以说涉及所有的政府部门。我就举一个例子，我负责特大事故的查处，这五年来，我和我们的执法监察一司查处了60多起特大事故。在查处广西南丹特大事故时，我是国务院案件督办组的组长，我组织协调最高人民法院、最高人民检察院、公安部的干部共同办案。前面我谈到的60起案件，我们追究了八百多人的党纪政纪，对他们进行了处理，其中包括县处级有二百多人，地厅级有八十多人，省部级有十人。

（三）**葡萄牙新闻社记者**：按照你们的概念，在共产党的领导下，是否给你们更大的空间？你们的贡献是什么？

林文漪（台盟）：作为台盟中央常务副主席，我像其他民主党派的领导人一样，在中国共产党领导下的多党合作和政治协商制度中发挥政治协商、民主监督、参政议政的作用。民主党派在中国的政治文明中所发挥的作用，刚才张梅颖女士和张怀西先生已经做了很详细的介绍，我完全同意他们的意见，也完全支持他们的看法。我所在的党派，台湾民主自治同盟，简称台盟，是一个由台湾省人士组成的社会主义劳动者和拥护社会主义的爱国者所组成的政治联盟，它是为社会主义服务的政党。在台盟成立55年以来，它一直是中国共产党的亲密友党，是致力于建设有中国特色社会主义的参政党。作为参政党，台盟不仅在参政议政、政治协商和民主监督中发挥着作用,而且我们的许多盟员也在政府中担任了重要的职务。我们有三位盟员先后担任过省市级的副省长或者副市长职务,在政府的岗位上发挥着作用。我们还有更多的盟员作为全国人大代表和地方人大代表,以及全国政协委员和地方政协委员,在中国的政治生活中起着积极的作用。中国共产党领导的多党合作和民主协商制度是中国人民的选择,是中国历史发展的必然结果,我们完全拥护这个制度,而且在这个制度中能够充分地发挥作用。

(四)新华社记者:在参政议政方面近几年来民主党派围绕党和国家经济建设的中心任务提出了许多建议,请问,哪些重大建议被中共中央和国家有关部门采纳?产生了什么作用和影响?

李蒙(农工党):中国是一个发展中国家,发展是第一要务,所以增强国力、加快发展,是包括所有民主党派在内的全国人民的根本利益所在。各个民主党派是中国共产党的亲密友党,也是致力于国家社会主义建设为目的的,因此,加快发展,围绕大局来参政议政也是我们民主党派的职责。近十几年以来,各个民主党派每年都组织考察团到全国各地就国家的重大发展,以及政策和重要的工程项目进行调查研究。比如说曾经举行过的京九铁路沿线社会和经济发展的调查、三峡工程的调查、西部大开发以及农业问题和生态环境建设等等问题都做过调查。通过调查研究,我们向国家有关部门提出建议和意见,用这些建议和意见来支持中国共产党和国务院有关部门对于这些重大的经济建设问题进行决策和落实。我就农工民主党这两年来所进行的两次重要的调查研究做一个例子来向大家介绍。1999年以来,农工民主党组织了两次对三峡工程建设的问题进行调查研究。一次是对于长江修建三峡工程以后应该注意长江上游水污染的治理,还有一个意见,就是在三峡库区大坝建成以后,在开始蓄水以前要对现在长江库区的废弃物清理做出规划和提前进行,而且这两个问题的建议都被国务院接受了,也得到了落实。第二个例子是在2000年,八个党派和全国工商联联合组织关于西部开发的考察团。其中有一组,就是以农工民主党主席蒋正华先生带领的对于西藏、青海、甘肃三省区的考察。在这个考察过程里面,我们就了解到在西藏、青海这些边远地区,它的广播电视的效果非常差,一个是设备本身比较陈旧,播出的时间也短,接收的效果很差,而且由于欠费很严重,当地的政府和群众的意见都很大。这个调查是7月份的时候,在9月15日中共中央召集党外人士关于西部大开发战略的研究会上,我们就提出了关于加强西藏等边远地区广播电视工作的建议。

(五)**美国洛杉矶时报记者**:最近国内一些报道称新一届政府当中民主党派的比例会有所上升,甚至有一位学者认为,到了若干年以后,这个比例会达到50%,在这个比例问题当中,您有什么计划或目标?您觉得达到50%是可能的吗?也就是说一半中国共产党人,一半非中国共产党人?

张怀西(民进):中国实行的是中国共产党领导的多党合作和政治协商制度,在这个制度中,民主党派的成员和其他无党派的民主人士在各级政府中安排一定的职务,这是中国共产党和我国政府一贯非常重视的。中国共产党把中共的干部队伍、非中共的干部队伍和妇女干部队伍,这三种干部队伍的培养作为一项很重要的任务。多年以来,在中央政府的部委、各省市自治区的领导干部中间,还有市县的领导干部中间有大批的民主党派人士和无党派人士参加领导工作。现在部省级的领导干部有五位,上海市副市长、浙江省副省长、天津市副市长、黑龙江省副省长,还有国家计生委副主任。在我们8万会员中间,担任处级以上领导干部的有296人。从我本人来讲,我原来是一个普通的教师,在80年代初期,从教师出任江阴县副县长,后来是无锡市教育局副局长、无锡市政府副秘书长、无锡市副市长、江苏省副省长，后来到民进中央担任常务副主席。在座的林文漪女士曾经担任过北京市副市长，现在是北京市人大常委会副主任。陈昌智先生是现任的监察部副部长，还有李蒙先生曾经担任过四川省———一个很大的省的副省长。所以我想，我们国家，中国共产党都非常重视来发挥民主党派的作用。但是，从我们的体会来讲，担任一定的领导职务，总是要按照国家统一的条件、标准来进行考察、协商、选举。只要符合条件、工作需要，都有可能安排到一定的领导岗位上。至于说一定要有多少比例，我现在还没有听说这样一个消息，但是肯定会不断地有所增加。这就是我们国家，中国共产党领导的多党合作和政治协商制度这样一个基本政治制度的优点和活力所在。

（六）**团结报记者**：林文漪女士，您刚才谈到台盟的人士组成，您领导的台盟怎么发挥自己的特点和优势，加强和台湾同胞的联系，在促进海峡两岸统一的进程中发挥作用？

林文漪（台盟）：台盟是由台湾省人士组成的，所以我们把致力于祖国和平统一大业当做我们非常重要的任务。多年来为两岸同胞的交往与沟通，为两岸关系的稳定与发展，我们一直起着非常积极的作用。台盟最大的优势就是亲情和乡情的优势，因为台盟盟员和台湾有着最密切的、割舍不断的亲情。我们广泛地联系海内外的台胞。现在在祖国大陆长期居住的台胞有3万多人，而由于经商、学习和其他合作关系从台湾来到大陆居住的台胞有100万人左右，而每年从台湾进出大陆的人次已经达到了300万人次，这是一个非常巨大的数字。台盟非常关注这些台胞的情况，我们台盟曾经多次接待来访的台胞，倾听他们的建议和意见。当他们遇到困难和问题的时候，我们帮助他们向政府部门反映。比如说，就是在台盟的建议下，北京市政府设置了市长台商接待日，专门听取台商在京投资的一些问题和要求。我们还非常关心在大陆求学的台湾青年的生活和学习情况,我们每年都要组织一些参观,让他们了解北京,了解祖国的建设情况,同时在他们过生日的时候,在逢年过节的时候,我们会邀请他们到盟员家里作客,让他们享受一份浓浓的亲情。我们还有一个优势就是参政党的优势,因为在中国共产党领导下的多党合作和政治协商制度中,我们可以充分地发挥自己的政治协商、参政议政和民主监督的职能。我们可以利用这些职能组织我们的盟员,并且通过我们的盟员带动所有的台胞一起来参与祖国和平统一的大业和中华民族兴盛的事业。我们请台胞和我们一起参加一些调查研究,研究两岸经济合作问题、两岸科技交流问题,研究台商在大陆投资如何搞得更好的问题,研究台湾学生在北京的生活工作问题等等。这些调查所形成的议案和提案提交给有关的部门,很多都得到了很好的解决。我们也可以利用自己民主党派的身份积极扩展和台湾各个阶层和各界人士的交流,来增进两岸的沟通和了解,促进两岸关系的发展。今后台盟将进一步凭借自己的特点和优势,继续以"和平统一、一国两制"的基本方针和江泽民同志的八项主张为指导,充分地发挥台盟的桥梁作用。我们要为推动海峡两岸直接"三通"和谈判作出更大的贡献。台湾和大陆都是中国的领土,两岸同胞都是中国人。我们有共同的历史,有隔不断的传统文化,我们有发展得越来越密切的经济、文化、科技等等方面的合作。我想,在包括台湾同胞在内的中国人民的共同努力下,我们一定会实现祖国的和平统一大业。

二、全国政协十一届一次会议民主党派中央负责人记者招待会

2008年3月6日15:00在人民大会堂新闻发布厅举行全国政协

十一届一次会议记者招待会,主题是"民主党派中央主席谈多党合作"。民革中央主席周铁农、民盟中央主席蒋树声、民建中央主席陈昌智、民进中央主席严隽琪、农工党中央主席桑国卫、致公党中央主席万钢、九三学社中央主席韩启德、台盟中央主席林文漪出席记者招待会并回答记者提问。

根据中国网的直播内容,下面对各民主党派代表的讲话和答记者问的内容中涉及民主监督职能的介绍进行总结归纳:

各民主党派代表讲话部分

民革中央主席周铁农:

新闻媒体的各位朋友,大家下午好!非常高兴能够在两会期间和各位见面。我叫周铁农,是中国国民党革命委员会中央委员会的主席。中国国民党革命委员会简称叫做"民革",是中国八个民主党派之一,是自觉接受中国共产党领导的一个参政党,也是人民政协的一个重要参加单位。民革是在1948年1月在香港宣布成立的,民革成立到现在,已经走过了60年的光辉历程。在这60年当中,民革为中国人民解放战争的胜利,为新中国的成立,也为中国特色社会主义建设,都作出了重大的贡献。在去年的12月,民革召开了第十一次全国代表大会。根据民革十一大的要求,在今后的五年当中,我们主要是要做好三个方面的工作:第一,围绕着国家和社会发展的重大问题,围绕着群众所关注的一些焦点和热点问题,开展调查研究,积极建言献策,履行参政议政和民主监督的职责。根据我们民革自身结构的特点,我们在调查研究的过程当中,比较侧重地了解农业、农村和农民的问题,了解社会和民生方面的一些重大问题,也了解人在整个改革开放过程当中全面发展的一些问题,围绕这些问题进行参政议政。根据我们多年参政议政的体会,我们觉得现在一个很关键的问题是要提高我们自身参政议政、民主监督的能力。今后在工作当中,我们要很好地、牢牢地把握这样一个关键。

民盟中央主席蒋树声:

各位新闻媒体的朋友们,大家好!我是蒋树声。在去年年底民盟的第十次代表大会上,连任当选为民盟中央主席。我感觉到工作使命非常光荣、任务也很艰巨、责任也很重大。民盟是1941年成立的,当时国难当头,是我们国家在抗日战争形势最危急、最严峻的时候,一批爱国的知识分子走到了一起,成立了中国民主同盟。成立到现在67年的时间里,民盟和中国共产党团结合作、风雨同舟,为我们的民族独立、人民解放、国家富强作出了重要贡献。

民盟前任,就是历届领导人有黄炎培、张澜、沈钧儒、杨明轩、史良、楚图南、费孝通、丁石孙等。除了这一批社会活动家和政治家以外,民盟里边出现了一大批非常杰出的学术界的代表性人士。民盟十大以后,我们新一届的领导集体有一个共识,就是我们坚定不移地走中国特色社会主义政治发展道路,深入贯彻落实科学发展观,我们要发扬民盟的优良传统,发挥我们民盟的整体优势,在继承中创新,在创新中发展。我们把人民的利益作为我们工作的出发点和落脚点,我们会积极地建言献策,认真地履行我们参政党的职能,推动我们国家的科学发展和促进社会和谐。继承我们民盟老一辈的领导人和中国共产党长期的团结合作形成的一些政治信念、优良传统和他们个人的高尚风范。创新就是因为我们现在十七大以后,处在一个新的历史起点上,我们面临着新的形势、新的任务,我们要迎接新的挑战,我们民盟要为我们国家的经济社会又好又快发展作出新的贡献。这是一个基本的思路。

具体的工作,因为面比较广,我主要讲几点。

第一点，我们会选择一些我们国家战略性的、基础性的重大课题进行深入调查研究，这个调查研究是我们民盟的传家宝，我们费孝通主席在九十几岁高龄的时候，还在基层调研，倾听群众的呼声。在调研的基础上，我们希望在我们的一些高层次的政治协商会议上有所作为，把我们建立在调研基础上的一些建议和意见能够写进我们党和政府决策层的思想。

另外一个，要发挥我们民盟界别的优势。我们18万盟员里面，有60%是教育界的，其中有110位大学副校长和校长，有六十几位院士，所以我们在调研过程里面，也会发挥我们民盟的优势。因为我们在机制上做一些创新，除了在中央层面的一些调研课题以外，我们还会用招标的方法发动省级组织参加调研，有一些是上下联动，也有一些是省和省之间联合调研。我想这个工作是参政议政最最基本的内容，在过去的5年里，我们曾经参加过70多次高层的协商会和座谈会，其中一半左右由总书记和总理主持召开，所以我们的建言献策非常重要。

另外还有一个，过去的5年里，我们曾经有22封写给主要领导的政策建议信，而这些信围绕我们国家的主要中心任务，都得到了中央的批复，很多项目得到了落实。今年我们会围绕义务教育的问题，特别是农村义务教育、教师队伍的建设问题进行重点调研，当然我们还有分布比较广的课题

民建中央主席陈昌智：

各位新闻媒体的朋友，下午好！去年12月，我在民建九大上被选为民建中央的主席。中国民主建国会是中国共产党领导的多党合作和政治协商制度中的一个参政党。中国民主建国会成立于1945年的12月。60多年来，我们和中国共产党风雨同舟、共创伟业，为推动中国的革命、建设和改革开放事业的发展，为推动中国共产党领导的

多党合作和政治协商制度的发展，作出了重要贡献。朋友们很清楚，民建的特点就是以经济界人士组成为主，和经济界人士有广泛的联系。我举几个数字可以说明。我们的成员在去年底是108000人，到现在已经超过11万。其中75%是经济界人士，62.9%是企业界人士，企业界中，董事长、副董事长、总经理、厂长，占会员总数的13.9%。大家可以从我这几个数字里面清楚地看出，中国民主建国会主要是由经济界人士组成的。由于我们的构成特点或者说由于民建会的特点，决定了我们把经济建设、经济工作作为参政议政的重要内容。我们在很多方面，比如说经济如何又好又快地发展，如何做到节能减排，如何改革财政和金融体制，如何发展风险投资事业，如何帮助和支持非公有制经济发展等等，我们都提出过很多的意见和建议。

民进中央主席严隽琪：

各位好！很高兴有机会简要介绍中国民主促进会。中国民主促进会是以教育文化高中级知识分子组成的政治联盟。62年前，在创建人马叙伦、王绍鏊等民进前辈，以发扬民主精神，推进中国民主政治实践为宗旨，在上海发起成立的。在反独裁、反内战的爱国民主运动中，民进的前辈英勇斗争，响应中国共产党的号召，为建立新政协、建立新中国谱写了一段光荣的历史。新中国成立以后，民进坚持中国共产党领导的多党合作制度，为建立和完善社会主义制度，促进改革开放和现代化建设，积极履行参政党职能，团结我们所联系的知识分子，深入调查研究，建言献策，形成了爱国、民主、团结、求实的传统，作出了新的贡献。去年年底召开的民进第十次全国代表大会上，实现了中央领导班子的人事更替。面对我国改革开放和社会主义现代化的新形势、新任务，我们的工作思路是：第一，坚持中国特色社会主义政治发展道路的思想政治基础，增强参政的责任感。第二，围绕中国共产党第十七次代表大会已经确定的奋斗目标和改革发展的任务，通过队伍的建设、机制的创新、信息网络的加强、调查研究的深入，不断提高我会的参政议政、民主监督能力和水平。第三，我们将进一步发挥界别的特色和优势，集中各方力量，扩大和提升社会服务的力度、影响和实效。立会为攻，参政为民，是民进会员的共识。在未来的岁月里，我们将根据我国经济、政治、文化、社会发展的需要，人民群众的需要，以全会的力量和智慧建有用之言、献务实之策、办利民之事。

农工党中央主席桑国卫：

各位记者朋友，下午好！在这里我向新闻记者朋友长期以来对农工党的支持表示衷心感谢！农工民主党建立于1930年，具有光荣的历史和优良的传统，经受了血与火的考验，为新中国的建立、社会主义建设和改革发展都作出了重要贡献。到去年11月，农工党有党员99000多人，现在是有102000多人，其中医药卫生界的党员占了60%。农工民主党的主要创始人和历届领导人有：邓演达、黄琪翔、章伯钧、季方、周谷城、卢嘉锡、蒋正华。新世纪以来，农工民主党就改革中间的一系列重大问题，特别是医药卫生事业、区域经济建设等问题深入调查研究，积极建言献策，反映社情民意，协助中国共产党和政府科学决策、民主决策，为全面建设小康社会作出了我们应有的贡献。比如2003年在抗击SARS斗争中间，农工民主党12000多名党员直接参加了抗击SARS的斗争，有200多位同志是中央和省市领导小组和专家小组的成员，有的同志被感染。我们是以医药卫生界为主的参政党，今后一个时期，我们的新思路、新举措就是一方面继续推进医药卫生事业改革发展作出贡献，同时要把实施环境保护基本国策，加强生态文明建设也作为农工民主党的工作重点。

九三学社中央主席韩启德：

各位朋友，刚才6位主席分别介绍了他们的政党，我可以简单一点了。九三学社和刚才介绍的六个党一样，都是中国共产党领导的多党合作和政治协商制度里的参政党，在民主监督、参政议政方面发挥着重要作用。我重点在两方面介绍一下。第一，九三学社具有科技特色，主要是由科技界、文教界高中级知识分子组成，有非常多的科技精英。1955年，在中国科学院确定学部委员时，其中有四分之一以上的委员是九三学社的成员。我们先后有162位两院院士，在现在的社员当中还有60几位两院院士。其中有周培源、茅以升以及两弹一星里作出重大贡献的邓稼先生和王选先生等，都是我们九三学社的成员，每当我们提起他们名字的时都感到由衷的自豪。还有更多地在科技界作出重大贡献的科学家。正是因为有这些科技精英，所以在我们国家科技事业发展以及科技政策建言献策方面都作出了重大贡献。第二，九三学社具有爱国、民主和科学的光荣传统。我们前身就是民主科学座谈会，是一批科学家，其中相当一部分本身就是"五四"运动的骨干，他们在一开始时就是抱着要在中国反对国民党的独裁统治，建立民主的新中国，同时要在中国传播科学思想，弘扬科学精神，建设一个强大的中国。抱着这样的思想聚集在一起，后来发展成为九三学社。在以后的60多年里，民主科学已经渗入到每一位社员的血液当中，成为九三学社的基因。我可以担保，在座的只要找到每一位九三学社的成员，你问他我们的特色是什么，他一定会跟你讲我们有爱国、民主和科学的传统。

答记者问部分

（一）**中国青年报记者**：我第一个问题想请问周铁农主席，我们注意到中共在十七大报告中要把政治协商纳入决策程序，已经做了这种承诺。我们想请问周主席，您作为民革中央的领导人，多次参加过中南海的高层协商，您的感受是怎么样的？您觉得民主党派的意见对决策能够产生影响吗？这种效果是怎么样的？您对这个效果是不是满意？第二个问题请问万钢部长。因为您是35年来第一位出任国务院正部长职位的民主党派人士，我们觉得各界对您一直非常关注，现在您上任已经几个月了，我们想问一个问题，您觉得有实权吗？与您的党组如何协调和处理关系？

周铁农（民革）：政治协商是我们国家多党合作制度一个非常重要的内容，也是实现中国特色社会主义民主的一个非常重要的形式。同时，我觉得也是各个党派表达自己的见解和主张的一个非常重要的渠道。现在政治协商在我们国家已经成为一种制度，中国共产党也把协商在决策之前纳入到自己的决策程序中。政治协商有三个渠道：第一，在人民政协内部的协商。人民政协本身就是开展政治协商的一个场所。第二，各党派中央的负责同志和中共中央的负责同志直接面对面地就一些重大问题进行协商，比如这位记者提到的，在中南海开的协商会。第三，各个党派可以根据自己在调研当中发现的问题，或者在了解社情民意当中所形成的一些意见，直接以书面的形式向中央或者是中央有关部门写出政策性的建议，我把它叫做书面协商。这种协商有的时候会得到中央的直接答复，有的时候，如果这个问题比较重大，会演变成面对面的口头协商。

我1998年担任民革中央的常务副主席，也在这一年担任了全国政协副主席。这三种形式的协商我都参加过。初步统计，民主党派和中共领导同志的直接协商，我参加了100多次。在政协里协商，次数比这个还多。民革中央直接向中央写出的书面政策建议，在这十年当中，大概有几十份。涉及的问题及政策建议大概有几百条。这些政策建议都得到了高度重视，有很多都得到了采纳。在协商的过程当中，我的体会，第一，中共方面是高度重视政治协商的，同时协商的态度也非常诚恳。第二，民主党派参与政治协商非常认真，也是非常坦诚的。我们可以说是毫不顾及、坦诚地就一些重大问题发表自己的见解和提出我们的建议。第三，协商的效果很明显。在很多问题上都取得了非常明显的效果。就民革中央来说，这十年当中，我们所提出的绝大部分意见和建议都得到了采纳。我说的这种采纳不一定是我今天提出一个建议，明天这个建议就变成了中共中央或者是国务院的一个政策规定，而是大的方面，它体现在中央的决策当中。比如说，多年来我们一直关注义务教育，要由国家承担它的投入问题。因为原来义务教育阶段的责任是放在县、乡以下，多年来我们一直对这个问题提出建议，现在逐渐地由中央财政负担了大部分义务教育的财政支出开支，这不是民革中央的建议直接变成了中央的政策，但民革的建议包括其他党派的建议，在中央制定政策时发挥了重要作用。比如关于大江大河的污染治理问题、农村卫生体制改革问题，我们都提出了很多建议，现在都得到了体现。

就我本人来说，曾经向中央提出了几个具体建议，都得到了采纳。比如我曾经在调研的基础上，对新疆的伊犁河修建水利枢纽问题，直接向中央提出了报告，这个工程现在已经竣工投入使用了。我曾经提出在甘肃修建引槽工程，现在已经得到了体现。第一次提出以后，第二次是时隔半年，我又提出了这个问题。当时温家宝总理就讲，铁农同志已经两次提到了这个问题，说明我第一次提他还记得，而且当时就要求发改委、财政部赶快就这个问题进行调查，并且制定相应的措施。……我觉得现在中央对县级的财政转移支付力度逐渐加大，说明我这个建议还是发挥了作用，至少我看到这种结果，我自己感到非常欣慰，也非常高兴。

政治协商对于推进我们国家的民主政治建设，对于巩固中国共产党领导的多党合作的政治格局，对于实现决策的科学化、民主化，对于一些重大方针政策的贯彻和落实，对于促进社会的进步和和谐，我觉得发挥着越来越大的作用。所以我们认为，政治协商是实现民主的一个非常好的形式，协商式的民主，可以说是我们国家对民主的一个重大贡献。

万钢（致公党）：我曾经在不同场合回答过这个问题。2007年十届人大第27次会议上任命我为科技部部长，当时在海内外引起了很大的影响。刚才这位记者朋友也说，这是改革开放35年来首位正职部长。民主党派参政议政自改革开放当中就形成，差不多每个部门、每个省市都有民主党派的参政。其实作为正职也有不少，我自己作为同济大学校长的时候就是正职，只不过那时算是副部级，我觉得这也是民主政治建设持续发展的过程。

在工作上面，我们逐步理出了一套思路，特别是党组和部务会的议事规程，党组议什么事，部务会议什么事，他们之间的关系是什么怎么样的，我们有一个议事规程，这是经过半年多的常识、探索写出的一个规程。在工作当中，开党组会的时候，我基本上都参加，党组会要议的事，党组书记和部长都充分地沟通。部务会在议事过程当中，关系到我们国家长远利益的事情，提交给党组进行深入研究。比如去年6月25号，总书记在党校讲课以后，我们和党组一起来商量，因为涉及我们国家在十七大以后的发展，所以科技部党组开了务虚会，共同确定了13个有关我们国家科学技术战略发展的中长期，包括我们进行部门职能转变、深化机构改革，怎么样自觉地接受监督，怎么样搞好廉政建设和诚信建设方面进行了深入调研。所以从那时候起，科技部的上下，在平时日常工作当中，加上了课题的研究，13个战略课题的研究由所有的部长、副部长共同承担，然后经过了多次中心组的学习，大家确定了今后发展的方向以及探索的思路。我们合作遵循的原则，我觉得应该是科学决策、集体决策和民主决策的原则，这就是和党组合作的原则。按照国务院组织法，部长要对部里的工作负全责。我在实践总理跟我说的有职、有权、有责任，权力和责任是联系在一起的，任何人都不能放纵权力，任何人都不能推诿责任。当你有权作出一个决策的时候，你必须要承担它的责任，因为你的权力是人民给的，这个权力背后寄托着我们全国科技人员的重托，寄托着我们国家科技发展的重托，所以这个权是很重的。

今天施行了这个权，你就要负责。我在上任的时候感到诚惶诚恐，确实感到担子很重，但是遵循的原则是一个科学决策的原则、集体决策的原则、民主决策的原则，这样，它的发展、决策会是正确的，而且在整个发展过程中，也得到了进一步的证实。

（二）**美国之音记者**：建国之初，民主党派在新政府里是联合政府的一员，当时并无执政党和参政党之分，但是现在变成了所谓的参政党。请问各位主席，你们的参政党地位是永久性的吗？是不可变更的吗？

陈昌智（民建）：中国的政党制度有它自身的特点，刚才实际上你在表述中已经表述了中国政党制度的特点。中国共产党执政，民主党派参政，为什么会这样呢？这有一个历史的过程，它是由历史的特殊条件，它是由一个国家的国情，它是由一个国家的性质所决定的。中国民主建国会建立于1945年，那个时候国民党执政，搞独裁，搞战争，搞内战，所有的党派都反对独裁、反对内战，因而和共产党的宗旨、思想一致，自然而然就和共产党走到一块了。曾经有人说共产党现在掌权了，所以说你们只能说接受中国共产党的领导。我说不对，需要很好地学习我们各个党派的历史，我们在解放以前，在国民党执政的时候，我们并没有说要去接受国民党的领导，当时我们就在文件里清楚地写下了接受中国共产党的领导，那个时候共产党没有掌权。

如果愿意的话，可以翻阅一下我们党派的历史。新中国建立以后，各民主党派亲眼所见，现在可以说是世界人民所见，共产党能够领导这个国家，只有共产党才能领导这个国家。除此之外，没有一种政治力量可以担负起这个让中国繁荣昌盛、让中国人民富裕生活的一个历史任务。因此回答你，我们认为中国共产党的领导是正确的，中国共产党使中国人民的地位不断提高，使中国的地位也在不断提高。这是全世界所共认。所以我们愿意接受中国共产党的领导。

桑国卫（农工党）：我在英国伦敦大学、剑桥大学学习过，在美国大学任教过。从我自己在英美学习生活的经历，我对于我们国家的政治制度和政党制度有我自己比较直接的认识。我觉得正像小平同志指出的那样，中国大陆不搞多党竞选，不搞三权分立、两院制，我们实行的就是全国人民代表大会一院制，这符合中国实际，如果政治正确、方向正确，这种制度益处很大。它保证了全国10亿人口、56个民族亲密团结，调动各种积极因素共同建设国家，中国人不再是一盘散沙了，它保证了广大人民有民主权利，人民有充分的信仰、迁移、受教育等等自由和权利，我们也能依法有序地参与政治的权利。这样我们可以实现法律面前人人平等……它为我们国家提供了可靠的安全保证。

（三）**人民日报记者**：中共表示将推行社会主义民主政治建设，这使得各界对中国民主政治进程都有很多期待，您作为以高级知识分子为主的民盟领袖，您和您的组织在推进民主政治进程当中将起到怎样的作用？

蒋树声（民盟）：其实这个问题和刚刚问到的问题是相关的。我想民主是我们人类政治文明发展的一个结晶。每个国家由于历史文化不同，由于不同的国情，每个国家的人民争取和发展民主的道路是不一样的。我觉得刚刚两位主席已经谈到了这个问题。

我在这里讲一个小小的故事。2006年4月份，当时我是民盟中央主席，但还是兼了南京大学的校长，也就是两边跑。我记得4月下旬，在飞机上，坐在我旁边的是一个英国人。这个英国人在北京已经生活了16年，到今年已经是18年了。他亲眼目睹北京以及中国国内的变化，经济社会的发展。他非常感慨，因为我在英国留学很多年，我们之间非常容易沟通，有点相见恨晚的感觉。谈了很多问题，有一个问题是他主动讲的。他说他非常佩服中国共产党的领导，用了"不能相信"这个词。我就问他，你在中国待了16年，假设现在中国把英国工党和保守党的体制拿到中国来，或者是把美国的共和党、民主党的体制拿到中国来，行不行？能不能达到目前这种情况？他说绝对不行。我问他为什么？我就想听听他的意见。他说，每个国家的国情是不一样的，每个国家的历史文化是不一样的，民主也是要付出代价的。他认为中国目前这个情况，这样的体制最适合中国的发展。我想他这种体会是比较粗浅的，实际上他对中国的一些历史情况也不一定十分了解。

刚刚陈昌智主席讲了这个问题，中国共产党各个民主党派在当时成立以后，加入了中国共产党领导的统一战线，各个民主党派的界别不一样，任务不一样，但有一点是共同的，就是接受中国共产党的领导。经历了民族的独立、人民的解放，一直到现在，大家都怀揣着把我国建设成为一个现代化强国的共同理想，在这样的历史进程下，经过几十年的进程，非常自然而然的，中国共产党成为一个领导核心，而各个民主党派都非常自觉地接受中国共产党的领导。

所以关于民主政治的问题，很自然地形成了中国特色社会主义民主政治框架。在这个框架里面，有人民代表大会制度，也有多党合作和政治协商制度，当然还有民族区域自治制度、基层民主制度，基层的社区居委会、农村的村委会。在这个框架里面，中国共产党领导的多党合作和政治协商制度是一个非常重要的部分。

刚才周主席讲到了政治协商的问题，在深入调研的基础上我们建言献策，对我们国家经济社会里边一些重大问题提出了一些建议，我觉得执政党和政府非常重视。周主席举了很多例子，我举一个最新的例子。这次温家宝总理的报告里面，比如教育部分，前一阵时间征求我们的意见，政府工作报告里关于教育部分，当时标题是"办好人民满意的教育"。对这一点，我们有一些新的建议。当然，办好人民满意的教育是很好的提法，很亲民，人民也很高兴。但是教育的问题，不但是要满足人民的需求，它在国家层面上有非常重要的战略地位，这牵扯到我们国家人力资源的问题、国民素质的问题，牵扯到今后我们国家怎么样通过教育把人口大国转化为人力资源强国的问题。所以，我们当时提的意见是人民满意的教育，大家都很高兴，但是希望不要把教育完全停留在民生这个层面上，民生很重要，应该把教育放在一个很高的战略地位。这个意见提出以后，我不知道有没有其他渠道对同一个问题提出类似的建议，但至少这次总理报告里边，大家可以看到，那一段标题改了，坚持优先发展教育里面提到，没有教育就没有现代化的未来，也提到国民素质的问题，里面做了很大改动。

最后，除了民主协商和写信以外，民主监督的问题，大家都很感兴趣。实际上在建言献策、参政议政过程中包含很多民主监督的内容。我曾经讲过，我们民盟对凡是符合科学发展观要求的事情我们坚决支持，而且要做好做实，对不符合科学发展观的事，我们要建诤言，我们对一些法律、政策执行情况都会进行监督。还有就是希望今后民盟能够更多地推荐优秀人才参加到政府里工作。这次换届以后，我们民盟有5位盟员担任5个省的副省长，也是民主政治框架里面一个非常重要的内容。我想其他党派都有。

（四）中央人民广播电台记者：有人说协商是一种中国式的民主形式，也有人不赞同。请问严主席，您对此有何评论？它在中国的政治体制当中能发挥怎样的作用？

严隽琪（民进）：谢谢你的问题。首先，中国共产党领导的多党合作和政治协商制度是明确载入宪法的，所以它是有权威法律依据的。其次，这样一个制度不断地程序化、制度化，可操作性不断加强，特别是中共十六大以来的五年时间，发布了相关的中央文件，所以这个程序越来越明确。

从我的感受来说，第一，它有利于执政者听到来自多方面的声音。中国有句话，兼听则明。因为是一个政党，所以它是可以有组织的，因为我们政党是高中级知识分子，都是有专业背景的，可以有组织地进行深入的专题调研，有利于我们提出的批评意见、提案有分量、有质量。第二，协商渠道还是比较畅通的，有多种渠道，比如高层协商，我当主席三个月，已经进中南海5次，胡主席主持3次，温家宝主持1次，贺国强主持1次。第三，现在开两会了，民进有近60位的会员担任全国人大代表，有70多位的会员担任全国政协委员。在政协委员中，有45位是作为党派界别。我们今年准备了一系列的提案和意见，都是经过一年的精心准备。第四，通过社情民意的渠道，反映我们所联系的知识分子和对社会的观察得到的一些利益需求、诉求和意见、建议。这里有一个数字。去年一年，我们提出了2000多份意见，我们综合成500份提交到全国政协。第五，直接参加国家政权。在这个位置上，包括我个人的感受，是有职有权的。所以我感到，我们这样一个制度是历史演变的结果，凝聚了中国共产党和各民主党派以及全国人民共同的政治智慧，有它的必然性。另外，它结合我们的国情。未来20年是中国发展必须抓住机遇的20年。

万钢（致公党）：还有一个协商形式，就是我们在各部委的工作也和民主党派中央在一起。严主席上任不久，就带团到科技部提出建言，提出很多真知灼见，对科技部的工作支持很大。我们也走访民主党派，比如九三学社，他是面向科技教育这方面的，我们也去和韩主席沟通，征求他们对科技工作的意见。我想这个不仅仅在科技部，在其他部门当中，比如教育部到致公党的时候，我就作为致公党主席提出一些意见，这些交往形式更加直接，在这个层面上能够起到很好的建言献策作用、指导作用。

（五）**新华社记者**：请问韩启德主席，中共近年来一直致力于加强执政能力建设，贵党作为参政党，如何提高参政能力？九三学社会聚了众多的科技人才，请问他们发挥了哪些作用？

韩启德（九三学社）：我们发挥的作用是多方面的，我就科学技术方面发挥的作用简单讲一下。作为一个政党来讲，还是要参政议政，为我们国家的科学技术事业建言献策。在这方面，我们提出了太多的、起作用的建议。大家知道"863"，由我们两位成员，陈芳允院士和其他两位院士提出要跟踪世界战略性的技术，得到了小平同志的重视，所以马上批示，开始资金投入支持高技术的发展，才有了后来的863。九三也同意和支持建立三峡大坝，但我们当时提出，三峡大坝建立将对长江上游的生态产生比较明显的影响，所以一定要保护好长江上游的生态和资源开发。随着时间的推移，我们当时的建议越来越显示出它的重要性。

2003年我们提出要保护长江、黄河、澜沧江三条河的发源地。由于社会的变迁，特别是生态的保护和生产生活的需求之间发生了矛盾，有破坏的倾向，所以我们向中央提出了保护三江源的建议，受到了重视，发改委研究以后决定拨出76亿保护三江源，现在这个资金已经增长到100亿，而且已经显示出它的成绩来。在国家中长期科技规划制定当中，我们很多成员都是领衔课题的研究。我们还保护科技工作者的权益。大家记得，80年代的时候，科技工作者的收入是很少的，说脑体倒挂，正好有好几位中年科学家英年早逝，所以我们提出了增加中青年科学家待遇的建议。

我们还提出离退休科技人员待遇问题，连续两次给中央提建议。第一次给增加了收入，我们认为还不够，又提出建议，这次两会上已经正式宣布，从2008年1月份开始，再连续3年专门给企业的离退休职工提高退休金的待遇，而且要向科技人员倾斜。

我们还有一个大会发言，关于提高科技投入的效率。这几年我们对国家科技投入增加非常高兴，但我们严肃提出，现在效率明显下降。对此我们也进行了分析。我们认为有很多原因，但是其中最根本的原因是政府职能的问题，所以我们也提出了我们的批评意见和具体的针对性建议。我们也针对全球气候变化提出我们国家水资源利用规划方面应该有一些改进，比如生物质能源使用发展当中，我们认为不符合中国的一些实际情况，我们认为我们国家的生物质能源使用一定要和新农村建设结合起来。又比如中小型企业融资难等问题，我们都提出了建议。所以我们在建言献策方面，我们以科技方面的建言献策说明我们起到的作用。

三、全国政协十二届一次会议民主党派中央负责人记者招待会

2013年3月6日15:00在人民大会堂新闻发布厅举行全国政协十一届一次会议记者招待会，各民主党派中央领导人畅谈多党合作和政治协商制度。民革中央主席万鄂湘，民盟中央主席张宝文，民建中央主席陈昌智，民进中央主席严隽琪，农工党中央主席陈竺，致公党中央主席万钢，九三学社中央主席韩启德，台盟中央主席林文漪出席记者招待会并回答记者提问。

根据新华网的直播内容，下面对各民主党派代表的讲话和答记者

问的内容中涉及民主监督职能的介绍进行总结归纳：

各民主党派中央领导人讲话部分

民革中央主席万鄂湘：

我是在去年民革第十二次全国代表大会当选以后才到民革中央来主持工作的，非常高兴今天能够在两会期间回答各位感兴趣的问题。下面我简单介绍一下民革的基本情况。民革的全称是中国国民党革命委员会，在1948年元月1号，在香港由原国民党的民主派和其他爱国人士发起组织。我记得第一次全国代表大会召开的时候是推选宋庆龄为名誉主席，选举了李济深为中央主席。当时因为全国还没有完全解放，当时党员的人数还无法统计，估计才500多人。现在我们已经发展成为有十多万党员的参政党。

民革的参政议政有三个重点方向：一是涉台或与台湾有关的工作。这方面大家知道民革有着传统的人脉优势，也就是说我们与台湾岛内各方面的人士保持着广泛的联系，他们的一些想法、合理的要求可以通过民革中央的参政议政反映出来。比如关于建立海峡西岸经济区这样一个大的战略首先就是由民革提出来，并且已经上升为国家战略。二是有关"三农"的问题，这方面民革有着人才优势，在民革党员中有不少农业方面的专家学者，农业大学的校长我们就有五六位，还有农业厅的副厅长就有好几位，专家、学者、官员持续对"三农"问题关注，产生了一些很好的调研成果。三是关于社会和法制，这可以说是民革近几年随着国家依法治国战略的实施不断推进我们关注的一个重点方面。我们组织了很多有关的调研，都产生了很好的社会效果。

民盟中央主席张宝文：

各位记者朋友，大家下午好！在这里我首先代表民盟中央向新闻媒体的朋友们长期支持关心民盟的工作表示衷心的感谢！民盟是1941年3月成立的，至今已经72年了。长期以来，民盟与中国共产党风雨同舟、肝胆相照、亲密合作，为新中国的成立、社会主义事业的建设和改革开放，为中国的多党合作事业作出了贡献。民盟现在有23万多人。在这23万多人里，教育界的盟员占到60%，科技界占到18%，文化界的占到6%。从以上数据可以看出，民盟是由从事教育、文化和科技工作者的高中级知识分子组成的参政党。

近五年来，民盟继承和发扬民盟的优良传统，这个优良传统就是奔走国是、关注民生。以民盟中央名义在全国政协大会上口头发言、书面发言和提案150多份，反映的社情民意4100多篇。我们坚持以促进科学发展作为参政议政的第一要务，所以近几年来主要对教育改革、生态保护、区域经济发展等方面进行了重点的调研。特别是围绕着完善收入分配机制、社会保障制度的建设、城乡基本服务均等化和教育公平等问题，向中共中央、国务院提出我们的建议信35封，可以说为促进我们国家的经济发展、民生等问题作出了贡献。

民建中央主席陈昌智：

很高兴第二次和新闻媒体的朋友们见面。5年前的两会在大会堂和朋友们见过面。中国民主建国会是以经济界人士为主的参政党，我们有14万多人，78.6%是经济界人士，62.3%在企业，有27300多人是董事长、总经理，可以看出我们的特点。

下面简要介绍三个方面的工作，一是自身建设。首先，我们把思想建设作为自身建设的重点，通过学习教育，不断地提高接受中国共产党的领导，坚持中国特色社会主义道路的自觉性。增强政党意识和政治意识。其次，我们注重作风建设，我们中央的主席、副主席都分工联系几个省，要求每一届要走遍我们全国的288个市级组织，当然我们已经超额完成。再次，我们自身建设注重改革，引进竞争。我们最近的换届中拿出了 61 名中央委员的候选人进行差额选举，从 125 人中选出 61 名中央委员候选人。二是参政议政，这是党派的基本职能。一个方面，中央领导带头，驻会的 5 个主席、副主席每年都有一个调研课题。上一届我们一共完成了 22 个调研报告送中央。我们省市组织也积极参政议政，每年向中央上报 400 多份调研报告和提案的素材，我们每个专委会都要进行调查研究，提出意见建议。因此，每年的两会我们民建中央的提案就是从这三个方面的材料里去筛选、去综合写出来的。今年我们提出了 40 件提案，以中央的名义。三是社会服务。我们以经济界人士为主，有不少企业家，这是我们的特点，也是我们的优势所在。

农工党中央主席陈竺：

各位新闻媒体的朋友们，大家下午好，我是陈竺，现任农工民主党中央主席。农工党具有光荣历史和优良传统，自 1930 年建党以来，一代又一代农工党人与中国共产党亲密合作、团结奋斗，经受了血与火的考验，为民族独立和人民解放事业作出了不可磨灭的贡献，为新中国的建立和发展做了大量卓有成效的工作，也为改革开放事业作出了显著成绩，走过了不断追求进步的光辉历程。

几年来，农工党围绕中心、服务大局，发挥界别优势，积极参政议政，为深化医药卫生体制改革，加强和创新人口管理，加强生态文明建设建言献策，同时开展了多方面的社会服务，在国家政治生活中发挥了应有的作用。去年 12 月，农工党第十五次大会选举产生了新一届的中央领导集体，我有幸成为农工党的领导人，我要同农工党的同志们一起认真履行参政党职能，坚持把科学发展作为参政议政的第一要务，紧密围绕中共十八大提出的"五位一体"战略总布局，以健康中国、美丽中国为两条工作的主线。

致公党中央主席万钢：
各位新闻媒体界的朋友们大家下午好！我是致公党中央主席万钢，我在这样的场合也是跟严主席一样第二次了，和大家见面的机会比较多，也很高兴。可能大家也比较了解我，我和很多在座的各位同事一样，我们从事着国家行政管理的工作，同时也亲身体验、实践着中国共产党领导的多党合作和政治协商制度。中国致公党是1925年成立的，访问过我们网页的都知道我们这一段历史，我们成立于海外，发展在国内。我们的主要成员是归侨、侨眷，在海外工作过、学习过、生活过的代表性人士。长期以来，致公党始终坚持着维护中国共产党领导的多党合作和政治协商制度，坚持致力为公、侨海报国。围绕着国家的中心任务来履行参政党的职能。我们始终关注的是我们国家经济社会的发展，我们民生事业的发展。我们关注归侨侨眷，特别是近几年来海外留学人员回国创新创业，他们的一些情况，他们为国家建设和发展所作的贡献，以及他们的权益保障。团结归侨侨眷、留学人员、海外侨胞、港澳台同胞，共同为建成小康社会，加快社会主义现代化的宏伟目标作不断的贡献。我们这一次的政协大会发言上，致公党中央将继续对海外人才回国创业的事宜提出我们的建议和意见，同时我们的一些党员委员还会就帮扶困难群众，优化转移支付等这些大家关心的问题作大会发言，提出他们的建议。希望接下来通过回答记者的问题让大家更加了解致公党在多党合作政治格局中所发挥的具体作用。

九三学社中央主席韩启德：
很高兴有机会和媒体朋友见面和交流。在5年前3月6号下午参加了媒体记者会。九三学社是以科技界为主体的政党,现在有13万多名成员。我想说明一点的是,在去年12月份召开的九三学社第十次代表大会,我们经过热烈的讨论,大家一致同意在新时期九三学社的奋斗目标,要把九三学社建设成一个思想上坚定、履职上坚实、组织上坚强的一个参政党。思想上坚定,也就是说要不断增强对中国特色社会主义的道路、理论和制度的自信和自觉,建立共同的思想政治基础。在履职上坚实,就是在民主监督、参政议政方面要做出实实在在的贡献,创新性的贡献。在组织上坚强,就是要建成一个由一大批优秀成员组成的、紧密团结的、有纪律能战斗的党派团体。我相信在今后的工作当中,九三学社还会紧跟着国家的需求,为全面建成小康社会,为建设中国特色社会主义作出我们的贡献,特别是在为我们国家创新驱动发展战略上,以及科技创新方面作出我们应有的贡献。

台盟中央主席林文漪:

各位记者朋友,你们好!非常欢迎新闻界的朋友和台盟相互交流,加深进一步的了解。台盟的全称是台湾民主自治同盟,这是由生活在祖国大陆的台湾省籍人士所组成的一个参政党。台盟与中国共产党通力合作,致力于中国特色社会主义建设。1947年11月12号,台湾民主自治同盟在香港成立,我们已经走过了66年的光辉历程。在66年里,一代又一代的台盟人本着台湾人拳拳的爱国心和报国志,全力投入新民主主义革命、社会主义革命和建设,为国家的经济社会发展尽心尽力,为祖国的和平统一大业殚精竭虑。66年以来,台盟始终坚持与中国共产党休戚与共、亲密合作,为中国特色社会主义经济、政治、文化、社会和生态文明建设作出了我们应有的贡献。当前我国正处在一个新的历史起点上,躬逢盛世,台盟更感到责任重大,使命光荣,今后我们要不断提升我们党派的履职能力,向着全面建成小康社会和全面深化改革这个目标而努力。特别是今后我们要围绕着促进我们国家的区域经济协调发展，促进小城镇的建设，还有助推台资企业转型升级，促进两岸关系和平发展这样一些重要的课题布局开展我们的调查研究，向中共中央建言献策，向中央领导提出我们的建议信，在政治协商的时候提出我们的建议和发言。我们将充分发挥我们自己的优势，开展两岸在经贸、科技、医药、文化、环保等领域交流合作，在其中贡献我们的力量，也要通过建立各种活跃的民间交流平台，增进与党内各界人士，特别是基层民众的互动和理解，厚实共同利益，增进感情基础。

答记者问部分

（一）**人民日报、人民网记者**：今年年初习近平总书记在党外人士迎春座谈会上曾经指出，对中国共产党而言，要容得下尖锐批评，对党外人士而言要敢于说真话，敢于说逆耳之言。请问，作为民主党派的主要领导，各位主席对这两句话有什么感受？那么对于推进民主监督工作有什么具体的考虑和打算？这个问题我想请陈昌智主席回答。

陈昌智（民建）：第一个问题提给我，我想因为习近平总书记走访民建的时候，我就提出了要加强民主监督。当时总书记就有回复，他说，我们共同来探讨民主监督的路径和措施。以后就是记者朋友刚才讲到的那段话，是在春节座谈会上的讲话，他进一步对加强民主监督作了阐述。

关于民主监督的问题，大家可能都知道，民建的创始人黄炎培和毛泽东同志就有一段佳话，叫做"窑洞对"。1945年的时候黄炎培访问延安，跟毛泽东同志提出来，"其兴也勃焉，其亡也忽焉"，历朝历代很难跳出这个周期律，或者说都没有跳出这个周期律，中共会怎么办？毛主席立即回答："我们已经找到了一条新路，能够跳出这个周期律，这个新路就是民主，只有人民监督政府，政府才能不敢松懈。"黄炎培很赞同毛泽东的意见。可见很早的时候中共和民主党派就民主监督可以跳出这个周期律达成了共识。现在民主监督已经是我们社会主义监督体系的一个重要组成部分，而且它指的是各民主党派在政治参与的过程中，通过意见、批评和建议的方式进行监督，这是在我们的政党体制内，在多党合作的基础上一种政治上的监督，有利于执政党决策的科学化和民主化。

具体而言，民主监督有这么一些具体的做法，我想说得具体一点。一是人大代表和政协委员，他们通过提案、议案，再有他们还通过人大的执法检查和政协的视察活动，发现问题、提出意见。二是很多部门都有特邀人员，党外的特邀人员，高法、高检、监察、教育等等，这些特邀监察人员就对这些特殊部门的相关工作特别意见建议。三是每年高法和高检都要召开座谈会，听取各民主党派对他们工作的意见，我们在这个会上也会提出意见建议来。四是人大的一些法律草案也要请民主党派提出意见。五是我们的参政议政，通过调查研究，形成调查报告，实际上这里边也存在民主监督。按行话来说，叫做民主监督寓于参政议政之中。我们通过调研发现问题，在我们的调查报告中就会指出这些问题，提出批评，最后提出我们的意见和建议来。所以说，这种调查研究、参政议政也含有民主监督。当然还有其他一些形式。

作为我们这个党派，我们对不少问题，在中央的协商会上，在不同的层面进行过批评，提出过意见，也提出了我们的建议。比如关于前几年，甚至到当前，地方过分追求GDP的增长，唯GDP论，对这些问题我们多次在中央的会议上提出。我在记者采访的时候也讲过，一定要转变这种思想，要把经济发展的质量和效益放到首位。单纯的GDP增长是不能解决问题的，不能解决可持续问题的。再有，我们有大量企业家，我们非常关心中小企业的发展，我们每年都要对中小企业的发展和状况进行调查研究，提出意见建议。我们多次呼吁要打破"玻璃门"、"弹簧门"，真心实意地为民间资本敞开大门。再比如三年前我作的战略性新兴产业的课题，走了一圈下来以后，看了一些资料，我发现当时有100个城市都把新能源作为他们的支柱产业，我认为这就是一个问题，这么一哄而起、一哄而上，最后一定是重复建设，资源的浪费。所以我在中央的协商会上也直接指出这个问题，提出了建议。这都体现了我们民主党派参与民主监督。

当然，我们民主监督还应该完善、应该发展，怎么办？刚才记者朋友讲的总书记的话就是一个方向。第一，中共的领导，各级党委的领导要有雅量，要容得下不同意见，要听得进批评的声音，有则改之，无则加勉。第二，民主党派要有胆量，要敢于讲真话、讲真言，不要怕得罪人。当然，我们这种批评和建议还是应该实事求是，要有根据，不能道听途说，不能信口开河，这对我们要求也是很高的。第三，应该加强机制和制度建设，首先是要扩大党派同志的知情权。中央做得很好，每一次重大事件都会向党派通报，但是部委应该加强通报他们的问题和工作情况，接受批评和建议，我觉得这一点还不够。另外还需要建立反馈机制，党外的同志提出了批评，提出了建议，你们觉得怎么样呢？是不是说到点子上了呢，哪些可以改，需要马上改的呢？要有反馈，不然我们光是提，提了以后也不知道有什么结果，到后面就没劲儿了。再有，还要加强一些制度的建设、机制的建设，保证民主监督程序的进行。

（二）**人民政协报记者**：我们注意到最近几年各民主党派都提出要建设适应时代要求的高素质的参政党，我想请严隽琪主席能不能结合民进的特色，谈一谈何为"高素质"？

严隽琪（民进）：谢谢人民政协报的记者，我们也是老朋友了，你提的问题，说明你对我们民主党派还是很了解的。你的问题中提到了党派的特色，民主党派的特色是由它的历史积累和现实的努力所形成的，我体会这个特色可以通过三个方面表现出来。一是在它的成员结构中，这个界别的成员占了相当的比例。以民主促进会来说，我们是以教育、文化、出版界别的高中级知识分子组成的界别特色的政党，所以我们在这方面的会员占到我们民进13万会员的70%、80%。二是除了数量的组成以外，这个特色还必须表现为，我们在这个界别拥有一批具有社会影响力的代表性人士。三是我们在这个界别领域里对公共政策的制定要产生重要的影响。这是我对界别特色的体会。

　　随着时代的发展、形势的变化，以及我们承担任务的繁重，越来越要求民主党派要增加组织的凝聚力，履行职能的战斗力，以及在社会上的影响力。所以，如何提高政党的素质，这也是作为主席几乎时时不敢忘怀的一个题目。我认为政党必须是不懈学习，学用结合，不断进步的。党派应该具有活力和能够自我改进的，能够承担历史所赋予的使命，所以我们表达为"符合时代要求的参政党"，这是我们对"高素质"的一个解释。

　　因为我们认为这不是一个尽职的指标，它必然是动态的。比如说中国民主促进会成立于1945年新民主主义革命时期，我们的创始人不顾个人的安危，坚决地反对内战，争取和平，反对独裁，争取民主，并经过比较、思考甚至挫折，最终坚定地选择了与中国共产党的团结合作。在中国共产党领导下，为新中国的成立和人民政协的成立作出了历史性的贡献。到了社会主义现代化的建设时期，特别是面临改革开放的新形势，民进为了国家公共政策的制定和国家治理的完善，民进人以知识分子的良知和理性的思考，秉持着立会为公，参政为民的宗旨，不图一己、一党的私利，认真履行参政议政、民主监督、社会服务的职能，我们是否符合了时代的要求，将接受历史的检验。

（三）**纽约时报记者**：我们知道作为民主党派，你们的职责是提出建议，但是你们是否希望有朝一日也能参与多党竞选？

万鄂湘（民革）：你这个问题非常有挑战性。中国的政党制度是我们整个政治制度的一部分，因为中国的宪法中已经把中国共产党领导的多党合作和政治协商制度写进了宪法当中。我们按照这种政党制度跟执政党经过几十年的合作，已经尝到了目前这种政党制度的甜头。我们知道在美国是两党制，在欧洲是多党制，可是中国的多党合作制，我感觉到它是最特别的。我也经常跟一些在耶鲁念书的时候的美国同学有一些辩论，他们说你们能不能哪天也像我们这样的制度，也搞一些竞选、竞争。中国有一句老话，鞋子舒不舒服只有脚知道，也就是说世界上没有哪一种制度是最好的，但是肯定有一种制度是最适合这个国家目前的发展阶段，是必须要坚持的。

我跟他辩论的一个主题是什么呢？中国30多年的发展，你看我们城市居民的人均收入，从370多块到了去年的28000多块，翻了70多倍。我想这种政党制度和我们经济成长之间的因果关系谁也不能否认。因此我也反过来，我说你们美国人保持这么长时间的经济增长率，是不是也可以学学中国的这种政党制度。现在回答您的这个问题，目前的这种政党制度不是所谓的政治安排，而是中国这么多年经过很多失败、很多经验教训最后确定的这种政治制度。

中国是不是没搞过多党制？搞过，民国初年中国的政党最多的时候到了300多个，结果怎么样呢？政党恶斗、军阀混战，国家四分五裂。如果我们觉得还是按那种政党制度发展的话，中国不可能取得今天这么辉煌的经济成就。因此，我觉得没有必要去改变我们目前的这种政党政治制度，这就是中国的特色。我们也相信这种政党制度在今后中国经济的发展中还扮演非常重要的政治作用，因为中国人民希望的是经济持续健康向好的发展，我们希望有一个稳定的政治制度，包括这个政党制度。不知道是不是完全回答了你的问题,这只是谈谈我个人的体会。

(四) **新华社记者**:我也有个问题想请问万鄂湘主席,不过我的问题是关于民主党派的。我们都知道十八大报告、政府工作报告都提出了全面推进依法治国,而且提出了明确的要求。您刚刚也提到了民革,作为民革来讲社会法治建设一直是我们近年来调研、参政议政重要领域,请问您民革是如何推进社会主义法治建设的,它现在取得了什么样的成效?

万鄂湘(民革):非常好的问题,也感谢你关注我们民革的参政议政工作。这个问题我在开场当中已经简单介绍了一下。实际上我们还有一些数据,比如说有关民革在社会和法治方面的提案数量,我粗略算了一下,每一届政协大会开幕的时候,我们以民革中央的民意提交的这方面提案占1/4以上,每一年都不会少于1/4,这是一个总量。这方面的议题包括哪些方面呢?我大致归纳了一下,比如有关住房保障、医疗保险、司法体制改革、公益诉讼、农村法治环境建设。这些提案产生好的社会反响以后,又吸纳了社会法治方面的人才,比如律师、法学教授加入民革。民革党章去年的修改,专门把社会法制人才作为下一步的发展对象。

附录三

中国各民主党派简介

中国国民党革命委员会（简称民革）

1947年11月，中国国民党民主派和其他爱国民主人士第一次联合会议在香港举行。1948年1月1日，会议宣布中国国民党革命委员会正式成立。

民革以同原中国国民党有关系的人士、同民革有历史联系和社会联系的人士、同台湾各界有联系的人士以及其他人士为对象，着重吸收其中有代表性的中上层人士和中高级知识分子。

民革历任主席为李济深、何香凝、朱蕴山、王昆仑、屈武、朱学范、李沛瑶、何鲁丽、周铁农。现任主席万鄂湘。

目前，民革在30个省、自治区、直辖市建立了组织，现有党员81000多人。

中国民主同盟（简称民盟）

1941年3月19日在重庆秘密成立，当时名称是中国民主政团同盟。11月16日，张澜在重庆公开宣布中国民主政团同盟成立。1944年9月，中国民主政团同盟在重庆召开全国代表会议，决定将中国民主政团同盟改为中国民主同盟。

民盟主要由从事文化教育以及科学技术工作的高中级知识分子

组成。

民盟历届主席为黄炎培、张澜、沈钧儒、杨明轩、史良、楚图南、费孝通、丁石孙、蒋树声。现任主席张宝文。

目前，民盟在30个省、自治区、直辖市建立了组织，现有盟员181000多人。

中国民主建国会（简称民建）

1945年12月16日，由爱国的民族工商业者和有联系的知识分子发起，在重庆成立。

民建主要由经济界人士组成。

民建历届领导人和主席为黄炎培、胡厥文、孙起孟、成思危。现任主席陈昌智。

目前，民建在30个省、自治区、直辖市建立了组织，现有成员108000多人。

中国民主促进会（简称民进）

1945年12月30日，以文化教育出版界知识分子为主，还有一部分工商界爱国人士，在上海正式宣告成立。

民进主要由从事教育文化出版工作的高中级知识分子组成。

民进历届主席为马叙伦、周建人、叶圣陶、雷洁琼、许嘉璐。现任主席严隽琪。

目前，民进在29个省、自治区、直辖市建立了组织，现有会员103000多人。

中国农工民主党（简称农工党）

1930年8月9日，国民党左派领导人邓演达在上海主持召开了

第一次全国干部会议，成立中国国民党临时行动委员会，1935年11月10日改名为中华民族解放行动委员会，1947年2月3日改名为中国农工民主党。

农工党主要由医药卫生界高中级知识分子组成。

农工党历届领导人和主席为邓演达、黄琪翔、章伯钧、季方、周谷城、卢嘉锡、蒋正华。现任主席陈竺。

目前，农工民主党在30个省、自治区、直辖市建立了组织，有成员99000多人。

中国致公党（简称致公党）

1925年10月，由华侨社团发起，在美国旧金山成立。1947年5月，致公党在香港举行第三次代表大会，进行改组，成为一个新民主主义的政党。

致公党主要由归侨侨眷中的中上层人士组成。

致公党历任主席为陈其尤、黄鼎臣、董寅初、罗豪才。现任主席万钢。

目前，致公党在19个省、自治区、直辖市建立了组织，有党员28000多人。

九三学社

1944年底，一批进步学者为争取抗战胜利和政治民主，继承和发扬五四运动的反帝爱国与民主科学精神，在重庆组织了民主科学座谈会。为纪念1945年9月3日抗日战争和世界反法西斯战争的伟大胜利，改建为九三学社。1946年5月4日，在重庆正式召开九三学社成立大会。

九三学社主要由科学技术界高中级知识分子组成。

九三学社历任主席为许德珩、周培源、吴阶平。现任主席韩启德。

目前,九三学社在30个省、自治区、直辖市建立了组织,现有成员105000多人。

台湾民主自治同盟(简称台盟)

在台湾人民"二·二八"起义以后,由一部分从事爱国主义运动的台湾省人士于1947年11月12日在香港成立。

台盟由台湾省人士组成。

台盟历届主席为谢雪红、蔡啸、苏子蘅、蔡子民、张克辉。现任主席林文漪。1987年至1992年,台盟第四届中央委员会实行主席团制,主席团执行主席林盛中(1987—1988年)、蔡子民(1988—1992年)。现任主席林文漪。

目前,台盟在13个省、直辖市建立了组织,现有成员2100多人。

我国各民主党派现任负责人

党　派	负责人	任职时间
中国国民党革命委员会	万鄂湘	2012年12月18日
中国民主同盟	张宝文	2012年12月13日
中国民主建国会	陈昌智	2007年12月20日
中国民主促进会	严隽琪	2007年12月7日
中国农工民主党	陈　竺	2012年12月10日
中国致公党	万　钢	2007年12月20日
九三学社	韩启德	2002年12月8日
台湾民主自治同盟	林文漪	2005年12月15日

主要参考文献

一、著　作

[1] 陈国权:《政治监督论》,学林出版社2000年版。

[2] 毛宏升:《当代中国监督学》,中国人民公安大学出版社2003年版。

[3] 邬思源:《中国执政党监督体系的传承与创新》,学林出版社2008年版。

[4] 尤光付:《中外监督制度比较》,商务印书馆2003年版。

[5] 喻中:《权力制约的中国语境》,山东人民出版社2007年版。

[6] [美]塞缪尔·P.亨廷顿:《变化社会中的政治秩序》,王冠华、刘为等译,上海人民出版社2008年版。

[7] 韩大梅:《新民主主义宪政研究》,人民出版社2005年版。

[8] 李小宁:《统一战线新论》,中央编译出版社2007年版。

[9] 孙瑞华:《中国参政党建设的理论与实践》,中央编译出版社2007年版。

[10] 莫吉武:《当代中国政治监督体制研究》,中国社会科学出版社2002年版。

[11] 张卫江:《中国特色社会主义政党制度》,中央编译出版社2007年版。

[12] 张忆军:《风雨同舟七十年——中国共产党与民主党派关系史》,学林出版社2001年版。

[13] 赵晓呼:《政党论》,天津人民出版社2002年版。

[14] 萧超然、晓韦：《当代中国政党制度论纲》，黑龙江人民出版社 2002 年版。

[15] 杨爱珍：《当代中国政党制度研究》，学林出版社 2004 年版。

[16] 郑宪：《中国民主党派建设理论》，中共中央党校出版社 2005 年版。

[17] 王诚安：《中国政党监督理论与实践研究》，陕西人民出版社 2002 年版。

[18] 朱建华：《中国近代政党史》，吉林大学出版社 1990 年版。

[19] 朱建华、宋春：《中国社会主义时期政党史》，吉林大学出版社 1988 年版。

[20] 陈竹筠、陈起城：《中国民主党派历史资料选辑》（上册），华东师范大学出版社 1985 年版。

[21] 杨绪盟：《中国特色政党制度的结构与价值》，中共中央党校出版社 2007 年版。

[22] 廖继红：《中国政党制度研究》，中国社会出版社 2005 年版。

[23] 孙瑞华：《中国参政党建设研究》，华文出版社 2008 年版。

[24] 周叶中：《代议制度比较研究》，武汉大学出版社 2005 年版。

[25] 王惠岩：《当代政治学基本理论》，高等教育出版社 2001 年版。

[26] 胡绳：《中国共产党的七十年》，中共党史出版社 1991 年版。

[27] 房宁：《民主政治十论》，中国社会科学出版社 2007 年版。

[28] 王长江：《政党现代化论》，江苏人民出版社 2004 年版。

[29] 吴序光：《风雨历程——中国共产党认识与处理资本主义和资产阶级问题的历史经验》，北京师范大学出版社 2002 年版。

[30] 田克勤：《马克思主义中国化的理论轨迹》，中共党史出版社 2006 年版。

[31] 俞可平：《权利政治与公益政治》，社会科学文献出版社

2005年版。

[32] 董石桂：《改革开放时代参政党建设研究》，知识产权出版社2009年版。

[33] 王长江：《世界政党比较概论》，中共中央党校出版社2003年版。

[34] 林尚立：《当代中国政治形态研究》，天津人民出版社2000年版。

[35] 杜力夫：《权力监督与制约研究》，吉林人民出版社2004年版。

[36] 王梅芳：《舆论监督与社会正义》，武汉大学出版社2005年版。

[37] 周甲禄：《舆论监督权论》，山东人民出版社2006年版。

[38] 黄苇町：《苏共亡党十年祭》，江西高校出版社2004年版。

[39] 蔡定剑：《国家监督制度》，中国法制出版社1991年版。

[40] 闵琦：《中国政治文化——民主政治难产的社会心理因素》，云南人民出版社1989年版。

[41] 陈家刚：《协商民主与当代中国政治》，中国人民大学出版社2009年版。

[42] 林伯海：《人民代表大会监督制度的分析与构建》，中国社会科学出版社2004年版。

[43] 曾庆亮：《新形势下中国特色社会主义政党政治研究》，四川大学出版社2011年版。

[44] 宋春、刘志超：《民主党派与中共合作史》，辽宁大学出版社1991年版。

[45] 李燕奇：《走向合作的历程——中共与民主党派关系的形成及演变》，华文出版社1996年版。

[46] 崔珏：《中国民主党派地位的历史演变》，花城出版社1998年版。

[47] 曹健民：《中国民主党派的历史与现状》，中国人民大学出版社1994年版。

[48] 梅丽红：《当代中国民主政治建设》，上海交通大学出版社

2003 年版。

[49] 王长江：《中国政治文明视野下的党的执政能力建设》，上海人民出版社 2005 年版。

[50] 高放：《中国政治体制改革的心声》，重庆出版社 2006 年版。

[51] 周淑真：《政党和政党制度比较研究》，人民出版社 2001 年版。

[52] 宋连胜：《中国民主革命与中国民主党派》，吉林人民出版社 2003 年版。

[53] 张惠康：《参政党民主监督功能研究》，中共中央党校出版社 2011 年版。

[54] 李金河：《当代世界政党制度》，中央编译出版社 2011 年版。

二、报　刊

[1] 王远启：《民主党派民主监督的政治价值》，载《中央社会主义学院学报》，2006 年第 3 期。

[2] 朱联平：《当代中国政党制度下的政党监督论析》，载《江汉大学学报（社会科学版）》，2006 年第 3 期。

[3] 宋连胜、牟广东：《民主党派在政治文明建设中的地位与作用》，载《理论学刊》，2006 年第 6 期。

[4] 刘洁：《试论我国民主党派的民主监督》，载《理论学刊》，2008 年第 7 期。

[5] 王彩玲：《论民主监督的性质与途径》，载《求索》，2005 年第 10 期。

[6] 尤俊意：《试论参政党的监督功能》，载《社会科学》，1997 年第 10 期。

[7] 龚志宏：《民主党派监督机制重塑研究》，载《河南师范大学学报（哲学社会科学版）》，2005 年第 2 期。

[8] 杨爱珍：《试论民主党派民主监督的路径选择》，载《当代世界与社会主义》，2003 年第 2 期。

[9] 高雄飞：《权力监督视野中的中国民主党派》，载《暨南学报（哲学社会科学）》，2002 年第 5 期。

[10] 周作翰：《论反腐倡廉中的民主监督机制》，载《湖南师范大学社会科学学报》，1997 年第 2 期。

[11] 宋连胜、韩国志：《对我国民主党派监督能效匮乏的深层透视》，载《内蒙古民族大学学报（社会科学版）》，2006 年第 3 期。

[12] 周淑真：《对政党制度问题的几点认识》，载《新视野》，2000 年第 6 期。

[13] 张献生：《我国多党合作中的互相监督关系——我国政党制度中几个基本关系探讨之三》，载《中央社会主义学院学报》，2005 年第 1 期。

[14] 季相林：《邓小平与三三制政权建设》，载《毛泽东思想研究》，2003 年第 3 期。

[15] 任宝祥：《民主监督三题》，载《中央社会主义学院学报》，2007 年第 1 期。

[16] 殷啸虎：《新形势下有效发挥民主党派民主监督作用的几点思考》，载《上海市社会主义学院学报》，2008 年第 1 期。

[17] 叶卫平：《论我国民主党派监督机制的原则与形式》，载《社会主义研究》，1990 年第 5 期。

[18] 杨朝阳：《关于民主监督"三化"建设的思考》，载《湖北省社会主义学院学报》，2004 年第 4 期。

[19] 浦兴祖、严鸠生：《试论努力开发中国政党制度中党际"互相监督"的政治资源》，载《云南行政学院学报》，2003 年第 5 期。

[20] 黄小荣：《关于进一步加强民主党派监督作用的几点思考》，载《广东省社会主义学院学报》，2006 年第 4 期。

[21] 陈承红：《和谐社会视野下的参政党监督》，载《学术界》，2008年第6期。

[22] 曾宪初：《在非权利监督与有效监督之间寻求平衡点——关于我国民主党派的民主监督问题》，载《中央社会主义学院学报》，2006年第5期。

[23] 于铭松：《邓小平对完善民主监督机制的思考》，载《广东社会主义学院学报》，2005年第2期。

[24] 乔红光：《完善民主监督机制　加大民主监督力度》，载《中央社会主义学院学报》，2001年第12期。

[25] 林洪平：《略论中国共产党与民主党派的相互监督》，载《上海市社会主义学院学报》，2007年第2期。

[26] 高会洪：《"柔性监督"与强化约束力——关于加强民主党派民主监督的几点思考》，载《中央社会主义学院学报》，2009年第1期。

[27] 徐邦友：《论参政党的政治监督》，载《中共浙江省委党校学报》，2008年第2期。

[28] 万利民：《从创新思维探索新世纪民主监督的新意蕴》，载《统战理论研究》，2003年第7期。

[29] 武敏中、常鲜霞：《对健全和完善民主党派监督机制的探讨》，载《理论探索》，2001年第6期。

[30] 崔珏：《多党合作制度框架中的民主监督》，载《广州社会主义学院学报》，2005年第4期。

[31] 刘金如：《关于参政党民主监督有效性的思考》，载《湖南省社会主义学院学报》，2005年第5期。

[32] 翟永玲、凤懋伦：《论民主党派的民主监督》，载《四川大学学报（哲学社会科学版）》，2002年第4期。

[33] 金安平：《中国政治语境下的政党概念》，载《政治学研究》，

2004年第4期。

[34] 郑宪：《再谈民主监督》，载《中央社会主义学院学报》，2004年第2期。

[35] 高美琴：《加强民主党派的监督作用 推进社会主义民主政治进程》，载《上海市社会主义学院学报》，2010年第3期。

[36] 方德实：《关于民主党派民主监督的程序民主问题》，载《中央社会主义学院学报》，2010年第3期。

[37] 赵蔷：《六十年民主党派监督制度的确立及发展》，载《贵州社会主义学院学报》，2009年第4期。

[38] 高智生：《论民主党派监督力度的特殊性》，载《广东省社会主义学院学报》，2010年第1期。

[39] 杨文明：《依靠民主监督推进反腐倡廉》，载《求是》，2011年第5期。

[40] 姜天麟：《浅析参政党民主监督的基本属性》，载《中央社会主义学院学报》，2010年第4期。

[41] 邓凌：《当代中国政治生态变迁情境下参政党民主监督机制创新探析》，载《理论导刊》，2011年第4期。

[42] 杭元祥：《关于民主党派民主监督的几个基本问题》，载《中央社会主义学院学报》，2010年第1期。

[43] 张焕金：《增强民主党派民主监督功能效果问题探析》，载《中央社会主义学院学报》，2010年第3期。

[44] 黄爱军：《增强民主党派民主监督的活力和实效》，载《广西社会主义学院学报》，2009年第2期。

[45] 唐晓强：《理论界关于民主党派民主监督研究综述》，载《高校社科信息》，2004年第3期。

后　记

自 2007 年 9 月开始博士研究生的学习以来，参政党民主监督和中国特色政党制度研究就成为我学术研究的主要方向，经过反复多遍的增删改易、推敲斟酌，这本著作终于杀青定稿，此时终有了一种如释重负的感觉。

王国维在《人间词话》里谈到治学经验时说："古今之成大事业、大学问者，必经过三种之境界"，第一种境界是"昨夜西风凋碧树。独上高楼，望尽天涯路"；第二种境界是"衣带渐宽终不悔，为伊消得人憔悴"；第三种境界是"众里寻他千百度，蓦然回首，那人却在，灯火阑珊处"。本书的最终成稿，让我真实地感受到王国维治学三境界的真谛。

本书是以我的博士论文为基础扩充修订完成的。回想三年的博士研究生学习生活，我仍充满无数依恋和欣慰，更有说不尽的感念与谢意。2004 年 9 月，我幸运地从内蒙古大学考入吉林大学，师从宋连胜教授。宋老师不仅是我的硕士生导师，也是我的博士生导师，是对我人生影响很大的人。导师谦和儒雅的大家风范、严谨负责的治学态度以及高瞻远瞩的学术意识，时刻鞭策和勉励着我，导师的教诲、为人、为学的精神，使我终身受益。正是因为有了导师对我的指导和点拨，有了导师对我的批评和指正，才有了这本著作的基本框架。在此，我由衷地感谢我的导师。

这本著作的最终成形包含着个人的努力和付出，同时更离不开很多良师益友的帮助和支持。感谢"北京工商大学青年教师学术著作资助项目"为本书的付梓出版提供鼎力支持。感谢北京工商大学马克思主义学院的张秀芬教授和王鲁娜教授对我工作上的支持和帮助。

感谢清华大学马克思主义学院的肖贵清教授和国家行政学院的刘东超教授,在把博士论文扩展成这本专著的过程中,我经常受到两位教授的点拨与启迪,最终使这本书的结构更趋合理顺畅,中心论点更加鲜明突出。感谢长春理工大学外语学院的刘赢南老师,为我的写作翻译了部分外文资料,丰富了研究内容。感谢语文世界杂志社的周小鹰主编,为促成这本著作的最终出版做了大量琐碎的工作。同时,还要感谢我的师兄弟们,他们都曾在我的著作上留下过真知灼见,使我收获颇丰。

最后要感谢给予我亲切关怀的家人,在我多年的求学生涯中,每当遇到困难挫折,感到疲惫懈怠的时候,家人浓浓的亲情和默默的关爱始终鼓舞着我,是他们的无私奉献支持我最终完成学业。参加工作之后,由于不在父母身边,所以平时对父母的孝敬不够,他们却总是给予我最多的理解和体谅,父母时常教诲我,要全身心投入到工作当中。在此,谨把此书献给我的父母和姐姐,谢谢他们这么多年来对我的支持、鼓励和理解。

庄子云:"吾生也有涯,而知也无涯"。政党监督是一个永恒的课题,自己对当代中国政党监督问题的研究还只是初入门槛,未来的研究之路仍任重道远,充满艰辛。但我相信,我将持之以恒地走下去,争取获得更大的成绩以回报社会,回报所有一直关心我、支持我的人们。

张宏伟

2013 年 11 月于北京瑞雪春堂寓所